时尚新视界

北京服装学院商学院硕士研究生毕业论文集（上）

赵洪珊　主编

中国纺织出版社有限公司
国家一级出版社
全国百佳图书出版单位

内 容 提 要

北京服装学院商学院是一所集经济学、管理学为一体的二级学院，设有时尚品牌管理、时尚买手与企业、企业零售管理等特色专业。为进一步规范硕士研究生培养管理，并体现商学院在纺织服装行业、时尚产业的教学优势，特选取近年来商学院优秀硕士研究生毕业论文编成本论文集。上册共收录5篇优秀论文，分别为《服装行业创新能力评价指标体系构建研究》《网络原创服装品牌顾客忠诚模型的实证研究》《原产地规则对我国纺织服装业东南亚产业转移影响研究》《基于京津冀协同战略下北京服装产业转移的路径研究》《废旧纺织品静脉产业链模型构建及运行机制研究》。

本书既展示了该校在相关领域的教学成果，又可作为在校硕士生的选题及论文写作的优秀范本。本书系北京服装学院教学专项“促进高校内涵发展定额专项—专业建设—工商管理专业‘时尚管理’特色方向的学科建设及实践创新”（项目编号：NHFZ20180071）的阶段成果。

图书在版编目（CIP）数据

时尚新视界：北京服装学院商学院硕士研究生毕业论文集．上／赵洪珊主编．-- 北京：中国纺织出版社有限公司，2019.10

ISBN 978-7-5180-6534-9

Ⅰ．①时… Ⅱ．①赵… Ⅲ．①商业管理—文集 Ⅳ．①F712-53

中国版本图书馆 CIP 数据核字（2019）第 212003 号

策划编辑：谢婉津　　责任校对：寇晨晨
责任设计：何　建　　责任印制：王艳丽

中国纺织出版社有限公司出版发行
地址：北京市朝阳区百子湾东里 A407 号楼　邮政编码：100124
销售电话：010—67004422　传真：010—87155801
http://www.c-textilep.com
中国纺织出版社天猫旗舰店
官方微博 http://weibo.com/2119887771
北京玺诚印务有限公司印刷　各地新华书店经销
2019 年 10 月第 1 版第 1 次印刷
开本：787×1092　1/16　印张：17
字数：246 千字　定价：88.00 元

前 言

北京服装学院1959年2月建校，为我国第一所服装高校，目前已形成独特的办学优势和鲜明的办学特色。2016年，被英国BoF时装商业评论（The Business of Fashion）评为中国最好的时尚高校，在全球时尚教育院校本科课程中位居前列，研究生课程“最佳长远价值”国际排名第2名。

北京服装学院商学院是一所集经济学、管理学为一体的二级学院，学生培养覆盖本科、双学位、硕士研究生层次，并加入博士研究生培养。共设5个本科专业，分别为国际经济与贸易（贸易与金融）、会计学（注册会计师）、市场营销（时尚品牌管理、时尚买手与企划）、工商管理（企业零售管理、时尚管理国际合作实验班）、信息管理与信息系统（数据分析师）；2个硕士点，分别为工商管理一级学科硕士点（企业管理、会计学）和国际商务专业硕士点。

商学院打造专注于服装全产业链的国内一流、国际知名的工商管理学科体系，立志成为时尚管理教育的领先者。积极推动工商管理学科与艺术设计学科的跨界融合，促成以大数据设计服务和互联网营销为基础的新学科群建设，加快学科调整与转型，开展时尚管理、时尚品牌与买手企划、资本运营、产业经济、趋势研究及创意设计等方向的研究，逐步形成学科优势和影响力。立足学校的办学定位、社会需求和人才成长规律，秉承“服装引领、艺工融合”的办学理念，为纺织服装产业、时尚与文化创意产业及北京“四个中心”建设，培养兼具全球视野和家国情怀、专业素养与实践创新能力的应用型商科人才。

硕士研究生培养细分为时尚品牌管理、时尚设计管理、服装企业跨国投资与运营、服装品牌全球运营管理、服装电子商务等研究方向。为适应国内对复合型人才的需求，与伦敦艺术大学、米兰理工大学等多所国际时尚类院校相继开展合作，参与“国家优秀本科生留学资助项目”“北京高等学校高水平人才交叉培养计划”等项目，打造与国际接轨的高等时尚教育体系。严谨、科学、完善的人才培养体系培养了大批掌握专业技能、具备领先视野、符合社会需求的应用型高级专门人才。

为进一步规范我校硕士研究生培养管理，并体现商学院在纺织服装行业、时尚产业的教学优势，特选取覆盖所有专业及研究方向的优秀硕士研究生毕业论文汇编成册。既展示了我校在相关领域的教学成果，又可作为在校硕士生的论文选题及写作的参考。

本论文集系北京服装学院教学专项“促进高校内涵发展定额专项—专业建设—工商管理专业‘时尚管理’特色方向的学科建设及实践创新”（项目编号：NHFZ20180071）的阶段成果。在此，感谢论文集中的各篇论文作者及其指导教师！

赵洪珊

2019年6月

目 录

第一篇　服装行业创新能力评价指标体系构建研究

作者：赵海燕　　导师：赵洪珊

摘　要：

随着经济全球化步伐的加快和科技水平的不断提高，“创新”日渐成为各行各业的热门话题。国际纺织行业正以史无前例的速度飞快地发展着，智能制造和互联网的崛起深深改变着传统制造业的商业模式。目前我国服装产业链的发展仍然存在着诸多问题；产业链环节发展不均衡，结构不合理；先进技术的转化和吸收能力较弱；创新赋能的能力较弱。《中国制造2025》中把创新驱动作为指导方针之一，突破一批重点领域关键共性技术，走创新驱动的发展道路，通过工艺的改进和新产品的开发，提高产品的附加值和降低资源的消耗率，走内涵式发展道路。逐渐摒弃以往仅仅通过产品价格、数量等较低层面竞争，以追求行业在国际市场上通过体量增加来实现发展的道路。

研究旨在通过分析服装行业创新能力的影响因素，运用德尔菲（Delphi）法构建服装行业创新能力指标体系，并应用层次分析法对各指标权重进行计算，得到相应的排序结果。通过总结出的服装行业创新能力的核心要素，同时选取我国服装行业发展较具代表性的北京、上海等地区分别进行研究，分析评价其创新能力，逐一总结各影响因素指标，以验证本论文模型的适用性和合理性。

通过运用模糊综合评价法对我国服装行业创新能力进行评价，各地区可以根据评分结果来综合、全面地衡量本地区的创新能力，找到自身薄弱环节和发展方向，做出相应的改进调整，以此来提升整个行业的创新能力，更好地参与市场竞争和应对新的挑战。

关键词：　服装；创新；创新能力；指标体系

第1章 绪论

1.1 选题背景与研究意义

1.1.1 选题背景

近年来，由于世界经济发展的步伐缓慢，服装产业在世界范围内的增速也相应放缓，对我国服装出口的需求也相应减弱。欧洲复苏乏力，日本经连续几个季度出现负增长，主要新兴市场国家经济增速疲软，对我国服装产业的发展提出了挑战。与此同时，国内生产要素成本刚性上涨压力也长期存在。我国服装出口的低成本比较优势不断削弱，包括劳动力、融资等经营成本持续上升，资源环境的约束正在削弱产业竞争优势。

以前我国服装出口一直以低档低价产品为主，随着企业不断转型升级，出口产品的档次和附加值提高，产品出口单价也不断提高，致使部分低端产品订单转移，外流到生产成本相对较低的东南亚等新兴经济体。

基于国际市场需求不振等因素，2014年我国服装出口增速较2013年有所放缓，同比小幅增长。据海关统计，2014年1月～12月我国累计完成服装及衣着附件出口1878.16亿美元，同比增长5.38%，较2013年同期回落5.9个百分点。服装出口数量为326.90亿件，同比增长4.24%，较2013年同期回落4.22个百分点。服装出口平均单价4.64美元/件。同比增长0.65%，较2013年同期回落2.02个百分点，如表1–1所示[1]。

我国服装行业产量增速一直呈下降趋势。根据国家统计局数据显示，服装行业规模以上企业产量增速从2012年的6.2%降至2014年11月的1.99%，回落4.21%，较2011年和2010年，更是分别回落了6.15和16.61个百分点，增速放缓趋势明显，行业仍面临着较大的困难。

表1-1 2014年1月～12月我国服装出口单价情况

	单价（美元/件）	单价同比（%）
服装合计	4.64	0.65
针织服装	3.58	－4.28
梭织服装	6.84	0.15

随着新兴经济体步入经济发展的新常态，我国对新兴市场的服装出口增速明显放慢，而传统经济体也深受经济转型的影响，对我国服装出口的需求不断下滑。我国对日本服装出口出现下滑。整个行业进入深度调整期，企业为了实现自身的转型升级，就必须要加快包括渠道、产品等方面的创新。

在未来几年，既存在因全球经济扩张和全球化结构变动给中国服装业继续发挥比较优势带来的机遇，同时面对身处全球产业价值链低端、制造业产业利润空间日益缩小、贸易摩擦频繁、新贸易保护主义来袭的压力，也面临环境和资源以及生产成本上升的制约。伴随着国际贸易格局正在调整重构，发达经济体进入理性消费常态并重启工业化进程，新兴经济体深度参与国际产业布局调整。发达国家实行“再工业化”战略，这客观上使得技术引进难度越来越大，我们原有的技术引进旧红利也正在被稀释。

科技驱动新一轮产业变革。大数据、物联网、云计算和移动互联技术融入未来产品和网络先进传感、增材制造、数字化工厂、工业4.0制造业服务化、资源节约型工厂、协作和移动型企业、以人为本的制造等一系列创新的制造理念和模式不断涌现，促进产品设计、制造、销售和使用方式的根本性转变。制造业正向网络化、智能化、绿色化、柔性化和服务化转型。我国服装产业发展也正处于新的时代背景和经济环境之下，“变革”与“创新”是这个时代的重要特征。

1.1.2 研究意义

我国仍处于工业化进程中，与先进国家相比还有较大差距。我国制造业仍然大而不强，在自主创新能力、资源利用效率、产业结构水平、信息化程度、质量效益等方面差距明显，转型升级和跨越发展的任务紧迫而艰巨。

中国作为一个发展中大国和最大的服装贸易国，在频繁遭遇全球纺织品进口国的特保措施、反倾销、技术、环保等各种形式的贸易和非贸易壁垒的情况下，如何实现服装业升级，占据全球价值链上高附加价值的环节，如何在国内、国际激烈的竞争中立于不败之地、稳中求胜，如何实现服装企业的改造、更新和跨越式发展，如何打造服装产业优势品牌，提升服装产业内在价值，都将成为新的重要研究课题。

《中国制造2025》提出坚持把创新摆在制造业发展全局的核心位置，完善有利于创新的制度环境，推动跨领域跨行业协同创新，突破一批重点领域关键共性技术，促进制造业数字化网络化智能化，走创新驱动的发展道路。

因此本论文研究旨在通过分析服装行业创新能力影响因素，并进行相应权重计算排序，找到服装行业创新能力核心要素，探究我国服装行业现阶段的创新能力，丰富创新指标评价体系，扩大和加深创新指标体系对服装行业的应用，为我国服装行业转型升级、增强创新能力、提升国际竞争力，在全球产业分工和价值链中的地位得到明显提升提供现实参考意见和指明改进的方向。

1.2 研究方法

本论文在研究过程中，主要采用了以下几种方法：

（1）文献研究。对现有的文献资料、行业报告、重点地区年鉴等资料的搜集、分类和整理，对产业创新相关理论进行综述分析，通过查阅相关文献了解国内外研究方法和已有成果。文献搜索途径主要有国家统计局网站、国家图书馆馆藏年鉴、中国纺织工业联合会官网、中国服装网、历届优秀硕博士论文、CNKI中国知网、方正数据库、万方数据知识平台、维普数据库、Emerald工程学全文期刊库、CALIS外文期刊网、EBSCOhost全文数据库、国研网以及百度和Google等网页。

（2）德尔菲法。通过对初期文献综述研究和归纳总结，分析服装行业创新能力的影响因素，初步得出服装行业创新能力指标体系。运用德尔菲法对各指标进行筛选，通过向专家发放问卷及现场访谈得到专家打分意见，对调查问卷进行分析，筛选掉不符合要求的指标并根据专家意见补充相应的指标，构建服装行业创新能力指标体系。

（3）层次分析法。本文采用层次分析法对五个影响因素下的二级指标进行定量分析，向专家发放问卷获取专家意见，基于层次分析法应用软件yaahpv0.6.0来分析相关数据，得到每个指标权重，进行整体的排序。

（4）模糊综合评价法。依照本文所构建的指标体系进行专家打分，通过一系列模糊运算得出北京、上海、宁波三个城市服装行业创新能力综合评分，对其创新能力进行分析和评价。

1.3 研究内容与研究框架

论文通过查阅国内外大量相关文献，对创新能力相关研究进行了归纳总结，通过分析服装行业创新能力影响因素，构建服装行业创新能力指标体系并建立评价模型，将定性的、模糊的评价通过相关研究方法转化为定量的、可比较的研究模型，并通过分析重点城市的服装行业创新能力，验证构建模型的合理性，同时介绍如何运用模糊综合评价法对我国服装行业创新能力进行综合评价，为其改进提升提供参考意见。本论文研究内容具体分为以下几个部分：

第1章绪论。阐述本文的选题背景与研究意义，采用的相关研究方法，研究的基本内容与总体框架。

第2章产业创新研究综述。从最初的创新理论延伸到产业创新理论、服装行业创新能力指标体系和服装行业创新能力指标体系评价方法三个方面，分别对国内国外文献进行回顾和总结，为构建模型提供理论支撑。

第3章服装行业创新能力影响因素分析。从技术创新产出能力、技术创新投入能力、创新生产流程、创新成果市场化运作能力、创新管理五个视角初步构建服装行业创新能力指标体系，共包括18个二级指标。

第4章服装行业创新能力评价模型的构建。采用德尔菲法对指标进行筛选，根据问卷调研专家打分意见，用2个新的指标替换已删除的指标，增加了1个新的指标，确立了包含19个二级指标的服装行业创新能力指标体系。之后运用层次分析法对建立的指标体系进行量化分析，确立每个二级指标权重，进行排序，提取各影响因素的关键指标以及各指标间的相互关系。

第5章服装行业创新能力指标体系的应用。通过对全国服装产业发展较具代表性的北京、上海、宁波三个地区进行分析，总结其各个维度的创新能力，与本论文构建的指标体系进行比较，验证模型的适用性及合理性。运用模糊评价法进行模拟评价，为我国服装行业发现自身创新能力薄弱的地方提供可应用的方法。

第6章研究结论和展望。对本论文的研究结果进行系统总结，展望今后的研究工作，总结本文的创新点和不足之处。

本论文研究的思路框架如图1–1所示。

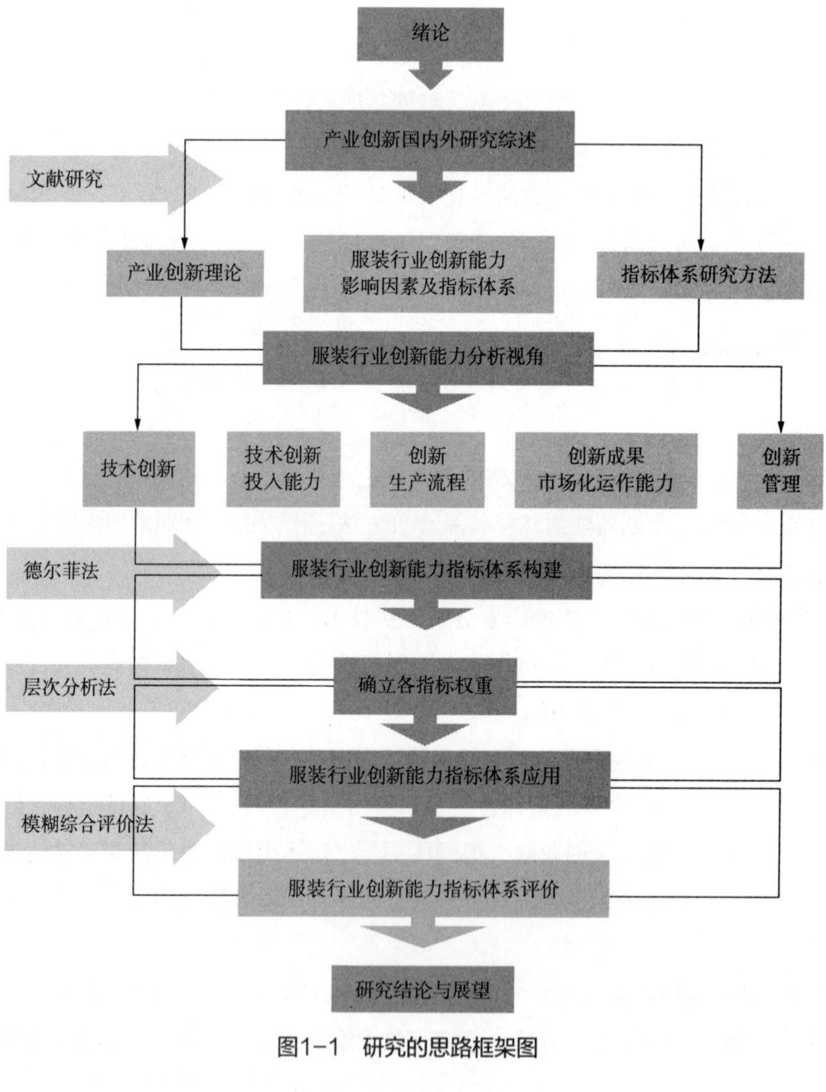

图1–1 研究的思路框架图

第 2 章　产业创新研究综述

2.1　创新理论及其发展

20世纪30年代末，美籍奥地利著名经济学家熊彼特在《经济发展理论》一书中，首次提出了“创新”概念。后期又在《商业周期》等著作中，对创新理论做出了相对完整地阐述。熊彼特从总体上列举了五种创新类型：引入一种新的产品或提供一种产品的新质量；采用一种新的生产方法；开辟一个新的市场；获得一种原料或半成品的新的供给来源；采取一种新的企业组织形式[2]。熊彼特所讲的创新，实际上是一种广泛意义上的企业的创新，既涉及技术创新，又涉及市场创新、组织创新等。

曼斯费尔德认为首次应用一项发明时，就可认为是技术创新，之后在1982年《产业经济学》修订本中表明，从经济学的理论出发，只有首先被引进商业贸易活动的那些新产品、新工艺、新制度或新设计方可称作是创新。这一观点被其他学者所接受并加以发展，如厄特巴克认为，创新是技术的实际采用或首次应用[3]。

2.2　产业创新理论

2.2.1　产业创新理论发展脉络

产业创新和企业技术创新活动的能力已成为衡量一个国家竞争力的重要标志。产业创新是确保产业竞争力可持续发展的主要动因。产业竞争力的提高必须通过创新手段才能实现，技术在产业发展中的应用及其带来的经济发展，都纳入了产业创新过程之中。工业化的过程即是产业不断创新的过程，工业化的主要阶段性变化规律表现为主导产业的不断更替。产业创新作为技术创新的扩散，可看作技术创新在某个行业或延伸到其他行业的创新放大，表现为放大技术创新增长效应。若技术创新引起了潜在收入流，则产业创新放大和实现了这种潜在收入流[4]。

当前我国的产业创新是促进产业经济增长方式转变、实施产业结构调整的重要途径，是提高产业竞争力、产业技术创新能力的必由之路。对企业而言，它并非取代企业创新，而是增强企业技术创新资源，加强企业创新能力，为企业创新提供良好的环境和条件[5]。

国外的相关研究在经济学和管理学的思想体系中，产业创新的思想早已有所体现，自20世纪40年代以来，众多学者已进行了大量的实证研究，但在这其中系统的理论研究却较少，直到20世纪60年代中期，学术界才陆续开始对如何改变产业结构及竞争力进行了一些探究创新。国际上最早使用“产业创新”（Industrial Innovation）一词的应当是英国经济学家康宁汉姆（Cunningham），1960年他发表的一篇题为《产业创新》（*Industrial Innovation*）的文章着重分析了产业问题的差异性，绩效标准和产业比较等内容，分析了创新推动过程中的主要障碍[6]。

作为产业创新第一人弗里曼，为产业创新奠定了初步理论基础，他认为产业创新涵盖产品创新、工艺创新、技术创新、组织创新以及市场创新，产业创新应是国家创新的核心。在1972年的《产业创新经济学》（*The Economics of Industrial Innovation*）一文中，弗里曼对产业革命以来的重大产业创新进行了历史分析，对创新微观经济学、宏观经济学和创新政策进行了研究，全面、系统和历史地分析了产业创新经济学中主要的现象和规律，对创新理论的某些一般含义做了分析性论述。他从历史变迁的角度，对电力、钢铁、石油、化学、合成纤维、汽车、电子和计算机等许多产业的创新作了实证研究，得到的结论是：不同的产业，产业创新的内容是不一致的。如化学产业主要是流程创新；仪器仪表产业主要是产品创新；电力产业主要是市场创新等[7]。

20世纪60年代，最早开始产业创新实证研究的是美国经济学家施莫克勒（J. Schmookler）。他系统研究了从19世纪上半叶至20世纪50年代美国的炼油、铁路、造纸与农业四个产业的投资、存量、就业和发明活动。

罗伯逊（Robertson）和安德鲁（Andrew）对营销与产业创新的关系作了相关分析[8]。1974年苏塞克斯大学的劳斯韦尔（Roy Rothwell）通过调查统计，结合萨福项目（SAPPHO），对产业创新的相关影响因素进行了分析。1975年，厄特拜克（Utterback）也通过调查统计的方法从多方位分析了成功的产业创新[9]。

20世纪80年代后期以来，产业创新研究进入繁荣阶段，研究范围和研究视角也趋于多样化，诸多学者从不同维度对不同类型的产业创新问题进行了深入研究，Benvignati研究了产业创新机制，Ronstadt研究了产业创新现状与趋势，Irwina研究了产业创新环境[10]。

《奥斯陆手册（OSLO Manual）（第三版）》，也被称为《技术创新调查手册》是目前理论体系最完整、最新的创新评测指南。《奥斯陆手册（第一版）》于1992年出版，其主要关注制造业的技术产品与技术工艺[11]。

1994年英国苏塞克斯大学罗斯韦尔（Roy Rothwell）教授和国立澳大利亚大学道格森（Mark Dodgson）教授通过综合不同专业分支的学者针对产业创新理论以及实证研究成果，编著了《创新聚集——产业创新手册》。该书归纳了影响实现产业创新的关键因素，分析了产业创新对经济增长的贡献，强调了创新的系统本质，此外该书分析了国民经济的不同部门和行业的创新特点，Rothwell认为以并行工程为基础的综合创新模型的出现标志着产业创新开始，具有重要的战略地位，为形成其独立的研究领域奠定了基础[12]。该书囊括了多个领域的研究成果，但很少涉及系统深入研究的“产业创新”。

国内的相关研究中，张治河阐述了国内外产业创新理论的研究现状、研究对象、研究内容和动力机制，探索了产业创新理论的学科发展方向，并分析了我国产业创新的发展趋势[13]。

柳卸林主要进行了基于制造能力与技术能力对比的产业创新能力研究，通过大量的数据分析指出，伴随着中国产业制造能力的提高，产业的国际竞争力也在提高，但产业的创新能力增长有限，存在着制造能力与技术能力的不对称现象，我国应该把产业技术能力的提高作为未来十年的重要战略任务，以提高我国产业的综合国际竞争力[14]。

清华大学吴贵生、李纪珍共同提出了基于产业层次上实现技术创新的重要性。提出产业技术创新必须要有明确的战略，分析了我国在产业共性技术上的政策和落实情况，大、小型企业在产业技术创新上的区别，最后总结了关于传统产业和高新技术产业技术创新的现状[15]。

目前国内关于产业创新的专著有张耀辉的《产业创新的理论探索》。张耀辉认为产业创新主要是指新兴产业的形成过程，该书的其他论述则主要从产业技术创新的角度或特定产业的创新角度进行的研究[16]。

史清琪、尚勇的《中国产业技术创新能力研究》对经济全球化的形成与特点、产业技术创新能力评价指标体系、我国与欧洲创新水平上的差距进行了论述，对一些重点行业，如汽车、计算机、纺织、机械、冶金、高新技术产业创新能力进行了研究[17]。

2.2.2 产业创新含义

关于产业创新的内涵，学者一般从宏观和微观两个层次来研究。在宏观层面上，国外学者波特和我国学者陆国庆都曾指出，从理论本质上看，产业创新就是当资本（人、物）更加充足，而劳动力和其他的资源禀赋相对匮乏时，国家在资本和技术密集型产业中占有比较优势[18, 19]。这同样也被认为是一个国家产业结构转换的能力。相反，Poon认为产业创新就是生产企业成功地进行了从生产劳动密集型低价值产品向生产更高价值的资本或技术密集型产品的经济角色转移的过程[20]。虽然分析的层面不同，但一致认为产业创新是产业从低技术水平低、附加价值状态向高技术水平、高附加价值状态演化的过程。

产业创新是基于产业层面上的创新活动，从产业的视角出发探讨产业如何通过创新而提高其国际竞争力。因而从微观层面上看，产业创新就是企业突破既定的、已结构化的产业的约束，从战略的远见性来构想未来产业的发展轮廓，运用技术创新、产品创新、市场创新或组合创新等来改变现有产业结构或创造全新“产业”的过程[21]。产业创新意味着基于产业层次的持续活跃的技术和管理创新过程，企业的创新活动包含在更大的产业价值活动群中。

基于宏观层面的研究：严潮斌阐述了其对产业创新的认识，认为产业创新是指特定产业在成长过程中或在激烈的国际竞争环境中主动联手开展的产业内企业间的合作创新[5]。

复旦大学的梁威、赵学礼通过研究认为“产业创新即是企业打破现有的结构化的产业束缚，通过产业先见性或产业洞察力来构想未来产业轮廓以及借以培养核心创新能力来实现构想的产业创新过程[22]”。

南京财经大学的石奇从价值链视角阐述产业创新，指出产业创新是产业由低技术水平、低附加价值状态向高技术、高附加价值状态演变的过程。全球不同的价值链运行模式对于发展中国家的制造商（或供应商）来说创新的含义不同。主要研究准层级型、网络型（含模块型）以及市场型这几种全球价值链治理模式下的产业创新以及在全球价值链下组织的产业创新[23]。

Rothwell曾研究发现产业创新能推动经济整体发展[24]。

基于微观层面的研究：罗积争认为产业创新作为企业创新能力的最高层次表现，产业创新能力涵盖了企业创新能力的系统，当具备了产业创新能力，企业才可脱离产业生命周期的限制，积蓄起真正的可持续成长实力。因而通过产业竞争力战略的提高而触动产业创新对于企业生存发展来说至关重要[25]。

2006年4月，国家科学技术部、国务院国资委、中华全国总工会三部委在《关于开展创新型企业试点工作的通知》中针对创新型企业的界定是在技术创新、品牌创新、体制机制创新、经营管理创新、理念和文化创新等方面突出的企业。

Humphrey和Schmitz提出了一种以企业为中心，由低级到高级的四层次创新分类方法。他认为从全球价值链的角度来看，产业创新明显显示在全球价值链中某个企业沿着价值链每一层级逐步上升的过程中。在产业创新的体系里也存在部门维度，而且会因不同的产业集群自己的特点有所差异。产业创新包括技术和技能方面创新、产品方面创新、流程方面创新、管理方面创新和市场方面创新[3]。

通过回顾已有研究，目前产业创新的含义主要在特定产业创新的实证分析及产业经济、区域经济的研究中有所提及，而单从理论上对产业创新进行系统研究的文献并不太多。基于本文研究的需要，根据对已有研究成果的整理，提出本文所认定的关于产业创新的概念。

本文认为产业创新是指一些特定的产业在其成长过程中或在激烈竞争的国际环境中，几个大型企业主动联合起来开展一些研发活动，抑或是单个技术领先的企业通过技术扩散的方式来达到产业内共同创新的目的。

2.3 产业创新评价研究

通过梳理国内对产业创新的已有研究发现，国外的创新研究多以研究具体产业的创新或结合某个部门的创新为基础进行思考。国内的学者针对产业创新的研究分别从不同的视角进行研究，给出的产业创新定义也不同，所采用的评价方法也不尽相同。

国内学者从产业层面分析中国产业创新问题。张治河和谢忠泉研究了我国钢铁行业自身发展以及在产业创新中遇到的问题，基于产业的层面提出了管理方面有针对性的改进措施[26]。朱旭峰研究了我国加入WTO以后IT产业在产业创新政策方面遇到的各种问题，并对问题进行了探讨，以期对解决产业创新政策提供指导[27]。胡树华教授结合我国汽车产业的发展特点和需求，提出了具有深刻产业创新内涵的“国家汽车创新工程”政策建议[28]。陆国庆主要从传统产业和衰退产业出发，提出产业创新是企业持续发展的基本战略，对产业创新的动力机制及其生物学基础进行了研究[21]。张倩男针对中国高技术产业建立了指标体系来进行评价[29]。江剑对中国中低技术产业进行分析，建立了DEA方法和技术创新的两阶段模型[30]。常玉苗建立了海洋产业创新系统[31]。刘耀分析了影响创新型企业创新能力的因素，用层次分析法构建创新型企业创新能力评价指标体系，并运用模糊综合评价法进行实证分析，以验证评价指标体系的可行性[32]。

Masako Niwa回顾了服装产业的历史进程和现代服装行业的生产情况，从手工作坊到自动化生产线的改进，分析了科技进步对服装产业发展的重要性以及如何依靠它来实现产业的创新[33]。Kin-fan Au对香港服装行业的发展情况作了详细的分析，通过对比多年的出口数据和劳动力使用情况，得出服装产业结构发生变化的结论，并指出香港的服装产业正努力参与到附加值高的产业活动中去，通过产业结构的调整实现产业的创新，获取更大的市场份额[34]。

2.4 服装行业产业创新评价研究

2.4.1 服装产业创新影响因素及指标体系研究现状

郭燕指出服装企业创新可分为技术创新、管理创新、市场创新和组织制度创新等，这些创新因素最终会反映在服装企业的产品上。创新的服装企业必须同时建立三个层面：在第一层面发展和保有核心业务，在第二层面建立新业务（产业），在第三层面选择企业长远发展的新生业务（新产业）。这三个层面的企业活动必须同时并举，而不是按时间先后顺序递延。通过系统层、子系统层构建评价指标体系，并对“雅戈尔”研发人员投入强度、研发经费投入强度、创新成果数量、创新成果质量、创新成果转化和创新成果贡献等指标进行定量分析[35]。陈雪颂基于创新的研究视角，通过对已有相关研究的整理，归纳出了评价服装企业设计能力的维度和主要指标，提出了“设计模式”的概念，并根据战略和组织两个维度，将现有的设计模式分为5类[36]。董美偲确定了适用于评价服装企业营销风险的15个宏观营销风险观测指标和28个微观营销风险评价指标，并运用层次分析法确定了指标间的相对权重，从营销风险的角度对产业创新提供了可参考性的建议[37]。冯志民针对河北服装企业的现状从科技创新、信息渠道建设、市场为导向的企业管理体系、适合自身发展的核心竞争力构建、信息化建设五个方面对如何提高河北服装企业的核心竞争力进行了阐述[38]。于洁从多个维度对大中型纺织及服装企业的自主创新能力进行了分析[39]。

彭勃通过研究认为服装产业的创新就是服装产业内各生产要素的重新组合，是引入一种未曾出现的关于服装产业生要素和生产条件的“新组合”到现有的服装产业体系中去，来实现新的生产要素或生产条件组合。具体可表现为：开发一种新的服装产品或赋予服装产品一种新的特征；使用一种新的服装生产工艺；发现一个新的服装细分市场；研发出一种新的服装面料或中间产品；实行一种新的服装企业组织形式等[10]。

Byoungho Jin在*Apparel industry in East Asian newly industrialized countries: Competitive advantage, challenge and implications*一文中主要阐明了在全球化经济中，服装行业怎样在亚洲新兴化工业国家中获得竞争优势并暗示了未来的发展方向和挑战。通过综合行业的特性和亚洲新兴化工业国的具体优势，本文列出了三种关键的指标：全球化品牌、全球化资源和灵活性[40]。Rasoul Shafaei在*An analytical approach to assessing the competitiveness in the textile industry*一文中为了评价四个主要的伊朗聚合纤维生产公司的竞争能力，建立了指标体系，并对提升公司竞争战略提出建议[41]。

2.4.2 服装产业创新能力评价方法研究现状

Can Unal和Mucella G. Guner在*Selection of ERP suppliers using AHP tools in the clothing industry*一文中用AHP方法来探寻出最优供应商的选择，对服装行业的供应商创新绩效做出了分析和评价[42]。

Asli Aksoy和Nursel Ozturk在*A decision support system for demand forecasting in the clothing industry*中基于ANFIS系统建立指标体系，从创新的角度来预测服装行业的需求[43]。

郭燕以上市公司年报、集团白皮书等公开数据为依据，从微观角度对雅戈尔集团自主创新能力进行定量评价[44]。

Maria Caridi在*Measuring supply chain visibility in the apparel industry*一文中试图用一种创新的量化方法来测量国外供应链的可见性，并且实施此方法来评价重点服装行业的运行过程，以及这种创新方法对他们的供应链已有的可见性程度[45]。

通过上述对国内外文献的研究发现，创新能力的相关研究已得到学界和业界的普遍重视，其中，大部分学者会着重从技术创新的角度入手，涉及微观层面的企业和中观层面的产业，也有学者从宏观层面即整个国家的维度来分析创新的相关议题。很少有文献全面、完整地对整个服装产业的创新能力，结合投入、生产、市场、品牌等多方面进行研究。因此，本文基于前人已有的研究，从五个维度上分析整个服装产业的创新能力，并结合现阶段行业发展的宏观背景，构建了服装产业创新能力指标评价体系，并同时运用层次分析法和模糊综合评价法对重点城市进行了分析，提供了案例支持。

第 3 章　服装行业创新能力影响因素分析

3.1　服装行业创新能力影响因素分析视角

通过分析和总结各学者关于服装行业创新能力指标体系的相关研究，本论文以于洁[39]构建的我国服装产业自主创新能力的指标体系和张莉[55]所构建的产业自主创新能力评价指标体系为基础，结合新的经济背景下服装产业发展的现阶段特征，从技术创新产出能力、技术创新投入能力、产业创新扩散能力、创新工艺流程和管理能力、创新成果市场化运作能力五个维度分析服装行业创新能力的影响因素，如图1–2所示。

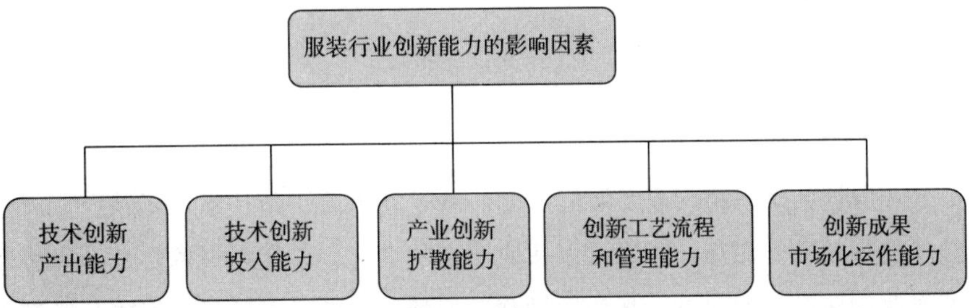

图1–2　服装行业创新能力影响因素

3.1.1　技术创新产出能力

产业创新能力最直接的表现就是产业科技产出和市场产出，而创新效益则反映其各种要素组合产生的实际成效。创新效益反作用于创新资源，创新效益的产生不仅促进创新资源数量的增加和集聚，而且通过促使产业创新资源升级，提升并优化了创新资源的质量和结构。技术创新是服装产业创新系统的核心，是知识经济时代生产力发展的永恒动力。技术创新的表现主要包括服装新款式、新产品的研究与开发，服装新面料、新工艺、新设备的研究与应用，提高服装产品的文化含量、技术含量和附加值等[46]。

3.1.2 技术创新投入能力

产业技术创新投入是指产业内所投入技术创新资源的数量和质量，它对创新的规模、速度、能力和效果有重要的影响。产业创新资源的投入作为产业自主创新的一种原发性动力，创新资源引发了创新活动的产生，从而使之转化为创新效益，同时基于资源的分享和优化配置带来了创新扩散，这是产业自主创新的基础条件，体现产业潜在的创新能力。

3.1.3 产业创新扩散能力

具备先进能力和丰富资源的企业具有自主创新的良好基础，而多数企业利用后发优势，学习、引进、模仿、联合创新、自主创新。纺织行业转型升级的成效与质量取决于把先进科技成果转化为现实生产力的速度与程度。产业创新扩散是产业创新系统中的重要的环节，它不仅通过助力创新活动而转化为创新效益，更是通过技术转移和产业联动加速技术直接转化为效益。

3.1.4 创新工艺流程和管理能力

管理创新是服装产业发展的基础，基于新理念、新技术、新路径、新系统，创造一种新的高效的资源组合方式，以适应市场的变化，以实现资源整合、优势互补、加快服装产业创新系统的建设，其功能是营造一种良好的经济环境，保障和推进服装产业的技术创新。管理创新对技术创新具有良好的指导作用和推进作用。改进工业流程对提高生产效率和产品附加值有重大影响，此外我国的节能环保约束压力增大，节能降耗减排技术在全行业获得广泛推广具有战略意义[47]。

3.1.5 创新成果市场化运作能力

市场创新作为服装产业所有创新活动的出发点和落脚点，扮演着技术创新和管理创新的平台角色。每一个服装企业都离不开市场上的竞争。因此，市场决定了服装企业发展的方向，也主宰着服装企业的利润，市场创新会促使服装企业加大服装新产品的技术研发投入，使之更快速地反映市场需求。品牌竞争力是服装企业的核心竞争力，没有品牌竞争力的服装企业最终必然会被市场淘汰，卓越的服装品牌效应将能提升消费者的品牌忠诚度与品牌传播力，从而提升服装企业的综合竞争力[48]。

3.2 指标体系的目标和构建原则

基于现阶段我国服装产业发展现状及面临的发展瓶颈，为了更好地参与市场竞争以及提升整个服装产业的创新能力，唯有通过创新来增强服装产业的核心竞争力，进而实现服装产业的可持续发展。本文建立服装产业创新能力指标体系是为了从不同维度来说明如何进行创新活动，比如搭建服装产业创新平台，加强服装领域包括设备和面料在内的基础性创新供给，激发服装产业创新主体的创新动力，从而建立良好的创新机制及创新环境，实现资源的优化配置，以及缩小与国外服装产业在技术上的差距，进而使服装产业结构得到调整和优化，以求打造出服装产业国际品牌，从源头上提升服装产业的竞争能力并逐步拉动区域服装产业实现跨越式的发展[49]。

建立服装产业创新能力指标体系的总原则是：基于影响因素的五个维度，构建一系列相互关联，能够较为有效地反映服装产业创新能力的具体指标，每个指标的层次关系具有一定的结构性，指标的筛选尽量做到科学合理，该指标体系的设计是否合理关系着能否准确反映服装产业创新能力。本论文构建指标体系遵循以下几项原则。

（1）科学性原则。指标体系的建立要有一定的层次性，将核心层指标向外扩散，细分成若干细化指标，指标体系的每个指标设计都要遵循客观规律，并且保证能按某种标准对其赋值，从而进行比较评价分析。指标的定义、分类、范围、数据收集、计算方法、权重确定等都要真实、规范、有科学的依据。

（2）可比性原则。在设计服装行业创新能力评价指标体系时，所选取的指标应能够反映出不同服装企业的一般性或共性，从而可以对不同的服装企业竞争力进行综合的比较评价。统计口径和范围尽可能保持一致，并在时间上保持指标的相对稳定性，以便保证历史资料的可比性。

（3）全面系统性原则。建立服装行业创新能力评价指标体系，各个指标间既要相互独立，又必须相互联系，做到从多角度、多层面完整地体现创新能力，并使评价目标和评价指标能有机地结合起来，组成一个比较合理和严谨的、逻辑层次分明的综合评价指标体系[37]。

（4）可行性与可操作性原则。评价的目的是要对服装行业的创新能力进行评价，指标的设计应立足现状，考虑资料获取的便利性、可行性和易操作性，指标选择应相对简单，做到指标少而精，计算公式科学合理，利于掌握与推广。

（5）定性定量相结合原则。通过查阅已有的研究结果得出影响产业创新的不同因素，有些因素可以量化，有些因素却难以量化，如新产品开发经费比重、研发机构的比重可以达到量化，但特色平台建设和创新战略的制定和实施等因素很难进行定量分析，由于这些指标的重要性在评价体系中不可缺失，因此，本研究在构建创新能力评价指标体系时，遵循了定型分析和定量分析相结合的原则[50]。

3.3 服装行业创新能力各级指标的提炼

3.3.1 技术创新产出能力

技术创新产出能力从四个方面考察。拥有发明专利数占比P_1，指某地区在评价年份内所被授予的专利数占全国总数的比例。专利授权量占比P_2，指某地区在评价年份内年发明专利的授权数占全国比重。新产品销售收入比重P_3，指该产业内新产品的销售额与总产品的销售额之间的比值，单位为“%”。从总量上反映自主创新活动中产品市场化取得的经济效益大小，反映了市场对一个企业的创新成果的认可和接受程度[51]。新产品出口比例P_4，指出口交货值占销售收入的比重，反映了产品的国际竞争力，从侧面体现了产业创新效益的高低[52]。

3.3.2 技术创新投入能力

技术创新投入能力从四个方面考察。有科技机构企业数占比P_5，有科技机构企业数占比是指规模以上企业中有科研机构的数目占所有企业数的比重，反映的是服装行业总体科研机构情况，反映了产业研发能力的强弱，是产业持续创新能力的保障[53]。

R&D（Research and Development）人员比重P_6，即研究与开发人员比重。产业创新过程的最终成效在很大程度上取决于人力投入的质量和强度，人力资源是最重要的一种企业创新资源，科技创新的竞争最终是人才的竞争，科技人员中R&D人员所占比重、科技活动人员中科学家和工程师所占比重从更高的层次反映了人力资源方面的投入强度[54]。

研发经费比重P_7，创新活动经费是进行企业自主创新活动的物质保障，体现了一个企业对创新活动的重视程度。资金的投入关系到研发活动的顺利实施，也在一定程度上激发着科研人员的创新积极性，对创新产出有着重大的影响[55]。

新产品开发经费比重P_8，指的是用于新产品上的经费。此项指标反映的是对新产品的重视程度和创新的力度。

3.3.3　产业创新扩散能力

产业创新扩散能力从三个方面来考察。引进技术经费支出比重P_9，指的是引进技术经费占购买国内技术支出比重，体现了对国外技术的依存度。技术改造投入经费比重P_{10}，指技术改造经费支出占科技活动经费支出的比重，反映产业新技术、新工艺开发的资金投入力度。消化吸收经费支出比重P_{11}，技术消化吸收经费占技术引进经费比重，反映对创新资源再利用的程度，是体现产业创新扩散能力的重要指标。

3.3.4　创新工艺流程和管理能力

P_{12}设备先进水平指的是生产设备的数控化程度和智能化程度，作为一个定性指标来考虑。企业应在生产中引入绿色生产理念，淘汰或改造原有的高能耗、高污染的生产设备，选择清洁的原材料，采用清洁的生产工艺，以提高资源和能源的综合利用率，减少生产过程的废物排放。P_{13}境外经贸合作园区需要重点考量企业在对外合作和交流上所搭建的平台完善程度和合作领域的广泛性，以及和区域性产业关联性方面的表现。P_{14}创新战略的制定和激励机制是从宏观的角度来考察企业创新方面的态度和措施。通过制定并实施企业科技创新战略、知识产权战略和自主品牌战略等，建立并完善企业技术标准和质量保证体系，完善激励创新的机制，推动技术要素参与，与创新能力的其他维度发挥联动效应[56]。

3.3.5　创新成果市场化运作能力

拥有注册商标P_{15}是用来考量企业在知识产权方面的进展能力和自身品牌的影响力。

形成国家或行业标准P_{16}是来考察企业参与行业创新的深入程度和被认可的程度[57]。电子商务水平P_{17}是用来考察企业与互联网结合的紧密程度。品牌塑造强度P_{18}用来考察企业产品的市场创新能力，通过参考纺织联合会每年发布的品牌排行和名牌产品来衡量[58]。企业通过注重自主品牌的管理和创新，通过竞争发展，提高自身在行业发展中较强的带动性或带动潜力[59]。

第 4 章　服装行业创新能力评价模型的构建

4.1　服装行业创新能力指标体系的构建

4.1.1　应用德尔菲法

本文运用德尔菲法对服装行业创新能力指标进行精选。德尔菲法即专家调查法，是通过较为全面的挖掘和依靠专家潜在信息资源进行探索的一种方法。德尔菲法按照系统的程序，通过匿名发表意见的方式，即不存在专家之间互相讨论，没有横向联系发生，专家仅与调查人员取得联系，对专家针对问卷所提问题的看法进行多次调查，反复征询、归纳、修改，最后汇总成与专家基本一致的看法，作为预测的结果。德尔菲法的上述特点使它成为一种最为有效的判断预测法，具有广泛的代表性[60]。

步骤一：选取25位学者、行业专家和服装企业的多年从业人员作为“服装行业创新能力评价指标筛选专家调查问卷”的填写者，请专家根据自己的学识和经验，判断所选指标能否合理评价服装行业创新能力。如有未考虑到的指标，请专家进行补充。问卷将这些指标对服装行业创新能力的影响程度分为五个不同的等级，分别为非常重要、重要、一般、不重要、非常不重要。每个指标只要有超过一半的专家选择了一般、不重要和非常不重要，那么该指标将被筛掉。在获取专家意见时，需向每位专家解释说明每一个指标的具体含义和度量方法，避免专家对指标的理解有误，并确保专家打分的独立性。25份专家调查问卷全部收回后，通过对调查问卷的综合分析和数据处理，制定出更完善的服装行业创新能力评价指标，详见附录1。

步骤二：将筛选后的“服装行业创新能力评价指标专家调查问卷”再次

发放给以上25 位专家，并将每位专家的修改意见匿名附录在调查表后。通过再一次的筛选和补充，最终确定服装行业创新能力评价指标，详见附录2。

4.1.2 筛选研究指标（表1-2）

表1-2 指标初选结果

影响因素	观测指标	非常不重要	不重要	一般	重要	非常重要	通过率
技术创新产出能力	拥有发明专利数占比P_1	0	0	0	22	3	>50%
	专利授权量占比P_2	0	2	12	8	3	<50%
	新产品销售收入比重P_3	0	0	3	17	5	>50%
	新产品出口比例P_4	0	1	1	20	3	>50%
技术创新投入能力	有科技机构企业数占比P_5	0	0	0	3	22	>50%
	R&D人员比重P_6	0	0	2	18	5	>50%
	研发经费比重 P_7	0	0	3	17	5	>50%
	新产品开发经费比重P_8	0	0	5	12	8	>50%
产业创新扩散能力	引进技术经费支出比重P_9	1	1	4	18	1	>50%
	技术改造投入经费比重P_{10}	1	2	3	12	7	>50%
	消化吸收经费支出比重P_{11}	1	2	4	15	3	>50%
创新工艺流程和管理能力	设备先进水平P_{12}	0	2	1	15	7	>50%
	境外经贸合作园区P_{13}	1	5	12	4	3	<50%
	创新战略的制定和激励机制P_{14}	0	2	3	15	5	>50%
创新成果市场化运作能力	拥有注册商标P_{15}	0	0	2	15	8	>50%
	形成国家或行业标准P_{16}	0	0	3	14	8	>50%
	电子商务水平P_{17}	0	0	0	17	8	>50%
	品牌塑造强度P_{18}	0	0	2	9	14	>50%

注：通过率是指认为指标“重要”或“非常重要”的专家人数占专家总人数的百分比。

从表1-2中看出，在所有评价指标体系中“专利授权量”和“境外经贸合作园区”这两项指标没有获得过半数专家的支持。所以在第二轮专家问卷调查中，将这两项指标剔除。专家对此的解释是：专利授权受多种因素的影响，有些创新虽然按照专利的标准鉴定不属于专利，但从某些意义上来说它确实是对技术的改进和创新，所以专利申请量可以更切实际地反映技术方面的创新能力。境外经贸合作园区作为一项指标在评价体系中出现，还不能完全来体现服装行业的创新能力，不太符合指标设计原则中的全面系统性。在问卷调查的过程中，专家普遍反映，需要增加产值能耗水平，产学研结合平台应该和境外经贸合作园区结合起来一起考虑到“特色平台建设”这个指标里面。

4.2 服装行业创新能力指标体系的建立

结合专家的修改意见，我们对创新能力评价指标进行了进一步的筛选和补充，得到了“服装行业创新能力评价指标专家调查问卷”，将该问卷发还与以上25位专家，构建本论文研究的服装行业创新能力评价指标体系，共包含5个一级指标及19个二级指标。指标终选结果见表1-3。

表1-3 指标终选结果

影响因素	观测指标	非常不重要	不重要	一般	重要	非常重要	通过率
技术创新产出能力	拥有发明专利数占比P_1	0	0	0	22	3	>50%
	专利申请量占比P_2	0	2	5	14	4	>50%
	新产品销售收入比重P_3	0	0	3	17	5	>50%
	新产品出口比例P_4	0	1	1	20	3	>50%
技术创新投入能力	有科技机构企业数占比P_5	0	0	0	3	22	>50%
	R&D人员比重P_6	0	0	2	18	5	>50%
	研发经费比重P_7	0	0	3	17	5	>50%
	新产品开发经费比重P_8	0	0	5	12	8	>50%
产业创新扩散能力	引进技术经费支出比重P_9	1	1	4	18	1	>50%
	技术改造投入经费比重P_{10}	1	2	3	12	7	>50%
	消化吸收经费支出比重P_{11}	1	2	4	15	3	>50%

续表

影响因素	观测指标	非常不重要	不重要	一般	重要	非常重要	通过率
创新工艺流程和管理能力	产值能耗水平P_{12}	0	2	1	15	7	>50%
	设备先进水平P_{13}	1	3	5	14	2	>50%
	特色平台建设P_{14}	0	2	3	15	5	>50%
	创新战略的制定和激励机制P_{15}	0	0	2	15	8	>50%
创新成果市场化运作能力	拥有注册商标P_{16}	0	0	3	14	8	>50%
	形成国家或行业标准P_{17}	0	0	0	17	8	>50%
	电子商务水平P_{18}	0	0	2	9	14	>50%
	品牌塑造强度P_{19}	0	3	2	15	5	>50%

从表1-3可以看出，尽管这19个指标并没有得到全部专家的支持，但所有指标的通过率均超过了50%，所以这19个指标均可用于评价服装行业创新能力。

4.3 基于层次分析法的服装行业创新能力模型的构建

4.3.1 层次分析法基本原理

本研究采用层次分析法（AHP）来确定服装行业创新能力指标之间的相对权重。层次分析法由美国匹兹堡大学运筹学家萨迪（A.L.Satty）于20世纪70年代所提出，层次分析法十分适用于具有定性的，或定性定量兼有的决策分析。尤其是适合于研究多层次结构的多目标决策问题，是一种十分有效的系统分析和科学决策方法。层次分析法的创立给决策者解决那些难以定量描述的决策问题带来了极大的方便，从而使它的应用几乎涉及任何科学领域[61]。

层次分析法是指把一个复杂的问题分解为各个组成因素，并将问题所研究涉及的全部要素按照递阶层次进行一定的分类，一一计算出上一层元素与下层元素之间的联系，最终形成一个有序的递阶多层次结构[62]。在其中每一层次内，通过两两比较的方式确定层次中诸因素的相对重要性，从而构造出判断矩阵，并通过计算矩阵特征值的方法，确定元素的权重顺序，最后再测算出每个层次的元素对总目标的组合权重，为问题的决策给出数量化的决策依据。

层次分析法的基本原理是根据所研究问题的性质，进行层次分解，构造层次结构模型，通常自上而下包括目标层、准则层和方案层，如图1–3所示。模型构造完成之后对同一层次的各元素关于上一层次中某一准则的重要性进行两两比较，构造两两比较判断矩阵，根据判断矩阵来测算需要比较的元素对于该准则的相对权重，计算各层元素对系统目标的合成权重，并进行排序得到。

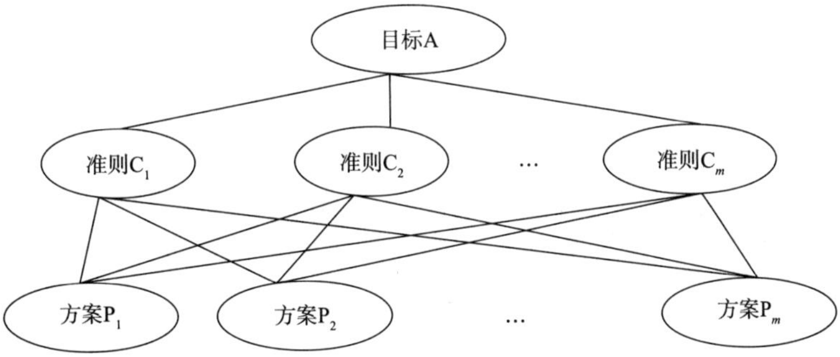

图1–3　递阶层次结构示意图

层次分析法的具体计算步骤：

（1）建立所要研究目标的层次结构模型。

（2）构建两两比对判断矩阵[63]。

判断矩阵是指某一层次指标相对于上一层次的某个指标相关联的每个指标之间在相对重要性上的两两比较。例如，取方案层两个因子P_i、P_j、p_{ij}表示P_i、P_j相对于上一层的某一准则C的重要性大小之比，p_{ij}根据现有资料、历年统计数据或者由专家根据多年对行业的了解、工作经验进行打分而获得，方案层P中各个指标相对于上一层准则C的全部比较结果的判断矩阵形式为：

$$C-P=\begin{pmatrix} P_{11} & P_{12} & \cdots & P_{1n} \\ P_{21} & P_{22} & \cdots & P_{2n} \\ \cdots & \cdots & \cdots & \cdots \\ P_{n1} & P_{n2} & \cdots & P_{nn} \end{pmatrix}$$

萨迪为了将两两指标相比的结果进行定量计算，引入了1～9的分位标度法，用数值代表判断的程度。如表1–4所示：

表1-4　比较标准解释表

P_{ij}的取值	含　义
1	代表两个指标P_i、P_j相比，重要性相同
3	代表两个指标P_i、P_j相比，其中一个指标显得稍微重要
5	代表两个指标P_i、P_j相比，其中一个指标显得比较重要
7	代表两个指标P_i、P_j相比，其中一个指标显得十分重要
9	代表两个指标P_i、P_j相比，其中一个指标显得绝对重要
2，4，6，8	如果两个指标P_i、P_j相比后重要性在两类之间，取两个相邻判断的中间值
各数的倒数	若指标P_i与指标P_j重要程度之比为p_{ij}，则指标P_j与指标P_i，重要程度之比为$1/p_{ij}$

因此，依据专家的打分，经过对各层指标之间两两相比的结果来构建出层次结构模型判断矩阵。构建的判断矩阵 $C\text{–}P$具备以下特征：

①$p_{ii}=1$，$i=j$

②$p_{ij}=1/p_{ji}$，$i\neq j$

（3）计算每个层次的排序[64]。

依据已建立的判断矩阵来计算每个指标各自的权重顺序，一般采用方根法或者和积法来得出$C\text{–}P$判断矩阵的最大特征根λ_{max}和相应的特征向量。本研究采用方根法，将判断矩阵$C\text{–}P$的特征向量ω进行归一化处理，从而获得方案层P中每个指标的相对权重，根据权重值的结果对每个指标进行相应的排序。

①对判断矩阵$C\text{–}P$每一行元素的乘积进行计算：

$$M_i=\prod_{j=1}^{n}p_{ij}\quad i=1，2，\cdots，n$$

②计算M_i的n次方根：

$$\omega_i=\sqrt[n]{M_i}\quad i=1，2，\cdots，n$$

③对向量$\omega=(\omega_1，\omega_2，\cdots，\omega_n,)^T$进行归一化处理，即$\varpi_i=\dfrac{\omega_i}{\sum_{i=1}^{n}\omega_i}$，$\eta=\lim\left|(1+\lambda)\frac{1}{\lambda}\right|$即为所求的特征向量。

④算出判断矩阵的最大特征根λ_{max}，$\lambda_{max}=\sum_{i=1}^{n}\frac{(P\varpi)_i}{n\varpi_i}$。其中，$(P\varpi)_i$表示向量$P\varpi$的第$i$个元素。

（4）进行一致性检验。

基于以往的研究结果，首次所建立的比较判断矩阵不会达到完全一致，需要进行一致性的检验，允许一定范围内存在不一致性，但一定要确保有一定的一致性。利用判断矩阵计算所得出来的最大特征根λ_{max}，依据计算公式$CI=\frac{\lambda_{max}-n}{n-1}$，计算出一致性指标$CI$的数值。平均随机一致性指标$RI$的数值要查阅数值表获得，如表1-5所示。

表1-5 平均随机一致性指标RI数值表

n	1	2	3	4	5	6	7	8	9	10	11	12	13	14
RI	0	0	0.52	0.9	1.12	1.24	1.36	1.41	1.46	1.49	1.52	1.54	1.56	1.58

通过公式$CR=\frac{CI}{RI}$可以计算出修正的一致性指标CR的数值[65]，

$$CR=\frac{CI}{RI}\begin{cases}=0，具有完全一致性\\<0.1，具有满意一致性\\\geqslant 0.1，具有非满意一致性\end{cases}$$

当$CR<0.1$时，可认为的所得到的层次内的排序结果满足并通过了一致性检验的要求；相反，则需要将判断矩阵中各指标的数值进行相应调整并重新进行计算。

本论文需要依次分别构造判断矩阵C_1–P、C_2–P、C_3–P、C_4–P、C_5–P，并测算可得每一个判断矩阵的特征向量和最大特征根得数值，从而进行相对应的一致性检验。归一化C_i–P判断矩阵的特征向量后：

B_i=（b_{i1}，b_{i2}，…，b_{ij}，…，b_{in}）

i=1，2，…，m

j=1，2，…，n

即方案层P层对准则层C层指标C_i（i=1，2，…，m）的层次单排序权值为b_{i1}，b_{i2}，…，b_{in}（当P_j与C_j无联系时，b_{ij}=0）

（5）计算组合权重以及一致性检验[66]。

对已得到的每一层的指标与上一层指标相比后的相对重要性的排序权值进行计算，测算出模型中方案层和分目标层中的指标相对于总目标层的组合权重。方案层C的每个指标相对于总目标层A的层次总排序测算方式如表1-6所示。

表1-6　总排序计算方式

方案层P	C_1	C_2	…	C_m	P层次总排序
	a_1	a_2	…	a_m	
P_1	b_{11}	b_{21}	…	b_{m1}	$\sum_{i=1}^{m} a_i b_{i1}$
P_2	b_{12}	b_{22}	…	b_{m2}	$\sum_{i=1}^{m} a_i b_{i2}$
…	…	…	…	…	…
P_n	b_{1n}	b_{2n}	…	b_{mn}	$\sum_{i=1}^{m} a_i b_{in}$

计算$CR=\frac{\sum_{i=1}^{m} a_i CI_i}{\sum_{i=1}^{m} a_i RI_i}$，当$CR<0.1$时，可认定计算出的层次排序通过了一致性检验的标准，并具有了满意的一致性；否则，则需要恰当地调整判断矩阵。最终可以得出的权重的计算结果为：$A=\sum_{i=1}^{m} a_i b_{i1}$

4.3.2　指标权重的计算步骤

根据构建的服装行业创新能力指标体系，把最底层指标作为服装行业创新能力的主要影响因素，然后向专家一一发放问卷，针对每个指标层下的各方案层的指标的重要性进行两两比较，得到比较判断矩阵。采用德尔菲法（1~9标度）的专家打分法，基于构建的判断矩阵进行特征向量、特征根的计算，之后需要进行一致性检验，得到方案层每个指标的相对权重。如下是详细的分析步骤：

（1）向所选取的专家进行问卷发放，依次对每个指标进行打分。

（2）问卷回收并汇集有效问卷的打分结果。若出现专家的打分数值明显相差较大的情况，需要把打分结果真实反馈给各位专家，并重新进行第一步，专家需要根据首轮打分结果开始新一轮评分，当所有专家的打分结果未出现较大分歧时可进行下一步。

（3）基于专家的打分结果建立判断矩阵，执行相关计算的步骤，需要计算特征向量和最大特征根，并对所有矩阵的一致性比率*CR*进行检验。

（4）如果计算的结果是$CR>0.1$，就需要对每个指标的专家打分结果进行分析，找到导致不一致性存在的最主要因素，做出相应的调整后把调整结果反馈给参与打分的专家，并需要再次执行第一步的操作。

（5）如果计算的结果是$CR<0.1$，那么就针对在专家的打分结果中某个指标存在微小差距，依据*CR*的倒数做出加权平均的计算，方可得到一个根据一致性检验结果而整理得出的专家打分结果。

（6）使用软件yaahp V0.6.0对构造的判断矩阵进行计算，得到每个指标的权重大小。完整的分析过程如图1-4所示。

4.3.3 服装行业创新能力指标重要性排序

参与本次调查问卷打分的专家分别来自北京服装学院校内专家、校外学者、服装企业设计与非设计人员、服装协会和服装行业科研院所从业人员，采取邮寄及现场访问的方式进行调研，专家打分的调查问卷详细内容见附录2。本研究一共发出调查问卷27份，有效回收25份问卷。对各位专家打分意见进行综合分析，并经过一系列计算及采用层次分析法软件yaahp V0.6.0得到各指标的权重结果。经过五个一级影响因素（$C_1 \sim C_5$）的处理后得到判断矩阵为

$$\begin{bmatrix} 1 & 1.23 & 1.0281 & 1.3219 & 1.4327 \\ 0.7 & 1 & 0.7841 & 0.9872 & 1.2563 \\ 0.8231 & 1.1327 & 1 & 0.7526 & 1.3152 \\ 0.9125 & 0.8645 & 1.2381 & 1 & 1.3795 \\ 0.6783 & 0.7981 & 0.8274 & 0.6182 & 1 \end{bmatrix}$$

$\lambda_{max}=0.5218$，$CI=0.0381$，$RI=1.38$，$CR=0.0276<0.1$，符合一致性检验。其中各指标的

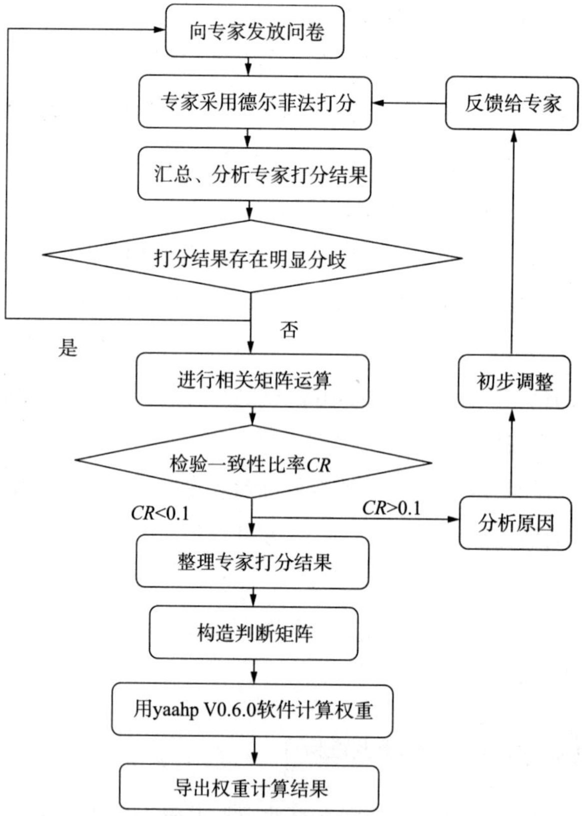

图1-4 指标的权重分析过程

权重结果如表1-7所示。

表1-7 服装行业创新能力影响因素维度下各指标的权重和排序

指标	权重	排序
技术创新产出能力	0.2617	2
技术创新投入能力	0.3018	1
产业创新扩散能力	0.2130	3
创新工艺流程和管理能力	0.1097	5
创新成果市场化运作能力	0.1139	4

同理可以得到各影响因素下二级指标的权重排序。技术创新产出能力（P_1~P_4），λ_{max}=5.1370，CI=0.1002，RI=1.25，CR=0.0802<0.1，符合一致性检验。

技术创新投入能力（P_5~P_8），λ_{max}=4.1185，CI=0.0232，RI=1.13，CR=0.0205<0.1，符合一致性检验。

产业创新扩散（P_9~P_{11}），λ_{max}=4.3271，CI=0.0321，RI=1.31，CR=0.0245<0.1，符合一致性检验。

创新工艺流程和管理能力（P_{12}~P_{15}），λ_{max}=5.1274，CI=0.0214，RI=1.28，CR=0.0167<0.1，符合一致性检验。

创新成果市场化运作（P_{16}~P_{19}），λ_{max}=4.8972，CI=0.0317，RI=1.12，CR=0.0283<0.1，符合一致性检验。根据以上计算结果，可以得到服装行业创新能力指标体系权重总表，如表1-8所示。

表1-8　服装行业创新能力指标体系权重总表

影响因素	观测指标	权重	排序
技术创新产出能力（0.2617）	拥有发明专利数占比P_1	0.3152	1
	专利申请量占比P_2	0.2703	2
	新产品销售收入比重P_3	0.2041	4
	新产品出口比例P_4	0.2104	3
技术创新投入能力（0.3018）	有科技机构企业数占比P_5	0.3218	1
	R&D人员比重P_6	0.2893	2
	研发经费比重P_7	0.1785	4
	新产品开发经费比重P_8	0.2104	3
产业创新扩散能力（0.2130）	引进技术经费支出比重P_9	0.3574	1
	技术改造投入经费比重P_{10}	0.2893	3
	消化吸收经费支出比重P_{11}	0.3533	2

续表

影响因素	观测指标	权重	排序
创新工艺流程和管理能力（0.1097）	产值能耗水平P_{12}	0.2034	3
	设备先进水平P_{13}	0.1985	4
	特色平台建设P_{14}	0.2879	2
	创新战略的制定和激励机制P_{15}	0.3102	1
创新成果市场化运作能力（0.1138）	拥有注册商标P_{16}	0.2511	2
	形成国家或行业标准P_{17}	0.2095	3
	电子商务水平P_{18}	0.1874	4
	品牌塑造强度P_{19}	0.3520	1

通过汇总表可以看出一级指标中各影响因素对服装产业整体的创新能力影响权重可分为三个梯次。其中技术创新投入能力对整体的创新能力影响最大，权重为0.3018。技术创新产出能力和产业创新扩散能力对整体创新能力影响程度相差不大。创新工艺流程和管理、创新成果市场化运作能力对整体创新能力影响程度相差不大，分别为0.1097和0.1138。可以看出，服装产业要想提高自身创新能力，需要从各方面全面发展。对于技术创新产出能力方面，拥有发明专利数被专家的认可度最高，这也是整个产业需要长期努力的方向。在技术创新投入能力方面，有科技机构的企业数的权重最大，其次就是R&D人员比重。研发方面在资金和人员的投入对创新的成果有至关重要的作用。产业创新扩散能力的三个二级指标权重相差不大。在创新工艺流程和管理这个维度，创新战略的制定和激励机制所占权重最大，它作为整体的顶层战略设计对于其他的指标来说都有影响。创新成果市场化运作能力方面，品牌塑造强度是与当前服装产业的市场特征、未来发展趋势最吻合的，所以权重相对较大。

第 5 章　服装行业创新能力指标体系的应用

本文在前面几章着重分析了服装产业创新能力的影响因素，并通过德尔菲法构建了服装产业创新能力指标体系，运用层次分析法对其进行权重计算。本章将以研究模型为基础，选取我国服装产业创新能力方面相对有代表性的城市，按照构建的指标体系对其进行分析，以验证模型的合理性。同时运用模糊综合评判法对重点城市的服装创新能力进行评价，验证其值得学习的经验并找到其不足之处，提出改进意见。

5.1　全国重点城市服装行业创新能力的实践分析

5.1.1　北京服装产业创新能力概况

近年来在《发展北京时装产业，建设“时装之都”规划纲要》的指引下，北京发挥了在服装领域的特殊优势，突出设计龙头，发挥品牌效应，营造时尚氛围，致力于打造时装之都和综合产业园区。北京有多家老牌服装生产企业，如铜牛针织集团、雪莲羊绒股份公司、爱慕内衣公司、白领服饰公司、滕氏企业集团、威克多制衣公司以及顺美服装股份公司等。

北京在创新管理和市场化运作上有突出的表现，北京连续多年举办“中国国际服装装饰博览会”，成为了服装产业化设计研发中心、信息发布中心、流行时尚展示中心、精品名品商贸中心、特色产业集群和产业链集成中心。此外，北京的服装产业分布已呈现出较为明显的集群特征，主要集中在北京的大兴、通州、顺义、延庆、平谷及密云六个区县，每个区域功能特色明显，拥有配套设施，形成了北京东部服装特色的工业带。

北京密云有梭织服装基地，通州有针织服装基地，京棉集团在顺义设立的棉纺基地，还有雪莲集团处于大兴的羊绒服装基地以及延庆的毛针织服装基地，共同构成了北京服装纤维面辅料业的基础。虽然规模效益较为突出，但产业发展的速度相对落后，与世界水平相比存在较大的差距，因此绝大比例的纤维面辅料都依靠进口，同时也反映了产业消化吸收再创新的能力还需要提升。

北京服装制造业较薄弱的另一个原因是服装制造加工企业的成本较为高昂，相比于中国广东地区、福建、浙江等沿海地区蓬勃发展的服装加工产业，北京水、电等动力资源昂贵，人力成本过高，这都限制了北京服装制造业的进一步发展。所以北京的服装产业在创新工艺流程和管理方面应是重点把握的方向。

5.1.2 上海服装产业创新能力概况

上海长久以来作为服装工业基地，服装服饰业是上海都市型工业的一个重要支柱，拥有上千家服装企业，其品牌数量在全国中名列前茅。近年来，国际服装周、服装展等创意活动频繁在上海兴办。上海拥有众多高等院校如东华大学、上海工程技术大学，科研院和企业的研发部门拥有数量庞大的研发人员，构成了上海本土服装设计业的中坚力量。各类服装培训学校也为服装行业输送了大批人才，东华大学拉萨尔国际设计学院、上海大学巴黎国际时装设计学院即是其中的佼佼者。上海市服装研究所是全国服装行业为数不多的国有服装科研机构之一，历年来在服装及面料设计、国家标准制订、检测技术开发、相关课题研究、时装及职业装设计定制等方面卓有建树，获得过多项设计专利及发明专利。

可见，上海纺织产业在构筑科技研发体系、打造产业链、建立现代纺织服务业等方面取得了一系列进展。

但是，其仍然存在着不可回避的问题。上海服装产业链及衍生产业开发不够，服装创意产品创新性较为欠缺，部分服装企业停留在加工制作阶段，出口服装存在低端品牌。因此，还需要增强在国际上有影响的高端品牌，激发原创性产品，增加文化内涵，增强与长三角其他地区的联动性和公共平台建设。

5.1.3 宁波服装产业创新能力概况

服装作为宁波的传统优势产业，在“十五”期间创造了在全国的四个前列：以先进的制造业提升服装生产规模保持全国前列；以品牌数量和高度为标志的品牌建设走在全国前列；以服装出口和国际品牌经营为代表的国际化发展走在全国前列；以宁波国际服装节为集中体现的政府对服装业的推动在全国前列。宁波服装已拥有多个中国名牌和多个中国驰名商标，服装注册商标达3000余件之多[67]。浙江服装职业技术学院作为宁波市乃至浙江省唯一一所服装类高等院校，不断加大校企合作力度，推动技术创新。

浙江省的电子商务领域在全国处于领先地位，享有B2B平台、C2C平台和第三方支付平台及一大批全国领先的行业电子商务平台。近年来，宁波服装行业通过技术改造，引进了一大批国外先进设备和技术，使大中型骨干企业的主要装备水平达到国际先进水平。杉杉、雅戈尔、罗蒙、太平鸟等知名企业都已在应用高科技面料[68]。

宁波服装产业在节能减排、清洁生产方面进行了污水集中处理，清污分流改造、再生原料资源开发利用等方面的工作，为宁波服装产业运用新材料、新技术提供了良好的基础。

不可否认，近年来宁波服装业出现了量增值降的现象，服装业利润空间变小，品牌自主创新和品牌文化生态建设内涵不足，知识产权保护制度缺乏造成创新动力不足，创新管理能力有待提高[69]。同时也体现出宁波服装消化吸收再创新能力较低，对外依存度较高。

5.2　全国重点城市服装行业创新能力综合评价研究

5.2.1　应用模糊综合评价法的步骤

1965年，美国自动控制专家查德（L.A.Zadeh）教授提出模糊集合理论（Fuzzy Sets）的概念。模糊综合评价，是以模糊数学为基础，应用模糊关系合成的原理，将一些边界不清，不易定量的因素定量化，具有结果清晰、系统性强的特点，能够较好地解决模糊的、难以量化的评价问题等。它是模糊数学在自然科学领域和社会科学领域中应用的一个重要方面。

本方法的优点是：数学模型简单，容易掌握，针对因素复杂、层次较多的复杂问题的评判效果比较好，是别的数学分支和模型难以代替的方法。这种模型应用广泛，在很多行业的研究上，通过采用模糊综合评判的模型得到了很好的经济效益和社会效益。

模糊综合评价法的评价步骤为：

（1）确立评判对象C。在本文研究中评判对象为“技术创新产出能力”“技术创新投入能力”“产业创新扩散能力”“创新成果市场化运作能力”“创新工艺流程和管理”五个模块的评价。

本指标体系利用层次分析法确定的各评价指标以及权重见表1–8。

（2）确定因素集合$P=(p_1,p_2,\cdots,p_n)$，其中p_i（i=1,2,3,…,n）表示不同的指标要素。

（3）建立各评价因素的权重集$W=(w_1,\ w_2,\ \cdots,\ w_n)$，其中$w_i\geqslant 0$，$\sum_{i=1}^{n} w_i = 1$，本指标体系利用层次分析法确定的各评价指标以及权重见表8。

（4）构建评判等级集合。$V=(v_1,\ v_2,\ \cdots,\ v_n)$。等级集合是指把针对评价对象所得到的不同评价结果构成一个集合，本研究将创新能力的评价等级设为不合格、及格、中等、良好、优秀一共五组，在等级集合中获得一个符合标准并合理的评价结果。

（5）建立模糊关系矩阵R。对P中的每一个因素，根据评判集中的等级指标进行模糊评判，得到评判矩阵R。$R=\begin{pmatrix} r_{11} & r_{12} & \cdots & r_{1n} \\ r_{21} & r_{22} & \cdots & r_{2n} \\ \cdots & \cdots & \cdots & \cdots \\ r_{m1} & r_{m2} & \cdots & r_{mn} \end{pmatrix}$，其中，$r_{ij}$表示$p_i$关于$v_j$的隶属程度，即每个评价指标的评分。

（6）求模糊综合评价集B。$B=WR=(w_1,\ w_2,\ \cdots,\ w_n)$。

$$\begin{pmatrix} r_{11} & r_{12} & \cdots & r_{1n} \\ r_{21} & r_{22} & \cdots & r_{2n} \\ \cdots & \cdots & \cdots & \cdots \\ r_{m1} & r_{m2} & \cdots & r_{mn} \end{pmatrix} = (b_1,\ b_2,\ \cdots,\ b_n)$$

（7）评价分值的计算。将评价集合V的各个元素赋予不同的得分，测算出服装行业创新能力的最终分值S。$S=BT$，T是一个列向量，由五个不同评价等级的分数所组成，即$T=(90,80,70,60,0)^T$[70]。

5.2.2 指标集评分标准

本论文将服装行业创新能力评价等级设为五等，依次分别为优秀、良好、中等、及格、不合格，各自相对应的分值依次为90分、80分、70分、60分及0分。等级评价标准依托于服装行业内的统计数据，并在相应标准要求的基础上制定所得。在制定评价标准的过程中，对于能够进行量化处理的指标都以数值作为依据，对于那些不能够进行量化的指标将其定义为软指标，运用定性的具体文字对其进行描述，表1-9为各指标具体的评价等级标准（软性指标见表1-10）。

表1-9　各指标具体的评价等级标准

编号		评价指标	优秀	良好	中等	及格	不合格
C_1	P_1	拥有发明专利数占比	5%	4%~5%	3%~4%	2% ~3%	<2%
	P_2	专利申请量占比	30%	25%~30%	20%~25%	10% ~20%	<10%
	P_3	新产品销售收入比重	>7%	5%~7%	3%~5%	1%~3%	<1%
	P_4	新产品出口比例	>20%	16%~20%	10%~16%	4%~10%	<4%
C_2	P_5	有科技机构企业数占比	>6%	5%~6%	4%~5%	2%~4%	<2%
	P_6	R&D人员比重	>16%	12~16%	8%~12%	2%~8%	<2%
	P_7	研发经费比重	>0.35%	0.3%~0.35%	0.2%~0.3%	0.1%~0.2%	<0.1%
	P_8	新产品开发经费比重	>5.7%	4%~5.7%	3%~4%	2%~3%	<1%
C_3	P_9	引进技术经费支出比重	>3.5%	3%~3.5%	2.5%~3%	2%~2.5%	<2%
	P_{10}	技术改造投入经费比重	>18%	15~18%	12%~15%	10%~12%	<10%
	P_{11}	消化吸收经费支出比重	>38%	30%~38%	20%~30%	15%~20%	<15%
C_4	P_{12}	产值能耗水平	软性指标				
	P_{13}	设备先进水平	软性指标				
	P_{14}	特色平台建设	软性指标				
	P_{15}	创新战略的制定和激励机制	软性指标				

续表

编号		评价指标	优秀	良好	中等	及格	不合格
C_5	P_{16}	拥有注册商标	＞180	150~180	120~150	100~120	＜100
	P_{17}	形成国家或行业标准	＞12	8~12	5~8	3~5	<3
	P_{18}	电子商务水平	软性指标				
	P_{19}	品牌塑造强度	软性指标				

表1-10　软性指标项目

编号	评价指标	等级	描　述
P_{12}	产值能耗水平	优秀	单位产量排放很低，执行节能减排政策，能源利用率高
		良好	单位产量排放较低，执行节能减排政策，能源利用率高
		中等	单位产量排放处于中等水平，能源利用水平一般
		及格	单位产量排放较高，能源利用水平不高
		不及格	单位产量排放很高，没有节能减排政策，不开展绿色生产
P_{13}	设备先进水平	优秀	设备数控化、智能化程度高，更新快
		良好	设备数控化、智能化程度较高，更新较快
		中等	设备数控化、智能化程度一般，更新较慢
		及格	设备数控化、智能化程度较低，不更新也不淘汰落后设备
		不及格	基本不使用数控化、智能化设备
P_{14}	特色平台建设	优秀	建有完善的国内外经贸产业园区、产学研平台
		良好	建有较为齐全的国内外经贸产业园区、产学研平台
		中等	初步建有国内外经贸产业园区、产学研平台，合作渠道不多
		及格	初步建有国内外经贸产业园区、产学研平台
		不及格	基本没有搭建国内外经贸产业园区和产学研平台

续表

编号	评价指标	等级	描　述
P_{15}	创新战略的制定和激励机制	优秀	制定并执行清晰的创新战略和激励机制，创新意识和氛围强
		良好	制定清晰的创新战略和激励机制，创新意识和氛围较强
		中等	制定总体的创新战略和激励机制，创新意识和执行力一般
		及格	初步制定创新战略和激励机制，创新意识和氛围不强
		不及格	没有制定创新战略和激励机制，没有创新意识
P_{18}	电子商务水平	优秀	网上交易平台完善，成交额很大，线上合作渠道和资源丰富
		良好	网上交易平台较为完善，成交量大，线上合作渠道拓展良好
		中等	网上交易平台规模一般，成交量一般，线上合作渠道较窄
		及格	网上交易平台初建，成交量较低，线上合作渠道资源匮乏
		不及格	网上交易平台初建，成交量很低，很少开展线上合作
P_{19}	品牌塑造强度	优秀	有大量知名品牌，品牌价值和顾客忠诚度高，品牌推广力强
		良好	有较多知名品牌，品牌价值和顾客忠诚度较高
		中等	有少数知名品牌，品牌创新程度一般，品牌价值一般
		及格	有少量知名品牌，品牌价值在降低，推广能力不强
		不及格	很少有知名品牌，品牌价值较低，品牌推广能力很低

5.2.3　模拟评价研究

本论文通过专家模拟评分的方式演示如何对服装产业进行创新能力评价。针对每项指标，将所有专家在优秀、良好、中等、及格和不合格五个等级的打分分布进行统计（详见附录3），进而计算出评价指标对该等级的隶属度，比如专家对拥有发明专利数这个指标，评价为优秀、良好、中等、及格和不合格的专家比例为0%，20%，40%，30%，10%，则这一指标隶属于评语集的隶属度为（0，0.2，0.4，0.3，0.1）。

北京地区的服装产业模拟评分见表1-11~表1-15。

表1-11 技术创新产出能力评分表

指标	P_1	P_2	P_3	P_4
优秀	0	0.1	0	0.1
良好	0.2	0.3	0.3	0.2
中等	0.4	0.3	0.4	0.4
及格	0.3	0.2	0.2	0.2
不合格	0.1	0.1	0.1	0.1

表1-12 技术创新投入能力评分表

指标	P_5	P_6	P_7	P_8
优秀	0.1	0.1	0.1	0.1
良好	0.3	0.2	0.4	0.3
中等	0.4	0.5	0.3	0.4
及格	0.1	0.1	0.1	0.2
不合格	0.1	0.1	0.1	0

表1-13 产业创新扩散能力评分表

指标	P_9	P_{10}	P_{11}
优秀	0.1	0.1	0
良好	0.2	0.3	0.2
中等	0.4	0.3	0.2
及格	0.2	0.2	0.4
不合格	0.1	0.1	0.2

表1-14　创新工艺流程和管理能力评分表

指标	P_{12}	P_{13}	P_{14}	P_{15}
优秀	0	0.1	0.2	0.3
良好	0.2	0.2	0.4	0.3
中等	0.3	0.4	0.3	0.2
及格	0.4	0.2	0.1	0.2
不合格	0.1	0.1	0	0

表1-15　创新成果市场化运作能力评分表

指标	P_{16}	P_{17}	P_{18}	P_{19}
优秀	0.1	0.1	0.1	0.2
良好	0.2	0.3	0.3	0.4
中等	0.3	0.3	0.4	0.3
及格	0.3	0.2	0.2	0.1
不合格	0.1	0.1	0	0

由此可得模糊矩阵$R_1=\begin{bmatrix} 0 & 0.2 & 0.4 & 0.3 & 0.1 \\ 0.1 & 0.3 & 0.3 & 0.2 & 0.1 \\ 0 & 0.3 & 0.4 & 0.2 & 0.1 \\ 0.1 & 0.2 & 0.4 & 0.2 & 0.1 \end{bmatrix}$

根据第4章所得到的C_1评价指标权重集W_1=（0.3152，0.2703，0.2041，0.2104）。

模糊综合评价集$B_1=W_1*R_1$=（0.04807，0.24744，0.37297，0.23152，0.1），所以技术创新产出能力的得分是 $S_1=B_1*T=64.12$。

模糊矩阵$R_2=\begin{bmatrix} 0.1 & 0.3 & 0.4 & 0.1 & 0.1 \\ 0.1 & 0.2 & 0.5 & 0.1 & 0.1 \\ 0.1 & 0.4 & 0.3 & 0.1 & 0.1 \\ 0.1 & 0.3 & 0.4 & 0.2 & 0 \end{bmatrix}$

根据第4章所得到的C_2评价指标权重集W_2=（0.3218，0.2893，0.1785，0.2104）。

模糊综合评价集$B_2=W_2*R_2$=（0.1，0.28892，0.41108，0.12104，0.07896），所以技术

创新投入能力的得分是$S_2=B_2*T$=68.15。

$$模糊矩阵R_3=\begin{bmatrix} 0.1 & 0.2 & 0.4 & 0.2 & 0.1 \\ 0.1 & 0.3 & 0.3 & 0.2 & 0.1 \\ 0 & 0.2 & 0.2 & 0.4 & 0.2 \end{bmatrix}$$

根据第4章所得到的C_3评价指标权重集W_3=（0.3574，0.2893，0.3533）。

模糊综合评价集$B_3=W_3*R_3$=（0.06467，0.22893，0.30041，0.27066，0.13533），所以产业创新扩散能力的得分是$S_3=B_3*T$=61.40。

$$模糊矩阵R_4=\begin{bmatrix} 0 & 0.2 & 0.3 & 0.4 & 0.1 \\ 0.1 & 0.2 & 0.4 & 0.2 & 0.1 \\ 0.2 & 0.4 & 0.3 & 0.1 & 0 \\ 0.3 & 0.3 & 0.2 & 0.2 & 0 \end{bmatrix}$$

根据第4章所得到的C_4评价指标权重集W_4=（0.2034，0.1985，0.2879，0.3102）。

模糊综合评价集$B_4=W_4*R_4$=（0.17049，0.2886，0.28883，0.21189，0.04019），所以创新工艺流程和管理能力的得分是$S_4=B_4*T$=71.36。

$$模糊矩阵R_5=\begin{bmatrix} 0.1 & 0.2 & 0.3 & 0.3 & 0.1 \\ 0.1 & 0.3 & 0.3 & 0.2 & 0.1 \\ 0.1 & 0.3 & 0.4 & 0.2 & 0 \\ 0.2 & 0.4 & 0.3 & 0.1 & 0 \end{bmatrix}$$

根据第4章所得到的C_5评价指标权重集W_5=（0.2511，0.2095，0.1874，0.352）。

模糊综合评价集$B_5=W_5*R_5$=（0.1352，0.31009，0.31874，0.18991，0.04606），所以创新成果市场化运作能力的得分是$S_5=B_5*T$=70.68。

北京最后的综合得分是66.30。

上海地区的服装产业模拟评分见表1-16~表1-20。

表1-16　技术创新产出能力评分表

指标	P_1	P_2	P_3	P_4
优秀	0.1	0.2	0.1	0.1
良好	0.2	0.3	0.2	0.2
中等	0.4	0.2	0.4	0.3
及格	0.2	0.2	0.2	0.3
不合格	0.1	0.1	0.1	0.1

表1-17 技术创新投入能力评分表

指标	P_5	P_6	P_7	P_8
优秀	0.2	0.2	0.1	0.1
良好	0.3	0.3	0.3	0.3
中等	0.3	0.4	0.3	0.4
及格	0.2	0.1	0.2	0.2
不合格	0	0	0.1	0

表1-18 产业创新扩散能力评分表

指标	P_9	P_{10}	P_{11}
优秀	0.1	0.1	0.1
良好	0.3	0.3	0.2
中等	0.4	0.3	0.3
及格	0.1	0.2	0.3
不合格	0.1	0.1	0.1

表1-19 创新工艺流程和管理能力评分表

指标	P_{12}	P_{13}	P_{14}	P_{15}
优秀	0.1	0.2	0.1	0.1
良好	0.3	0.3	0.4	0.4
中等	0.4	0.4	0.3	0.3
及格	0.1	0.1	0.1	0.2
不合格	0.1	0	0.1	0

表1-20 创新成果市场化运作能力评分表

指标	P_{16}	P_{17}	P_{18}	P_{19}
优秀	0.1	0.2	0.1	0.2
良好	0.4	0.4	0.3	0.4
中等	0.3	0.3	0.4	0.2
及格	0.2	0.1	0.2	0.1
不合格	0	0	0	0.1

$$模糊矩阵R_1=\begin{bmatrix} 0.1 & 0.2 & 0.4 & 0.2 & 0.1 \\ 0.2 & 0.3 & 0.2 & 0.2 & 0.1 \\ 0.1 & 0.2 & 0.4 & 0.2 & 0.1 \\ 0.1 & 0.2 & 0.3 & 0.3 & 0.1 \end{bmatrix}$$

根据第4章所得到的C_1评价指标权重集W_1=（0.3152，0.2703，0.2041，0.2104）。

模糊综合评价集$B_1=W_1*R_1$=（0.12703，0.22703，0.3249，0.22104，0.1），所以技术创新产出能力的得分是$S_1=B_1*T$=65.60。

$$模糊矩阵R_2=\begin{bmatrix} 0.2 & 0.3 & 0.3 & 0.2 & 0 \\ 0.2 & 0.3 & 0.4 & 0.1 & 0 \\ 0.1 & 0.3 & 0.3 & 0.2 & 0.1 \\ 0.1 & 0.3 & 0.4 & 0.2 & 0 \end{bmatrix}$$

根据第4章所得到的C_2评价指标权重集W_2=（0.3218，0.2893，0.1785，0.2104）。模糊综合评价集$B_2=W_2*R_2$=（0.16111，0.3，0.34997，0.17107，0.01785），所以技术创新投入能力的得分是$S_2=B_2*T$=73.26。

$$模糊矩阵R_3=\begin{bmatrix} 0.1 & 0.3 & 0.4 & 0.1 & 0.1 \\ 0.1 & 0.3 & 0.3 & 0.2 & 0.1 \\ 0.1 & 0.2 & 0.3 & 0.3 & 0.1 \end{bmatrix}$$

根据第4章所得到的C_3评价指标权重集W_3=（0.3574，0.2893，0.3533）。

模糊综合评价集$B_3=W_3*R_3$=（0.1，0.26467，0.33574，0.19959，0.1），所以产业创新扩散能力的得分是$S_3=B_3*T$=65.65。

$$模糊矩阵R_1=\begin{bmatrix} 0 & 0.2 & 0.4 & 0.3 & 0.1 \\ 0.1 & 0.3 & 0.3 & 0.2 & 0.1 \\ 0 & 0.3 & 0.4 & 0.2 & 0.1 \\ 0.1 & 0.2 & 0.4 & 0.2 & 0.1 \end{bmatrix}$$

根据第4章所得到的C_4评价指标权重集W_4=（0.2034，0.1985，0.2879，0.3102）。

模糊综合评价集$B_4=W_4*R_4$=（0.11985，0.35981，0.34019，0.13102，0.04913），所以创新工艺流程和管理能力的得分是$S_4=B_4*T$=71.25。

$$模糊矩阵R_5=\begin{bmatrix} 0.1 & 0.4 & 0.3 & 0.2 & 0 \\ 0.2 & 0.4 & 0.3 & 0.1 & 0 \\ 0.1 & 0.3 & 0.4 & 0.2 & 0 \\ 0.2 & 0.4 & 0.2 & 0.1 & 0.1 \end{bmatrix}$$

根据第4章所得到的C_5评价指标权重集W_5=（0.2511，0.2095，0.1874，0.352）。

模糊综合评价集$B_5=W_5*R_5$=（0.15615，0.38126，0.28354，0.14385，0.0352），所以创新成果市场化运作能力的得分是$S_5=B_5*T$=73.03。

上海最后的综合得分是69.39。

宁波地区的服装产业模拟评分见表1-21~表1-25。

表1-21　技术创新产出能力评分表

指标	P_1	P_2	P_3	P_4
优秀	0.1	0.2	0.1	0.2
良好	0.2	0.2	0.3	0.3
中等	0.4	0.4	0.3	0.3
及格	0.2	0.1	0.2	0.1
不合格	0.1	0.1	0.1	0.1

表1-22　技术创新投入能力评分表

指标	P_5	P_6	P_7	P_8
优秀	0.1	0.1	0.1	0.1
良好	0.4	0.3	0.3	0.4
中等	0.3	0.3	0.3	0.3
及格	0.1	0.2	0.2	0.2
不合格	0.1	0.1	0.1	0

表1-23 产业创新扩散能力评分表

指标	P_9	P_{10}	P_{11}
优秀	0.2	0.1	0
良好	0.3	0.3	0.1
中等	0.3	0.3	0.3
及格	0.2	0.2	0.4
不合格	0	0.1	0.2

表1-24 创新工艺流程和管理能力评分表

指标	P_{12}	P_{13}	P_{14}	P_{15}
优秀	0.1	0.1	0.2	0.1
良好	0.3	0.3	0.3	0.4
中等	0.3	0.4	0.4	0.3
及格	0.2	0.2	0.1	0.2
不合格	0.1	0	0	0

表1-25 创新成果市场化运作能力评分表

指标	P_{16}	P_{17}	P_{18}	P_{19}
优秀	0.2	0.1	0.3	0.2
良好	0.4	0.3	0.2	0.4
中等	0.2	0.4	0.3	0.3
及格	0.2	0.1	0.2	0.1
不合格	0	0.1	0	0

$$\text{模糊矩阵} R_1 = \begin{bmatrix} 0.1 & 0.2 & 0.4 & 0.2 & 0.1 \\ 0.2 & 0.2 & 0.4 & 0.1 & 0.1 \\ 0.1 & 0.3 & 0.3 & 0.2 & 0.1 \\ 0.2 & 0.3 & 0.3 & 0.1 & 0.1 \end{bmatrix}$$

根据第4章所得到的C_1评价指标权重集W_1=（0.3152，0.2703，0.2041，0.2104）。

模糊综合评价集$B_1=W_1*R_1$=（0.14807，0.24145，0.35855，0.15193，0.1），所以技术创新产出能力的得分是$S_1=B_1*T$=66.86。

$$\text{模糊矩阵}R_2=\begin{bmatrix}0.1&0.4&0.3&0.1&0.1\\0.1&0.3&0.3&0.2&0.1\\0.1&0.3&0.3&0.2&0.1\\0.1&0.4&0.3&0.2&0\end{bmatrix}$$

根据第4章所得到的C_2评价指标权重集W_2=（0.3218，0.2893，0.1785，0.2104）。

模糊综合评价集$B_2=W_2*R_2$=（0.1，0.35322，0.3，0.16782，0.07896），所以技术创新投入能力的得分是$S_2=B_2*T$=68.33。

$$\text{模糊矩阵}R_3=\begin{bmatrix}0.2&0.3&0.3&0.2&0\\0.1&0.3&0.3&0.2&0.1\\0&0.1&0.3&0.4&0.2\end{bmatrix}$$

根据第4章所得到的C_3评价指标权重集W_3=（0.3574，0.2893，0.3533）。

模糊综合评价集$B_3=W_3*R_3$=（0.10041，0.22934，0.3，0.27066，0.09959），所以产业创新扩散能力的得分是$S_3=B_3*T$=64.62。

$$\text{模糊矩阵}R_4=\begin{bmatrix}0.1&0.3&0.3&0.2&0.1\\0.1&0.3&0.4&0.2&0\\0.2&0.3&0.4&0.1&0\\0.1&0.4&0.3&0.2&0\end{bmatrix}$$

根据第4章所得到的C_4评价指标权重集W_4=（0.2034，0.1985，0.2879，0.3102）。

模糊综合评价集$B_4=W_4*R_4$=（0.12879，0.33102，0.34864，0.17121，0.02034），所以创新工艺流程和管理能力的得分是$S_4=B_4*T$=72.75。

$$\text{模糊矩阵}R_5=\begin{bmatrix}0.2&0.4&0.2&0.2&0\\0.1&0.3&0.4&0.1&0.1\\0.3&0.2&0.3&0.2&0\\0.2&0.4&0.3&0.1&0\end{bmatrix}$$

根据第4章所得到的C_5评价指标权重集W_5=（0.2511，0.2095，0.1874，0.352）。

模糊综合评价集$B_5=W_5*R_5$=（0.19779，0.34157，0.29584，0.14385，0.02095），所以创新成果市场化运作能力的得分是$S_5=B_5*T$=74.47。

宁波最后的综合得分是68.34。

5.3 综合评价结论

本章选取了我国服装产业发展有代表性的重点城市进行分析，从北京、上海和宁波在五个一级指标维度上的具体得分和最后创新能力的综合得分来看，各地区服装产业创新能力与本论文所构建的服装产业创新能力指标体系以及每层指标的权重排序基本吻合，验证了所构建的指标体系的合理性。

上海和宁波在技术创新产出能力和产业创新扩散能力这两个指标上的得分相对较高，北京在这两个指标上得分较低。通过加快北京现有老牌服装企业对先进技术的改造和吸收能力，依靠本地优势的设计和研发资源，积极开展与北京服装学院、中国纺织工业标准化研究所等机构的科研合作，从而整体提高北京服装产业的创新水平。技术创新投入能力上，上海的得分最高，北京和宁波得分相近。在创新工艺流程和管理能力上，三个城市的得分相近，说明在这个指标上产业发展水平相当。创新成果和市场化运作这个指标，北京的得分相比其他城市来说相对较低，这是今后北京服装产业发展上需要着重关注和解决的问题。综合得分来看，上海的产业创新能力最强，其次是宁波，最后是北京。此模型分析出来的结果与这三个城市在服装产业发展方面的现实情况相吻合，指标体系得到了验证。

第 6 章　研究结论和展望

6.1　主要研究结论

基于我国纺织产业正处于由纺织转型升级阶段到纺织强国建设阶段，随着国际市场竞争日趋激烈的严峻产业形势和管理信息化时代的来临，我国的服装行业必须将创新纳入整个产业的顶层设计，从创新技术投入、创新技术产出、产业创新扩散、创新工艺流程和管理、创新成果市场化运作等多方面着手来提高我国服装产业整体的技术创新效率和生产效率，加快新品研发周期，从上游原材料供应到下游市场的销售和推广等各个环节增强创新的能力，实现产业的稳定和与时俱进的发展，提高产业的整体竞争力以推动我国服装产业升级。我国服装产业发达并拥有强大产业根基的重点城市如北京、上海和宁波凭借自身积极参与了产业的创新活动，在多维度表现出了较强的创新能力。本文通过研究服装行业创新能力的影响因素，探究如何加快产业的创新能力，完善我国服装产业的创新体系。本论文所构建的服装产业创新能力指标体系目的是为我国服装产业提升自身竞争力，提高创新能力提供有针对性的指导，使得无论是作为微观层面的企业还是宏观层面产业的发展来说，可以依次来客观地审视目前的不足之处，发现薄弱环节并加以改进。本文通过文献研究、统计数据收集、行业资料汇总、定性与定量研究相结合、分析产业中具体区域的发展情况等研究方法，得到以下结论：

（1）产业创新是提升我国服装产业核心竞争力的有效途径，也是现阶段我国服装产业发展的大势所趋。通过借鉴国内外学者关于产业创新系统和影响因素的研究成果，本文研究和总结了现阶段影响我国服装产业创新能力的影响因素，通过专家的多次访谈和整理专家的打分结果，提炼出具有代表性的相对全面的可以用来评价我国服装产业创新能力的指标，据此可为我国服装产业未来实施创新战略提供具体的指导方向。

（2）本研究通过综合运用德尔菲法和层次分析法，创建了服装产业创新能力指标体系，计算了每个指标的权重，得到所有指标的总的权重排序结果，归纳出各影响指标层下面的关键影响因素。

在技术创新产出方面，专利申请数量比例和拥有发明专利数占比这两个指标所占权重较大，所以从微观层面出发，产业内部的所有企业应不断地激发人员的创新动力，同时也是对知识产权保护意识的提高。在技术创新投入方面，要加强有科研机构的企业数量，提高企业的创新重视程度，科研机构是确保产业创新得到有效落实的重要保证。研发人员所占比重这一指标的权重也相对较大，应与建设科研机构一起得到重视，这是产业创新的重要保障。产业创新扩散方面，要加强我国服装产业整体的引进技术能力和转化吸收能力，一味地引进和低效率的吸收并不能带来实质性和长久的创新效果。创新工艺流程和管理方面，注意清洁生产和污染治理问题，不能以牺牲环境为代价换来产业的发展，同时需要加强各种有助于推进产业交流的平台建设，如境外经贸合作园区、产学研合作平台、面料和流行趋势的发布中心等，提高信息共享性，增强产业内部的共同受益度；在创新成果和市场化运作方面，我国需要在标准制定方面，尤其是国际上的标准制定深度参与，增加话语权，在品牌推广和品牌构建上要加强内涵和平台的建设。

（3）通过对我国重点城市的分析，检验了本研究所构建的指标体系的合理性及可推广性，通过模糊综合评价法的运用，介绍了如何针对我国服装产业的创新能力进行评价的方法，为我国服装产业的创新活动提供了参考意见。

上海作为本研究中综合创新能力得分最高的城市，无论是在产业的科技创新投入，还是产业创新扩散能力方面，上海依靠优越的地理位置和较为开放的产业发展环境，不仅将服装产业的老字号品牌在新的产业环境下实现创新，同时积极对新品牌进行推广和维护。上海充分借助本地的设计研发机构和多所科研院校推动产业内的技术研发和参与标准制定，全方位地进行服装产业的创新活动，可作为其他城市服装产业努力和发展的方向。北京和宁波也应更多地参与到产业创新的活动中去，挖掘自己的潜在资源和天然优势，丰富创新的模式和加大创新的力度，提高自己的创新能力。

6.2　研究展望

本文的创新点主要体现在以下两个方面：

（1）本文综合运用了德尔菲法、层次分析法和模糊综合评价方法，为服装行业在创新能力问题上的研究提供了一种新的研究路径和角度，使得研究方法多样化，完善和更新了已有的创新能力评价指标体系。

（2）本文选取服装行业发展较为有代表性的重点城市进行案例分析，并运用指标体系进行了对比分析，既是应用也同时验证了指标体系，并通过对比分析得到创新能力的分析结果。

尽管本文通过对定性和定量指标的结合，完善和更新了服装产业创新能力指标评价体系，并对现阶段服装产业创新能力做了定量评价。尤其是应用指标体系对北京、上海等地区的创新能力做出评价及比较分析。目前，仍然存在一些不足之处，需要在以后的研究中继续探究和改进，加以优化，主要体现在以下几个方面：

（1）本文选取了北京、上海和宁波作为研究对象，而我国的服装产业发展中还有很多的典型城市可作为研究对象；同时本文只是选取了在创新能力上体现最为突出的影响因素做了分析，部分影响因素没有体现在指标体系中，使得研究的范围从整体上来说不够充分，还需要对整体的影响因素作进一步研究。

（2）本文的分析从总体上来说，对于服装产业创新能力研究的广度尚可，但深度和精度还需要加强。在具体研究时，会受到数据来源、评价指标、评价方法和时间等因素的限制，通常很难做到全面、系统的分析评价。在模糊综合评价中，最终评价的结果更多地受制于专家的具体打分和参与打分的专家人数，人为定权具有较大的灵活性，一定程度上反映了因素本身对被评价对象的重要程度，但很难避免人为的主观性，与客观实际可能会有偏差。经过多次反馈以后各位专家得出的结论也比较客观公正，在一定程度上解决了专家主观臆断过高的问题。本文所存在的不足之处，需要在日后的研究中继续改进和完善。

参考文献

[1] 孙淮滨. 中国纺织工业发展报告[R]. 北京：中国纺织出版社，2014.

[2] 约瑟夫·阿罗斯·熊彼特. 经济发展理论[M]. 北京：商务印书馆，1990：25–28.

[3] 李庆东. 产业创新系统协同演化理论与绩效评价方法研究[D]. 长春：吉林大学，2008.

[4] 王艾青. 技术创新、制度创新与产业创新的关系分析[J]. 当代经济研究，2005(8)：31–34.

[5] 严潮斌. 产业创新：提升产业竞争力的战略选择[J]. 北京邮电大学学报：社会科学版，1999(3)：6–10.

[6] CUNNINGHAM N J. Industrial Innovation[J]. Business History, 1960,2(2): 97–100.

[7] CHRIS Freeman, LUC Suet. The Economies of Industrial Innovation[J]. London and Washington, 1997,3(3): 227–235.

[8] ROBERTSON, ANDREW. The Marketing Faction Successful Industrial Innovation[J]. Industrial Marketing Management, 1973,2(4): 369–374.

[9] UTTERBEAK James M. Successful Industrial Innovations: A Multivariate Analysis[J]. Decision Sciences, 1975,6(1): 65–77.

[10] 彭勃. 中国汽车产业创新系统演进与绩效研究[D]. 北京：清华大学，2012.

[11] 李艳华，柳卸林，刘建兵. 现代服务业创新能力评价指标体系的构建及应用[J]. 技术经济，2009(2)：1–6.

[12] M.道格森，R.罗斯韦尔・创新聚集——产业创新手册．陈劲，等译．北京：清华大学出版社，2000：27–36.

[13] 张治河，谢忠泉，周国华，张传波．产业创新的理论综述与发展趋势[J]．技术经济，2008(1)：35–43.

[14] 柳卸林．我国产业创新的成就与挑战[J]．中国软科学，2002(12)：110–114.

[15] 吴贵生，李纪珍．关于产业技术创新的思考[J]．乡镇企业科技，2000(4)：4–5.

[16] 张耀辉．产业创新的理论探索[M]．北京：中国计划出版社，2002：48–52.

[17] 史清琪，尚勇．中国产业技术创新能力研究[M]．北京：中国轻工业出版社，2000：103–108.

[18] 迈克尔・波特．国家竞争优势[M]．北京：华夏出版社，2002：76–80.

[19] 陆国庆．产业创新：超越传统创新理论的新范式[J]．江汉论坛，2003(2)：10–13.

[20] POON TSC. Beyond the global production networks: a case off further upgrading of Taiwan's information technology industry[J]. Technology and Global Station, 2004,1(1): 130–145.

[21] 陆国庆．论衰退产业创新[J]．中国经济问题，2002(5)：45–51.

[22] 梁威，赵学礼．基于产业创新的战略选择[J]．商业时代，2006(5)：11–13.

[23] 石奇．产业创新全球化：问题理论与区域整合[J]．产业经济研究，2006(1)：36–43.

[24] ROTHWELL R. Successful industrial innovation：critical factors for the 1990's[J]. R&D Management, 1992,22(3): 221–240.

[25] 罗积争，吴解生．产业创新：从企业创新到国家创新之间的桥梁[J]．经济问题探索，2005(4)：111–114.

[26] 张治河，谢忠泉．我国钢铁产业创新与发展的问题及管理措施[J]．中国软科学，2006(2)：31–37.

[27] 朱旭峰．关于中国入世后IT产业创新政策的若干问题探讨[J]．科研管理，2003(2)：49–53.

[28] 胡树华．创立和实施国家汽车创新工程的政策建议[J]．中国科技论坛，2000(2)：10–13.

[29] 张倩男，赵玉林．高技术产业技术创新能力的实证分析[J]．工业技术经济，2007(4)：21–26.

[30] 江剑，官建成．中国中低技术产业创新效率分析[J]．科学学研究，2008(6)：

1325–1332.

［31］常玉苗．海洋产业创新系统的构建及运行机制研究[J]．科技进步与对策，2012(7)：80–82.

［32］刘耀，黄新建，张滨松，许智宏．创新型企业创新能力评价指标体系研究[J]．南昌大学学报：人文社会科学版，2008(1)：79–86.

［33］MASAKO Niwa. The importance of clothing science and prospects for the future[J]. International Journal of Clothing Science and Technology, 2002,1(14): 238–246.

［34］KIN–FAN Au. The current status of the Hong Kong clothing industry[J]. Journal of Fashion Marketing and Management, 1996,1(1): 185–191.

［35］郭燕．“雅戈尔”自主创新能力评价指标构成及分析[J]．北京服装学院学报：自然科学版，2009(1)：45–52.

［36］陈雪颂，邬关荣．服装企业设计能力评价与设计模式演化研究[J]．纺织学报，2011(2)：136–141.

［37］董美偲．服装企业营销风险指标体系研究[D]．北京：北京服装学院，2012.

［38］冯志民．河北服装企业核心竞争力培育研究[J]．产业与科技论坛，2013(23)：40–42.

［39］于洁．我国服装产业自主创新能力的分析及对策[J]．纺织科学研究，2007(4)：1–8.

［40］JIN Byoungho. Apparel industry in East Asian newly industrialized countries: Competitive advantage, challenge and implications[J]. Journal of Fashion Marketing and Management, 2004,1(8): 230–244.

［41］RASOUL Shafaei. An analytical approach to assessing the competitiveness in the textile industry[J]. Journal of Fashion Marketing and Management, 2009,1(13): 20–36.

［42］CAN Unal, Mucella G.Guner. Selection of ERP suppliers using AHP tools in the clothing industry[J]. International Journal of Clothing Science and Technology, 2009,2(21): 239–251.

［43］ASLI Aksoy, NURSEL Ozturk. A decision support system for demand forecasting in the clothing industry[J]. International Journal of Clothing Science and Technology, 2012,3(24): 221–236.

［44］郭燕．服装上市公司自主创新能力评价指标——对雅戈尔集团的实证研究[J]．纺织导报，2010(7)：19–23.

［45］MARIA Caridi. Measuring supply chain visibility in the apparel industry[J]. Journal of

Fashion Marketing and Management, 2008,2(12): 185–192.

[46] 赵文彦，曾月明．创新型企业创新能力评价指标体系的构建与设计[J]．科技管理研究，2011(1)：14–17．

[47] 陈颖．绿色竞争力指标体系的构建——以服装企业为例[J]．环境保护，2012(5)：59–61．

[48] 向刚，李兴宽，章胜平．创新型企业评价指标体系研究[J]．科技管理研究，2009(6)：122–124．

[49] 刘众．我国服装业转型的难点与思路[J]．开放导报，2013(6)：73–77．

[50] 胡恩华．企业技术创新能力指标体系的构建及综合评价[J]．科研管理，2001(4)：79–84．

[51] 范福军，何新闻，王霄凌，钟建英，黄远庆．广东服装产业核心竞争力实证分析[J]．纺织学报，2011(3)：143–147．

[52] 师月林．山东省服装产业国际竞争力研究[D]．镇江：江苏大学，2009．

[53] 翁蕾蕾，陈东生．论中国服装产业创新体系的构建[J]．丝绸，2008(2)：8–11．

[54] 支军，王忠辉．自主创新能力测度理论与评估指标体系构建[J]．管理世界，2007(5)：168–169．

[55] 张莉，和金生．产业自主创新能力评价指标体系构建与实例分析[J]．科技管理研究，2009(7)：155–157．

[56] 吴延兵．中国工业产业创新水平及影响因素——面板数据的实证分析[J]．产业经济评论，2006(2)：155–171．

[57] 朱长凯．服装企业品牌创新能力研究[D]．西安：西安工程大学，2012．

[58] 李璿．中国知名服装品牌国际化程度评价指标体系及其应用研究[D]．北京：北京服装学院，2010．

[59] 荣春节．产业技术创新战略联盟创新能力评价研究[D]．大连：大连理工大学，2013．

[60] RUBIN R. Upward appraisal: What do subordinates consider important in evaluating their Supervisors[M]. Library and Information Science Research, 1995,17(2): 151–161.

[61] 中国系统工程学会决策科学专业委员会．决策科学理论与创新[M]．北京：海洋出版社，2007：29–33．

[62] 王秀杰．柳州汽车零部件产品的优先发展序列研究——基于AHP的Yaahp软件实现[J].

广西工学院学报，2008(1)：46-50.

[63] 李鹏宇. 基于层次分析法的信息安全风险评估量化方法研究[D]. 南昌：江西财经大学，2012.

[64] 冯俊文. 模糊德尔菲层次分析法及其应用[J]. 数学的实践与认识，2006(9)：44-48.

[65] 陈晓慧. 企业技术创新能力的模糊综合评价[J]. 科技进步与对策，2002(5)：127-129.

[66] 邓雪，李家铭，曾浩健，陈俊羊，赵俊峰. 层次分析法权重计算方法分析及其应用研究[J]. 数学的实践与认识，2012(7)：93-100.

[67] 夏春玲等. 宁波服装产业发展报告[R]. 北京：中国纺织出版社，2011.

[68] 柳嘉. 浙江服装产业竞争力研究[D]. 杭州：浙江工商大学，2008.

[69] 凌海生. 浙江省纺织、服装行业的出口竞争力研究[D]. 南京：东南大学，2006.

[70] 孙筱. 快时尚企业快速反应能力指标体系构建研究[D]. 北京：北京服装学院，2013.

附录 1　服装行业创新能力评价指标筛选专家调查问卷

尊敬的专家：

您好！

我是北京服装学院商学院的研究生，首先感谢您拨冗填答此份问卷。我正在进行服装行业创新能力评价体系的课题研究，在研究过程中，需要对行业专家进行访谈。访谈结果将对我的研究起到重要作用，对您的参与我深表感谢。

本研究旨在通过对影响服装行业创新能力的影响因素进行系统地分析，构建出能够评价服装行业创新能力的指标体系。该评价指标体系可以判断当前服装行业创新能力的高低和在各个维度方面的表现情况。在研究的前期阶段，我们提取出 18 个服装行业创新能力评价指标。请您根据自己的学识和经验，判断这些指标选取是否合理。我们将这些指标对服装行业创新能力的影响程度分为五个等级，分别为非常不重要、不重要、一般、重要、非常重要，您在相应的表格内打"√"即可。如有未考虑到的指标，请您进行补充。

一、专家基本情况

1. 您的身份

   1）北服本校　□教授　□副教授　□讲师

   2）校外学者　□教授　□副教授

   3）服装企业非设计人员　□

   4）服装企业设计人员　□

   5）服装协会 / 服装行业科研院所从业人员　□

2. 您从事服装行业相关工作年限

   □一年以下　□一到两年　□三到五年　□五年以上

二、指标筛选

影响因素	观测指标	非常不重要	不重要	一般	重要	非常重要	通过率
技术创新产出能力	拥有发明专利数占比P_1						
	专利授权量占比P_2						
	新产品销售收入比重P_3						
	新产品出口比例P_4						
技术创新投入能力	有科技机构企业数占比P_5						
	R&D人员比重P_6						
	研发经费比重 P_7						
	新产品开发经费比重P_8						
产业创新扩散能力	引进技术经费支出比重P_9						
	技术改造投入经费比重P_{10}						
	消化吸收经费支出比重P_{11}						
创新工艺流程和管理能力	设备先进水平P_{12}						
	境外经贸合作园区P_{13}						
	创新战略的制定和激励机制P_{14}						
创新成果市场化运作能力	拥有注册商标P_{15}						
	形成国家或行业标准P_{16}						
	电子商务水平P_{17}						
	品牌塑造强度P_{18}						

针对服装行业创新能力，您认为还应补充的评价指标有哪些？

对于您的参与，再次表示感谢！

附录 2　服装行业创新能力评价指标专家调查问卷

尊敬的专家：

您好！

我是北京服装学院商学院的研究生，首先感谢您拨冗填答此份问卷。我正在进行服装行业创新能力评价体系的课题研究，希望您能抽出宝贵时间，提供如下真实信息，调查不记名。我们保证，所有调查数据资料只是用于学术性研究，并在任何时候都不会公开企业和个人的信息；我们承诺，调查所得数据绝不会用于其他任何商业用途。您所提供的建议对服装行业创新能力评价指标体系具有十分重要的理论和实际价值，真诚感谢您的意见！

该调查问卷是基于层次分析法基本原理，为计算指标权重而设计的。通过两两比较同一影响因素下的各个指标的相对重要性，将衡量等级分为同等重要、稍微重要、比较重要、十分重要、绝对重要几个等级，与之相对应的数值为 1、3、5、7、9，具体说明见附表 1。在进行指标比对时，当纵向排列的指标相比横向排列的指标具有同等重要、稍微重要、比较重要、十分重要、绝对重要的重要程度时，填写的数值对应为 1、3、5、7、9。表格中的阴影部分不需要填写。感谢您对本研究的大力支持！

一、请您提供以下资料，非常感谢！

1. 您的身份

　1）北服本校　□教授　　□副教授　　□讲师

　2）校外学者　□教授　　□副教授

　3）服装企业非设计人员　□

　4）服装企业设计人员　　□

　5）服装协会 / 服装行业科研院所从业人员　□

2. 您从事服装行业相关工作年限

　□一年以下　　□一到两年　　□三到五年　　□五年以上

二、该调查问卷是基于层次分析法基本原理，为计算指标权重而设计的。本课题将我国服装行业创新能力划分为五个一级指标，表格中的阴影部分不需要填写，感谢您对本研究的大力支持！

附表1　层次分析法（AHP）指标重要性取值标度

标度	含　义
1	表示两个指标进行比较，具有同等重要性
3	表示两个指标进行比较，一个指标相比另一个指标稍微重要
5	表示两个指标进行比较，一个指标相比另一个指标比较重要
7	表示两个指标进行比较，一个指标相比另一个指标十分重要
9	表示两个指标进行比较，一个指标相比另一个指标绝对重要
2，4，6，8	如果两个指标的差别在两类之间，则取相邻判断中间值
各数的倒数	若指标P_i与指标P_j重要程度之比为p_{ij}，则指标P_j与指标P_i重要程度之比为$1/p_{ij}$

附表2　服装企业创新能力评价指标

影响因素	技术创新产出能力	技术创新投入能力	产业创新扩散能力	创新工艺流程和管理能力	创新成果市场化运作能力
技术创新产出能力	1				
技术创新投入能力		1			
产业创新扩散能力			1		
创新工艺流程和管理能力				1	
创新成果市场化运作能力					1

附表3 技术创新产出能力关键因子权重调查表

技术创新产出能力	拥有发明专利数占比	专利申请量占比	新产品销售收入比重	新产品出口比例
拥有发明专利数占比	1			
专利申请量占比		1		
新产品销售收入比重			1	
新产品出口比例				1

附表4 技术创新投入能力关键因子权重调查表

技术创新投入能力	有科技机构企业数占比	R&D人员比重	研发经费比重	新产品开发经费比重
有科技机构企业数占比	1			
R&D人员比重		1		
研发经费比重			1	
新产品开发经费比重				1

附表5 产业创新扩散能力关键因子权重调查表

产业创新扩散能力	引进技术经费支出比重	技术改造投入经费比重	消化吸收经费支出比重
引进技术经费支出比重	1		
技术改造投入经费比重		1	
消化吸收经费支出比重			1

附表6 创新工艺流程和管理能力关键因子权重调查表

创新工艺流程和管理能力	产值能耗水平	设备先进水平	特色平台建设	创新战略的制定和激励机制
产值能耗水平	1			
设备先进水平		1		

续表

创新工艺流程和管理能力	产值能耗水平	设备先进水平	特色平台建设	创新战略的制定和激励机制
特色平台建设			1	
创新战略的制定和激励机制				1

附表7　创新成果市场化运作能力关键因子权重调查表

创新成果市场化运作能力	拥有注册商标	形成国家或行业标准	电子商务水平	品牌塑造强度
拥有注册商标	1			
形成国家或行业标准		1		
电子商务水平			1	
品牌塑造强度				1

三、本论文制定的指标尚有不足之处，能否给出您宝贵的建议：

____

____

____

对您的意见及建议再次表示感谢，祝您工作愉快！

附录 3　重点城市服装行业创新能力评价指标调研问卷

尊敬的专家：

您好！

我是北京服装学院商学院的研究生，首先感谢您拨冗填答此份问卷。我正在进行服装行业创新能力评价体系的课题研究，本研究旨在通过对影响服装行业创新能力因素进行系统地分析，构建出能够评价服装行业创新能力的指标体系。

本论文将服装行业创新能力评价等级设为五等，依次分别为优秀、良好、中等、及格、不合格，请您根据自己的学识和经验，针对北京、上海、宁波三个城市依次进行评判，您在相应的表格内打“√”即可，评价标准可参考附表 1 和附表 2，附表 1 和附表 2 中数据是基于每个城市规模以上服装企业的整体表现情况来判断服装产业的创新能力水平。

一、专家基本情况

1．您的身份

1）北服本校　□教授　□副教授　□讲师

2）校外学者　□教授　□副教授

3）服装企业非设计人员　□

4）服装企业设计人员　□

5）服装协会 / 服装行业科研院所从业人员　□

2．您从事服装行业相关工作年限

□一年以下　□一到两年　□三到五年　□五年以上

二、重点城市服装产业创新能力评级

附表1　各指标具体的评价等级标准

编号		评价指标	优秀	良好	中等	及格	不合格
C_1	P_1	拥有发明专利数占比	5%	4%~5%	3%~4%	2% ~3%	＜2%
	P_2	专利申请量占比	30%	25%~30%	20%~25%	10% ~20%	＜10%
	P_3	新产品销售收入比重	＞7%	5%~7%	3%~5%	1%~3%	＜1%
	P_4	新产品出口比例	＞20%	16%~20%	10%~16%	4%~10%	＜4%
C_2	P_5	有科技机构企业数占比	＞6%	5%~6%	4%~5%	2%~4%	＜2%
	P_6	R&D人员比重	＞16%	12%~16%	8%~12%	2%~8%	＜2%
	P_7	研发经费比重	＞0.35%	0.3%~0.35%	0.2%~0.3%	0.1%~0.2%	＜0.1%
	P_8	新产品开发经费比重	＞5.7%	4%~5.7%	3%~4%	2%~3%	＜1%
C_3		引进技术经费支出比重	＞3.5%	3%~3.5%	2.5%~3%	2%~2.5%	＜2%
	P_{10}	技术改造投入经费比重	＞18%	15%~18%	12%~15%	10%~12%	＜10%
	P_{11}	消化吸收经费支出比重	＞38%	30%~38%	20%~30%	15%~20%	＜15%
C_4	P_{12}	产值能耗水平	软性指标				
	P_{13}	设备先进水平	软性指标				
	P_{14}	特色平台建设	软性指标				
	P_{15}	创新战略的制定和激励机制	软性指标				

续表

编号		评价指标	优秀	良好	中等	及格	不合格
C_5	P_{16}	拥有注册商标	＞180个	150~180个	120~150个	100~120个	＜100个
	P_{17}	形成国家或行业标准	＞12个	8~12个	5~8个	3~5个	＜3个
	P_{18}	电子商务水平	软性指标				
	P_{19}	品牌塑造强度	软性指标				

附表2　软性指标项目

编号	评价指标	等级	描　述
P_{12}	产值能耗水平	优秀	单位产量排放很低，执行节能减排政策，能源利用率高
		良好	单位产量排放较低，执行节能减排政策，能源利用率高
		中等	单位产量排放处于中等水平，能源利用水平一般
		及格	单位产量排放较高，能源利用水平不高
		不及格	单位产量排放很高，没有节能减排政策，不开展绿色生产
P_{13}	设备先进水平	优秀	设备数控化、智能化程度高，更新快
		良好	设备数控化、智能化程度较高，更新较快
		中等	设备数控化、智能化程度一般，更新较慢
		及格	设备数控化、智能化程度较低，不更新也不淘汰落后设备
		不及格	基本不使用数控化、智能化设备
P_{14}	特色平台建设	优秀	建有完善的国内外经贸产业园区、产学研平台
		良好	建有较为齐全的国内外经贸产业园区、产学研平台
		中等	初步建有国内外经贸产业园区、产学研平台，合作渠道不多
		及格	初步建有国内外经贸产业园区、产学研平台
		不及格	基本没有搭建国内外经贸产业园区和产学研平台

续表

编号	评价指标	等级	描 述
P_{15}	创新战略的制定和激励机制	优秀	制定并执行清晰的创新战略和激励机制，创新意识和氛围强
		良好	制定清晰的创新战略和激励机制，创新意识和氛围较强
		中等	制定总体的创新战略和激励机制，创新意识和执行力一般
		及格	初步制定创新战略和激励机制，创新意识和氛围不强
		不及格	没有制定创新战略和激励机制，没有创新意识
P_{18}	电子商务水平	优秀	网上交易平台完善，成交额很大，线上合作渠道和资源丰富
		良好	网上交易平台较为完善，成交量大，线上合作渠道拓展良好
		中等	网上交易平台规模一般，成交量一般，线上合作渠道较窄
		及格	网上交易平台初建，成交量较低，线上合作渠道资源匮乏
		不及格	网上交易平台初建，成交量很低，很少开展线上合作
P_{19}	品牌塑造强度	优秀	有大量知名品牌，品牌价值和顾客忠诚度高，品牌推广力强
		良好	有较多知名品牌，品牌价值和顾客忠诚度较高
		中等	有少数知名品牌，品牌创新程度一般，品牌价值一般
		及格	有少量知名老品牌，品牌价值在降低，推广能力不强
		不及格	很少有知名品牌，品牌价值较低，品牌推广能力很低

1．北京

附表3　技术创新产出能力评分表

指标	P_1	P_2	P_3	P_4
优秀				
良好				
中等				
及格				
不合格				

附表4　技术创新投入能力评分表

指标	P_5	P_6	P_7	P_8
优秀				
良好				
中等				
及格				
不合格				

附表5　产业创新扩散能力评分表

指标	P_9	P_{10}	P_{11}
优秀			
良好			
中等			
及格			
不合格			

附表6　创新工艺流程和管理能力评分表

指标	P_{12}	P_{13}	P_{14}	P_{15}
优秀				
良好				
中等				
及格				
不合格				

附表7　创新成果市场化运作能力评分表

指标	P_{16}	P_{17}	P_{18}	P_{19}
优秀				
良好				
中等				

续表

指标	P_{16}	P_{17}	P_{18}	P_{19}
及格				
不合格				

2. 上海

附表8　技术创新产出能力评分表

指标	P_1	P_2	P_3	P_4
优秀				
良好				
中等				
及格				
不合格				

附表9　技术创新投入能力评分表

指标	P_5	P_6	P_7	P_8
优秀				
良好				
中等				
及格				
不合格				

附表10　产业创新扩散能力评分表

指标	P_9	P_{10}	P_{11}
优秀			
良好			
中等			
及格			
不合格			

附表11 创新工艺流程和管理能力评分表

指标	P_{12}	P_{13}	P_{14}	P_{15}
优秀				
良好				
中等				
及格				
不合格				

附表12 创新成果市场化运作能力评分表

指标	P_{16}	P_{17}	P_{18}	P_{19}
优秀				
良好				
中等				
及格				
不合格				

3．宁波

附表13 技术创新产出能力评分表

指标	P_1	P_2	P_3	P_4
优秀				
良好				
中等				
及格				
不合格				

附表14 技术创新投入能力评分表

指标	P_5	P_6	P_7	P_8
优秀				
良好				

续表

指标	P_5	P_6	P_7	P_8
中等				
及格				
不合格				

附表15　产业创新扩散能力评分表

指标	P_9	P_{10}	P_{11}
优秀			
良好			
中等			
及格			
不合格			

附表16　创新工艺流程和管理能力评分表

指标	P_{12}	P_{13}	P_{14}	P_{15}
优秀				
良好				
中等				
及格				
不合格				

附表17　创新成果市场化运作能力评分表

指标	P_{16}	P_{17}	P_{18}	P_{19}
优秀				
良好				
中等				
及格				
不合格				

（作于 2015 年 12 月）

第二篇　网络原创服装品牌顾客忠诚模型的实证研究

作者：李　丛　　导师：白玉苓

摘　要：

随着网络信息技术的发展、人们生活节奏的加快，消费者的购物方式正在发生改变，网络购物已经成为很多消费者生活中不可或缺的重要部分。在此背景下，依托于第三方平台的网络原创服装品牌得到了快速发展，同时其所处的竞争环境非常激烈，而顾客忠诚对于提高品牌形象，提升品牌竞争力有着重要作用。

本文以网络原创服装品牌为研究对象，采用了实证分析方法，在对相关文献进行梳理、对网络原创服装品牌概况和消费者特征进行分析的基础上，构建了网络原创服装品牌顾客忠诚模型。从顾客感知价值角度入手，将顾客感知价值划分为了功能价值、服务价值和社会价值三个维度，设计出了适用于网购方式下服装行业的顾客感知价值测量量表，并且通过了信度和效度检验。对这三个维度和顾客满意、顾客忠诚进行了相关和回归分析，并对转换成本对顾客满意与顾客忠诚关系的调节作用进行了验证。得出了功能价值和服务价值通过顾客满意对顾客忠诚有间接正向影响、社会价值对顾客满意和顾客忠诚有直接正向影响、顾客满意对顾客忠诚有直接正向影响和转换成本对顾客忠诚有直接正向影响的结论。最后根据实证研究的结论，本文为网络原创服装品牌的营销和经营管理提出了建议，总结了本文的局限性并提出了展望。

关键词：　网络原创服装品牌；顾客感知价值；顾客满意；转换成本；顾客忠诚

第1章 绪论

1.1 研究背景

随着网络信息技术的发展、人们生活节奏的加快，消费者的购物方式也在发生改变，网络购物被越来越多的消费者所接受，而且已经成为很多消费者生活中不可或缺的重要部分。据中国互联网络信息中心（CNNIC）于2014年7月份发布的《第34次中国互联网络发展状况统计报告》显示，截至2014年6月，我国网民规模达到6.32亿，互联网普及率为46.9%，较2013年底提升了1.1个百分点。截至2014年6月，我国网络购物用户规模达到3.23亿，较2013年底增加2962万人，半年度增长率为9.8%，与2013年12月相比，我国网民使用网络购物的比例从48.9%提升至52.5%[1]。由这两组数据可知，虽然我国网民规模增速逐步放缓，但网络购物用户规模依然呈现较快的增长速度。

据艾瑞咨询集团发布的《中国网络购物行业年度监测报告（2012—2013年）》显示，2012年我国网络购物用户规模为2.3亿，在PC端网民中的渗透率为45.5%，网民参与网购的热情不断上涨，推动中国网购市场保持高速的发展态势。2012年我国网络购物市场营收规模为1520.3亿元，较2011年增长74.4%，网络购物市场交易规模达到13030亿元，年增长率66.1%，在中国社会消费品零售总额中的比重达到6.2%。网购市场在经过十余年的培育后，逐步向成熟期过渡，中国网络购物市场进入了相对稳定的高速增长期。我国网购市场中B2C在整体网络购物市场交易规模的比重达到了24.6%，较2011年增长了4.3个百分点，B2C占比呈持续增大趋势，其中天猫以53.7%的市场份额位居第一。在网购商品细分品类中，服装箱包类商品在网络购物市场份额中占比最高，达到了26.5%。[2]

在网络购物行业快速发展的时期，网络原创品牌在传统品牌触网前，依托淘宝、京东、唯品会等网络购物平台的资源倾斜而得到了迅速成长，在2008年大规模进入市场，淘宝平台在2009年正式提出了“淘品牌”的概念,2012年6月1日天猫宣布将旗下121家“淘品牌”正式更名为“天猫原创”。天猫致力于构建独立、专业化的B2C平台，并成为一个品牌孵化基地，帮助原创品牌快速成长。

2013年第一季度，天猫女装TOP10的商家中有7家是网络原创服装品牌，男装TOP10的商家中也有3家是网络原创服装品牌。随着天猫、京东、唯品会等网络购物平台的发展，网络购物平台的市场环境发生了巨大变化，平台内的资源竞争越来越激烈，开始进入整合期，品牌有集团化的趋势，加之线下品牌大规模的触网，网络原创品牌面临着越来越激烈的竞争。

正如Kathleen Sindell（2001）所说，无论你的企业是传统企业还是混合型企业，或是基于网络的企业，只有关注并保持顾客忠诚才能使企业在未来的竞争中占据优势地位。顾客忠诚一直是学术界研究的热点，随着电子商务的发展，网络购物模式下的顾客忠诚得到了越来越多的关注。因此，对于网络原创品牌来说，如何有效地保持顾客忠诚，进而提升品牌的竞争力，是目前面临的一个重要的问题。

因此，本文以网络原创服装品牌为研究对象，从顾客感知价值、顾客满意和转换成本出发，通过实证分析，完成了网络原创服装品牌顾客忠诚模型的构建。希望本文的研究能在一定程度上对网络原创服装品牌顾客忠诚的提升和其品牌的发展有所帮助。

1.2 研究目的和意义

1.2.1 研究目的

通过对国内外相关文献对顾客感知价值、顾客满意、转换成本和顾客忠诚的评述研究，以网络原创服装品牌为具体的实证研究对象，构建网络原创服装品牌顾客忠诚模型。

1.2.2 研究意义

理论意义上，国内外对顾客忠诚的研究很多，但目前没有对于网络原创品牌顾客忠诚的实证研究，本文在对国内外文献进行梳理和整合的基础上，对顾客感知价值、顾客满意、转换成本和顾客忠诚进行了研究，以网络原创服装品牌为研究对象，构建了网络原创服装品牌顾客忠诚模型，丰富了网络原创品牌顾客忠诚的理论研究。

实际意义上，随着我国网络购物环境的逐渐成熟，以网络消费者为目标群体的基于网络渠道销售的网络原创品牌大量涌现，并形成了一定的规模。但面对越来越激烈的市场竞争，如何建立和维系顾客忠诚是网络原创服装品牌需要关注的焦点。本文通过网络原创服装品牌顾客忠诚模型的构建，为网络原创服装品牌建立和维系顾客忠诚提供理论指导，具有借鉴意义。

1.3 研究方法和技术路线

本文拟采用规范研究与实证研究相结合、定性分析与定量分析相结合的方法进行理论研究和分析检验。总体上本文主要拟采用以下几种研究方法：

（1）文献综述与规范研究。本文在对国内外相关文献进行搜集和阅读的基础上，对国内外相关文献进行了梳理和整合，对网络原创服装品牌、顾客感知价值、顾客满意、转换成本和顾客忠诚理论进行了综述，分析了网络顾客忠诚的影响因素及顾客忠诚模型的构建，为下文实证研究奠定了理论基础。

（2）问卷调查。本文拟在相关文献分析和访谈的基础上，设计调查问卷，并进行小范围的预调查，来完成问卷的修改和补充。待正式调查问卷完成后，进行调查问卷的发放和回收，完成数据收集工作。

（3）定量分析。本文拟在定性分析的基础上，运用SPSS19.0软件对调研所收集到的样本数据进行分析，拟主要采用的数据分析方法有：描述性样本统计分析、效度与信度分析、相关分析和回归分析等。在此基础上进行初始模型的检验和修正，完成最终的网络原创服装品牌顾客忠诚模型。

本文的技术路线如图2–1所示。

1.4 研究内容

本文以服务利润链理论和关系营销理论为基础理论，对网络原创服装品牌、顾客感

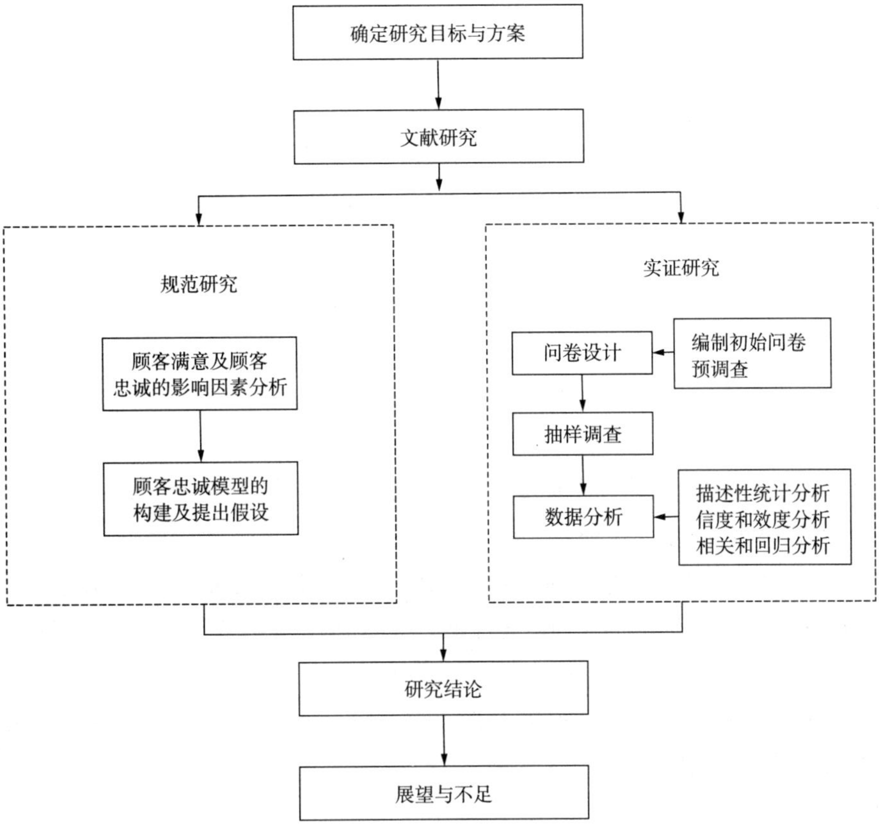

图2-1　技术路线图

知价值、顾客满意、转换成本和顾客忠诚进行了综述，对网络原创服装品牌概况和网络原创服装品牌顾客的消费行为特征进行了分析，构建了网络原创服装品牌顾客忠诚模型，并进行了实证分析，进而对网络原创服装品牌提出了研究建议。本文的正文部分包括以下几部分内容：

第1章绪论，对本文的研究背景、研究目的和意义、研究内容进行了介绍，交代了本文的研究方法和技术路线，并提出了本文的创新点。

第2章相关理论基础，对服务利润链理论和关系营销理论进行了梳理。

第3章文献综述，对网络原创服装品牌、顾客忠诚、顾客感知价值、顾客满意和转换成本的研究进行了综述，梳理了国内外相关研究的现状。

第4章模型构建及假设提出，对网络原创服装品牌概况和网络原创服装品牌顾客的消费行为特征进行了分析，在前文的基础上，构建了网络原创服装品牌顾客忠诚模型，提出了研究假设。

第5章问卷设计与调查，进行了问卷的设计、预调查、修改、发放与回收。

第6章数据分析，对数据进行了描述性统计、效度与信度分析、相关分析和回归分析，完成了模型及假设的检验。

第7章结论和建议，提出了研究结论和建议，并提出了研究展望和不足之处的分析。

1.5 研究创新点

（1）以网络原创服装品牌为研究对象，针对性地完成了网络原创服装品牌顾客忠诚模型的构建，并进行了实证论证。

（2）国内外对顾客感知价值的研究很多且很多研究都是对某一特定行业进行实证研究，但对服装行业的研究很少，而服装行业结合网络的研究则更少，尚未有成熟的量表，本文结合服装行业和网络购物的特点对顾客感知价值量表进行了一定的创新。

（3）将转换成本作为顾客忠诚模型的调节因素，分析了转化成本如何调节顾客满意对顾客忠诚的影响作用。

第 2 章　相关理论基础

2.1　服务利润链理论

美国学者詹姆斯·赫斯克特（James L. Heskett）等人于1994年提出了“服务利润链”（Service Profit Chain，SPC）理论。服务利润链理论阐述了企业、员工、顾客和利润四者之间的关系（如图2-2所示）。该理论认为企业利润、收入增长、顾客忠诚、顾客满意、顾客获得的产品或服务价值、员工满意、员工忠诚、劳动生产率之间存在直接牢固的关系。

通过模型我们可以看到，企业的获利能力强弱由顾客忠诚决定，顾客忠诚来源于顾客满意，顾客满意由顾客所感知的服务价值大小决定，服务价值大小最终由生产效率高、对企业忠诚的员工来创造，员工的效率和忠诚又取决于员工的满意，同时员工的满意程度高低又取决于企业的内部服务质量。

服务利润链将内、外营销相结合，从顾客角度重新审视企业的长期获利能力，它代表了一种以顾客为中心的服务管理模式。服务利润链一扣一环前后环节相互影响，每一环节的实施都影响着下一环节的质量，其最终目标是使企业盈利。该理论揭示了顾客忠诚与企业盈利间的强相关关系，并强

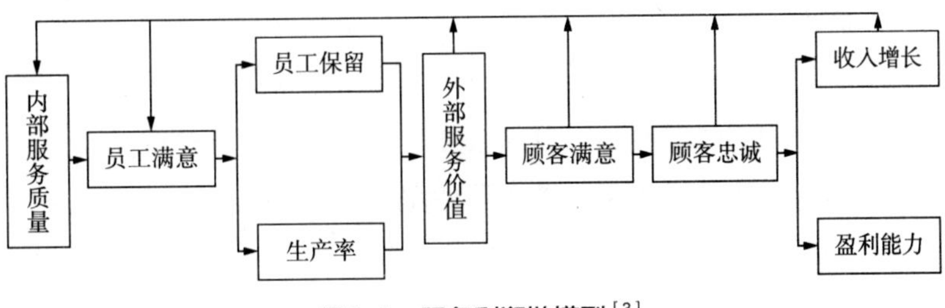

图2-2　服务利润链模型[3]

调了顾客感知的服务价值与内部服务质量对于培育顾客忠诚的重要性，指出了企业实现顾客满意与顾客忠诚的思路和途径，即改进产品、服务及企业形象来提高产品总价值和降低生产与销售成本，减少顾客购买时间、精力与体力，从而降低顾客的货币与非货币成本。[3,4]

2.2 关系营销理论

1983年，伦纳德·L.贝瑞（Leonard L Berry）在《关系营销》中率先提出了关系营销的概念，并从服务业角度对其进行了定义："关系营销就是吸引、保持以及扩展客户关系。"企业是社会发展的一个产物，是社会经济的构成部分，在市场营销活动中，企业必须要建立市场营销的关系，发挥市场营销的价值与作用，市场营销是对消费者、竞争者、供应商、政府机构、渠道商、媒体、个人的一种联系与互动过程，是对社会信息识别、分类、建立渠道、维护与巩固企业发展方式、转化客户资源与市场信息渠道的一种有效方式。关系营销就是将这些营销因素与资源渠道的不同部分进行有效地联系，将他们链接在一起，形成有效的推动力，帮助企业更好地获取市场发展的信息，了解市场发展的最佳路线与市场发展的稳定资源渠道。从而获得有效与可靠的业务关系，组成市场营销网络体系，追求各方面的利益最大化。关系营销主要是以顾客对商品或服务的满意度以及忠诚度为标准，决定了该种商品或服务在市场中的份额与地位。

关系营销将视角从传统营销的关注一次性交易转变为与顾客建立持久的联系，来保持住顾客，通过提高服务、加强与顾客的联系来提高顾客感知价值，培养忠诚的顾客。顾客是企业赖以生存和发展的基础，市场竞争的本质是对顾客资源的竞争，关系营销的核心内容是获得和维持顾客忠诚，所有的营销活动都要围绕这个核心进行。为了获得顾客忠诚，关系营销战略分为四个基本环节：对顾客进行细分、提高顾客满意度、增强顾客信任、营造顾客忠诚。关系营销理论认为顾客感知价值不仅来源于核心产品和附属服务，还应包括为维持关系而做出的努力。关系营销从传统的注重获取一次性利润转为保持顾客忠诚以获取长期利润。关系营销的关键在于与顾客或利益相关方建立双向式的信息交流，主动与其接触和联系，以便了解顾客的需求从而做出快速反应。[5,6]

第 3 章　文献综述

3.1　网络原创服装品牌

3.1.1　网络原创服装品牌的概念

淘宝平台2009年提出了淘品牌的概念，淘品牌是在淘宝网上形成的，起初是指比较受消费者欢迎的一些依托淘宝网发展起来的品牌，一般都由C2C小店发展而来。此后，天猫于2012年6月1日，宣布将旗下121家“淘品牌”正式更名为“天猫原创”，它指出网络原创品牌注重的是原创，原创品牌具有创新性和成长性，为原创品牌的发展起到了有力的推动作用。

盘娟梅（2010）将网络原创服装品牌定义为“运用互联网的优势，将店铺建立在网上，开设网络店铺，从而建立起来的服装品牌[7]。”杨霖华（2013）指出网络原创品牌分为两类：一类是传统品牌触网前，依赖淘宝等网络零售平台的资源倾斜而迅速成长的品牌，如韩都衣舍、玛萨·玛索；一类是传统品牌大量触网后，依靠精准市场定位与独特个性，利用互联网的聚合特性成长的利基品牌，如初语、花笙记[8]。

在阅读整理文献的基础上，本文将“网络原创服装品牌”定义为：依托网络销售平台成立和发展的，具有创新性和成长性的服装品牌。

3.1.2　网络原创服装品牌的相关研究

蔡建梅、李易儒（2012）从淘宝网原创女装品牌经营现状入手，通过对其卖家和买家的双向调研，通过数据分析和实际问题提出原创女装品牌的可行性发展策略[9]。杨霖华（2013）在对网络原创品牌发展现状进行分析的基础上，以网络原创服装品牌裂帛为例分析了网络原创品牌忠诚的驱动因素：产品、服务、利益、情感和互动沟通，并对网络原创品牌的发展提出了对策建议[8]。朱银、周怡（2013）从网络原创服装品牌的产品策略（包括实物产品和服务产品）、网站销售策略、渠道管理策略和促销策略四个方面对网络原创服装品牌的企业营销模式进行了分析[10]。

3.2 顾客感知价值

3.2.1 顾客感知价值的概念

理论界对顾客感知价值的研究，从总体上来说，分为两个大的方向，一个是从企业的角度出发，分析顾客资源对企业所能产生的价值，另外一个是从顾客的角度出发，研究顾客的需求和感知，分析顾客想从企业获得什么，以此指导企业的生产经营活动。本文是从顾客的角度对顾客感知价值进行分析。

Zeithamel（1988）首次从顾客角度提出了顾客感知价值的概念，他将顾客感知价值界定为顾客权衡产品利得与获取产品或服务时所付出的成本之后，对产品或服务的整体评价[11]。Monroe（1991）将顾客感知价值定义为"顾客从产品或服务中感知的质量或利益，与相对于通过支付价格而感知的付出间的一种权衡"[12]。Gale（1994）将顾客感知价值界定为"相对于产品价格调整后的市场感知质量[13]。"

以上学者对感知价值概念的界定侧重于"付出"和"利得"，但有的学者认为，只限于感知利益与感知付出的权衡比较太过简单。Bolton和Drew（1991）指出顾客感知价值还受到市场竞争、顾客个性等无形因素影响[14]。Gronroos等（1996）认为对于顾客感知价值除了应关注企业提供物以外，还应关注相互间的整体关系，顾客感知价值不仅来源于产品及附属服务，还应包括维持关系的努力，他提出，顾客感知价值是在公司提供物的核心价值之上以关系中额外要素的附加价值作正向或者负向调整的结果[15]。Sweeney和Soutar（2001）提出了四种价值维度，情感价值、社会价值、质量价值和价格价值[16]。Butz（1996）提出顾客感知价值的产生来源于购买和使用产品后发现产品的额外价值，从而与供应商之间建立起感情纽带[17]。

Woodruff（1997）从顾客认知价值变化的角度提出了"顾客感知价值是在特定使用情境下，顾客对产品属性、属性偏好以及由使用而产生的可能对顾客的目标或目的的实现起阻碍或促进作用的结果的偏好和评价[18]。”该定义强调了顾客感知价值判断中的三个重要因素：产品是实现顾客目的的媒介；产品是通过结果（顾客体会到的结果）的交付来创造价值，而非其固有特性；顾客对价值的判断极易受特定使用情境的影响。

董大海（1999）认为，顾客价值就是顾客在购买和使用某一个产品的整个过程中所获得的效用与所付出的成本的比较[19]。白长虹（2001）提出，顾客感知价值是顾客感知利得与感知利失之间的权衡[20]。姚钟华（2002）指出，顾客所购买的产品和服务的质量、功能利益，就是顾客价值发挥的效用，顾客价值可理解为顾客从某种产品和服务中所能获得的总收益与在购买时所付出的总代价的比值[21]。武永红、范秀成（2004）对顾客价值的含义做出了详细的阐述，他们认为顾客感知价值是具有特定需求的顾客针对企业对其提供的特定市场提供物，感知到在满足其需求的过程中能够得到的各种利益和付出进行权衡后形成的总体性评价。成海清（2007）认为，顾客感知价值是指顾客与企业及其产品的整个接触互动过程中，顾客对企业及其产品的存在、作用及其变化同顾客及其需要相适应、相一致或相接近的程度的感知和评价[15]。

3.2.2　顾客感知价值的维度

通过对顾客感知价值维度相关文献的整理可知，早期对顾客感知价值维度的研究多认为顾客感知价值由两个维度构成。多数学者认同顾客感知价值由感知利得和感知利失两个维度构成（Woodruff，1997；Zeithaml，1998；Teas，2000；Narver，2000）。Bradley T Gale从感知质量和感知成本两个维度对顾客感知价值进行了划分[13]。

随着对顾客感知价值的研究，有的学者提出了顾客感知价值是由多个维度构成的观点。而且针对不同行业和领域，提出的顾客感知价值维度也不尽相同。Sheth、Gross和Newman（1991）提出任何产品或服务所提供的价值无外乎就是以下几种价值的组合：功能性价值、社会性价值、情感性价值、认知价值和情景价值[22]。Parasuraman和Grewal（2000）通过对科技产品市场的研究，认为顾客感知价值是一个动态概念，它包括四种价值类型：获取价值、交易价值、使用价值和赎回价值[23]。Wolfgang（2001）等人的实证研究表明可以把顾客感知价值划分为三个维度：产品相关特性、服务相关特性与促销特性[24]。Petrickt（2002）对服务行业顾客感知价值进行了研究，提出顾客感知价值有五个维度：质量、货币价格、行为价值、情感回应和声望[25]。

马云峰等（2002）将顾客感知价值划分为三个维度：产品价值、品牌价值和关系价值[26]。查金祥（2006）以经营B2C电子商务的网络商店为研究对象，将顾客感知价值提炼为了三个维度：功能性价值、程序性价值和社会性价值[27]。焦丽娜（2008）提出了手机市场顾客感知价值包括保健价值、情感价值、服务价值、激励价值和条件价值五个维度[28]。杨江娜（2008）对中档女性服装顾客感知价值进行了实证研究，得出了中档女装顾客感知价值要素层级结构，层级结构中影响顾客感知价值的7个主要因子分别是服务、价格、归属、产品内在属性、广告、品牌口碑和产品外在属性因子[29]。熊曾静（2010）将网络游戏作为研究对象，提出了顾客感知价值由五个维度构成：社会价值、情感价值、功能价值、享乐价值和利失价值[30]。赵金翠（2012）提出了网购方式下顾客感知价值的四个维度：产品品质、服务质量、网站设计和品牌形象[31]。

3.2.3 顾客感知价值与顾客忠诚的关系研究

通过对国内外文献的整理可知，顾客感知价值与顾客忠诚之间的关系主要有两种观点：一是顾客感知价值直接影响顾客忠诚；二是顾客感知价值通过中间变量间接影响顾客忠诚。Chang 和Wildt（1994）通过实证研究发现感知质量和感知价格会借助感知价值对顾客忠诚产生间接的作用。Gross（1997）对行业市场进行了研究，指出顾客感知价值对于品牌忠诚行为产生直接影响，并且这一影响比顾客满意对品牌忠诚的影响要大许多。Grewal（1998）指出顾客感知价值的大小直接作用于顾客的购买意愿，从而对消费决策产生影响，进而反映出顾客忠诚。Grisaffe和Kumar（1998）指出感知价值会直接导致两者行为倾向可能性的产生，一种是顾客向别人推荐的可能性，一种是顾客重购行为的可能性[32]。Neal（1999）的研究表明顾客感知价值是品牌忠诚的直接驱动要素，并且品牌忠诚等价于积极的行为倾向[33]。Fornell等（1996）认为顾客满意是顾客感知价值与顾客忠诚之间的变量，顾客感知价值直接作用于顾客满意，然后通过顾客满意来影响顾客忠诚[34]。Sirohi等（1998）研究发现，只有在高度竞争的环境下顾客感知价值与顾客忠诚才存在正相关关系[35]。薄湘平和尹红（2005）指出顾客感知价值是品牌忠诚的关键驱动因素[36]。雷婷、李存林（2012）基于B2C电子商务交易平台通过实证研究得出，顾客感知价值对顾客忠诚有直接影响，且影响作用略大于顾客满意[37]。

3.3 顾客满意

3.3.1 顾客满意的概念

1965年，Cardozo首次将顾客满意引入营销领域，他认为顾客满意可以促使顾客再次购买。顾客满意的概念于20世纪70年代才正式出现，随后迅速引起学界关注，众多学者分别对顾客满意从不同的角度进行了阐释。90年代后顾客满意理论成为学术界的热门。到目前为止学术界对于顾客满意概念的界定主要有从结果和过程角度的划分和交易导向和积累性的划分。本文倾向于过程角度和积累性的顾客满意。

从结果的角度将顾客满意定义为顾客对消费过程产生的结果的最终感受。Howard和Sheth（1969）将顾客满意的概念界定为：消费者对所付出代价与所获收益是否合理进行评判的心理状态。Oliver和Linda（1981）将顾客满意定义为“顾客在消费经验中逐步形成的期望与这次消费经历一致而产生的情感满足”。Westbrook和Reilly（1983）认为顾客满意是“在购买过程中由于产品陈列或是整个购物环境对顾客的心理影响而产生的情感反应[38]”。科特勒（1997）认为顾客满意是个人感觉，其取决于顾客对产品功能或结果的感知与产品期望的比较，是产品预期与结果的函数[39]。

从过程的角度将顾客满意定义为顾客在购买使用产品过程中对购物过程的评价。Hunt（1977）将顾客满意的概念界定为“在评价以往消费经验的基础上，顾客购物过程与购前期望相一致甚至超出期望时而做出的评价”。Tes和Wilton（1988）认为顾客满意是“顾客购买前预期和认知绩效之间差距的心理评估反应”。Engel和Blackwell（1993）认为顾客满意是“顾客将所购买产品或服务与以往所购买的产品或服务的感知价值进行比较是否一致而做出的评价”。[40]

顾客满意的概念还可以划分为交易导向的顾客满意和积累性的顾客满意，交易导向的顾客满意侧重于顾客短暂的和交易特定的评估和情感（Howard&Sheth，1969）；累积性的顾客满意强调基于顾客以往购物经验来测量顾客的满意度水平（Hunt，1977；Churchill&Surprenant，1982；Anderson，1994）。

3.3.2 顾客满意的测量

学术界对顾客满意的测量方法尚未统一，主要有两种观点：单一测量指标和多重测量指标两种观点。持单一测量指标观点的学者认为顾客满意度是一个整体概念，是顾客对产品不同属性主观认识的总和，可以用“整体产品满意度”这一指标来进行衡量。Day（1984）指出顾客满意是顾客整体、综合的一个印象，可以采取单一的整体满意度这一指标来测量。Yi（1990）提出了对顾客满意进行总体测度的必要性；Reichheld（1990）认为顾客满意是一个整体性的概念，是顾客对产品不同属性主观感受的总和。但也有学者提出顾客满意由不同的维度构成（Singh，2000；Han，2001；严浩仁，2005）。Crosby等（1990）提出可以从认知和情感两个方面对顾客满意进行测度。Parasuraman等（1998）从服务的五项属性来测量顾客满意。[41]

张艳慧（2014）提出把顾客满意的测量模型分为两种：一是理论模型，包括认知模型（Oliver，1980）、认知—表现模型（Churchill & Surprenant，1982）和认知—情感—表现模型（Oliver，1993）；二是指数模型，最具代表性的是瑞典顾客满意度指数（SCSB）、欧洲顾客满意度指数（ECSI）和美国顾客满意度指数（ACSI）[42]。

3.3.3 顾客满意与顾客忠诚的关系研究

纵观国内外关于顾客满意和顾客忠诚关系的研究，可以归为两类：一类是顾客满意直接对顾客忠诚产生影响；而另一类观点则认为顾客满意与顾客忠诚之间存在复杂关系。

（1）直接作用观。Bituer（1990）认为顾客满意不仅是产品品牌忠诚的直接因素，还可以通过感知质量来间接提高品牌忠诚度。Rust和Zahorik（1993）的实证研究证实了顾客满意与品牌忠诚之间的正相关关系。Valle 和Wallendorf（1977）指出顾客的口碑宣传的好坏是企业营销能否成功的基础。如果顾客感到满意，会为该企业或品牌的产品或服务进行好的口碑宣传。而Richins（1986）指出相对满意的顾客或不满意的顾客会更多地进行负面信息的宣传。康键（2007）认为顾客的重复购买是企业产品得以生存的保证。相对于不满意的顾客，满意的顾客会有更多的重复购买行为。

（2）复杂关系观。许多学者认为顾客满意是品牌忠诚的首要影响因素。Coyne（1989）认为，顾客满意由于满意程度不同，对品牌忠诚的影响也不同，并且对品牌忠诚的影响与满意度呈正相关。与此类似，Oliva，Oliver和Macmillan（1992）提出满意度存在一个分界水平，在水平之上，顾客满意会带来重复购买的剧增，在水平之下，顾客满意对重复购买的作用越来越小。

Heskett（1994）指出顾客满意与品牌忠诚的关系呈U型曲线的右半部分形状。而后来

Woodruff等（1983）指出满意与忠诚关系似鞍型曲线，并指出高满意度才能导致重复购买行为，低满意度将转移购买，而满意度中等的顾客处于“冷漠区间”中，之后Finkelman等（1992）证实在“冷漠区间”内，顾客满意对品牌忠诚的影响很小。[43]

3.4 转换成本

3.4.1 转换成本的概念

Porter（1980）提出了转换成本的完整概念，他认为转换成本是当顾客从一个产品或服务的提供者转向另一个提供者时所产生的一次性交易成本。Schmanlensee（1982）将心理因素和风险因素加入到了转换成本的研究中。Jackson（1985）将转换成本的概念界定为顾客更换供应商时必须面对的心理、物质和经济上的成本。Jones等（1990）将转换成本界定为：使顾客变更供应商的行为变得困难或付出更大代价的所有因素。

Fornell（1992）最先将转换成本这一概念引入顾客忠诚行为中，并把转换成本结合到顾客满意与忠诚的转换关系中进行研究。他认为转换成本是指顾客从一位服务提供商转换到另一位服务提供商时所感知到的经济和心理成本，它可以被视为是维系顾客关系的重要屏障，是保持顾客忠诚度的重要因素。

3.4.2 转换成本的维度

Klemperer（1987）第一次提出了转换成本的划分，并将转换成本划分为交易成本、学习成本和契约成本三个维度来进行测量，又于1995年将转换成本分为六类：学习成本、交易成本、兼容成本、契约转换成本、不确定性成本和心理成本。

Guiltnan（1989）在Klemperer 研究的基础上将转换成本归纳为：契约成本、连续性成本、组织成本和心理约束成本。在此基础上，Jones（2002）将转换成本划分为利益损失成本、不确定性成本、转换前的搜索和评估成本、转换后的行为和认知成本、组织成本和沉没成本六个维度。

Burnham（2003）等通过对美国长途电话市场和信用卡市场的调查，从顾客在一种产品或服务向另一种产品或服务转换时在时间、精力、金钱和关系损失的角度出发，将转换成本细分为三个维度八个构成因子，三个维度是程序型转换成本、财务型转换成本和关系型转换成本，程序型转换成本包括经济风险成本、评估成本、学习成本和建置成本四个因子，财务型转换成本包括利益损失和财务损失两个因子，关系型转换成本包括人际关系损失和品牌关系损失两个因子。国内对转换成本的研究多采用Burnham对转换成本的维度划分（郭泽毅，2009；饶旭，2013；陈文沛，2013）。

3.4.3 转换成本与顾客忠诚的关系研究

通过对相关文献进行梳理发现，关于转换成本与顾客忠诚关系的研究主要有把转换成本作为一个调节变量和把转换成本作为一个独立变量两种观点。Lee（2001）分别对银行业和法国移动通信业为例研究转换成本对顾客忠诚的影响，结果发现较高的转换成本会产生较高的顾客忠诚。Yang和Peter（2004）在对电子业的实证研究中提出：顾客满意和顾客感知价值导致顾客忠诚，转换成本只在顾客满意和感知价值在平均水平以上才影响顾客忠诚。Burnham（2003）等人指出各种各样的转换成本影响了顾客留在当前服务提供商的意愿，通过研究发现，即使是在转换成本低的工业品市场，转换成本的水平和种类比顾客满意更好地解释了购买者的意愿。桑辉（2007）通过对网上顾客的实证研究得出程序性、财政性和关系性转换成本对顾客忠诚都产生正向的影响。饶旭（2013）以中低端汽车品牌消费者为研究对象，对转换成本与顾客忠诚的关系进行了实证研究，得出了转换成本对顾客忠诚有显著正向影响的结论[44]。陈文沛等（2013）以通信行业为研究对象，建立了顾客满意、转换成本与顾客忠诚的关系模型，得出了“顾客满意—顾客忠诚”的作用机制正在逐渐弱化，而“转换成本—顾客忠诚”的作用机制在不断强化的结论[45]。

3.5 顾客忠诚

3.5.1 顾客忠诚的概念

美国学者Copeland 和Churchill（1942）最早在商业领域中引入顾客忠诚的概念，它是在顾客行为研究的基础上发展起来的，国内外很多学者对顾客忠诚进行了界定和定义，根据研究内容的不同，定义的侧重点也不相同。现有文献对顾客忠诚的界定主要从行为、态度和两者综合三个方面进行，从行为角度看顾客忠诚被定义为对产品或服务的重复购买，这种形式的忠诚可以通过购买份额、购买频率等指标来测量；从态度角度看顾客忠诚是对产品和服务的一种偏好和依赖，主要通过购买意愿和偏好程度来衡量；持综合论观点的学者认为顾客忠诚是态度忠诚和行为忠诚的统一[46]。

早期国外学者对于顾客忠诚概念的界定主要集中在购买行为方面，他们多数认为，顾客忠诚表现为对产品或服务的重复购买，顾客忠诚可以通过购买次数、购买频率和购买比例等指标来测量（Tucker，1964；Jacoby & Chestnut，1978；Lawrence Stephen，1987）。符超（2000）认为顾客忠诚就是顾客能抗拒竞争者提供的价格优惠，持续地购买本公司的产品或服务。

此后，学者开始从态度角度来界定顾客忠诚。Ajzen和Fishbein（1980）将顾客忠诚定义为"顾客对本公司的产品或服务持积极倾向的态度"。Assael（1992）将顾客忠诚界定为一种偏好态度，这种态度导致了稳定一致的购买行为。Bennett（2003）将顾客忠诚定义为"顾客由于心理作用而对某一产品或服务的易感性，包括态度偏好和承诺。"[47]张卫栋（2004）将顾客忠诚界定为"消费者在面对两个或两个以上竞争品牌时，偏好于某一品牌"。

Day（1969）首先提出应从行为和态度两个方面来认识顾客忠诚。他认为，真正的顾客忠诚，不仅要重复购买，还必须对产品或服务品牌持积极的态度。也就是说顾客忠诚是基于认知，带有情感，经过评价具有某种行为倾向的重复购买。Dick 和 Basu（1994）认为真正的顾客忠诚应该是伴随着积极态度取向的高频度重复购买行为，顾客忠诚应当包括行为忠诚和情感忠诚两个维度，并将顾客忠诚划分为忠诚、虚假忠诚、潜在忠诚和非忠诚[48]。Richard和Oliver（1966）将顾客忠诚界定为不受能引致转换行为的外部环境的变化和营销活动的影响，在未来持续购买所偏爱产品或服务的内在倾向和承诺[49]。

韩经纶、韦福祥（2001）指出顾客忠诚是由于价格、产品或服务特性或其他要素引力的影响，使顾客长久地购买某一品牌产品或服务的行为。刘洪程（2004）将顾客忠诚定义为顾客对某品牌的内在积极态度、情感、偏爱和外在重复光顾行为的统一。严浩仁（2005）认为，对顾客忠诚的内涵界定不仅要求能够描述顾客忠诚的行为特征，而且也要强调顾客忠诚的态度特征，即顾客忠诚源自顾客对产品的偏爱和依赖，是积极的、有持续性的[50]。

本文中的"顾客忠诚"界定为"顾客对某品牌产品或服务的内在偏好和外在重复购买行为的统一，它包括态度忠诚和行为忠诚两个方面"。

3.5.2 顾客忠诚的测量

Jones和Sasser（1995）以行为忠诚作为衡量顾客忠诚的指标，认为可以采用重复购买或重购意愿来衡量产品或服务的顾客忠诚度。Zeithaml、Berry和Parasuraman（1996）提出以态度忠诚作为衡量顾客忠诚的指标，通过宣传优点、推荐意向、价格容忍、不容易产生抱怨、转换行为及重购意愿来衡量顾客忠诚度。如今，多数学者认为顾客忠诚应该从态度忠诚和行为忠诚两个方面进行测度，Fornell（1992）提出，顾客忠诚可由顾客重复购买意愿及对价格的容忍度两个方面进行测度。Griffin（1995）认为可由以下指标来衡量顾客忠诚：经常性重复购买、愿意购买公司提供的各种产品或服务、愿意为公司建立口碑以及对其他商家促销活动的无动于衷。

周梅华（2004）提出可以从顾客重复购买次数、购买挑选时间、向他们推荐介绍的次数、对价格的敏感程度、对竞争产品的态度和对产品事故的承受能力六个维度来衡量顾客忠诚。王妙和白艳（2008）认为顾客忠诚的测量主要应从顾客重复购买意愿、向他人推荐、接受溢价三个维度进行衡量。赵金翠（2012）进行了B2C电子商务环境下顾客忠诚的影响因素研究，将顾客忠诚划分为顾客态度忠诚和顾客行为忠诚两个维度进行测量[31]。

3.5.3 顾客忠诚的相关研究

学术界对顾客忠诚的研究的主要集中在以下几个方面：

（1）顾客忠诚与顾客感知价值、顾客满意的关系研究。Ostrom（1995）的研究表明，在同一模型中比较顾客感知价值、顾客满意和顾客忠诚的相互作用关系具有重要的理论与现实意义。在三者关系的研究中，有的学者认为，影响顾客忠诚的直接前因是顾客感知价值，顾客满意通过顾客感知价值而间接作用于顾客忠诚。William D Neel（1991）认为顾客忠诚是由顾客感知价值而非顾客满意驱动的，顾客满意并不能保证顾客的重复购买[46]。有的学者则认为，顾客满意直接作用于顾客忠诚，而顾客感知价值则通过顾客满意间接作用于顾客忠诚。Haskett等（1997）提出了服务利润链模型，认为顾客满意在顾客感知价值与顾客忠诚之间起着连带枢纽作用。还有一些学者认为，顾客感知价值与顾客满意都能对顾客忠诚产生直接影响，它们都直接导致顾客忠诚的同时，两者在不同研究中的关系也不尽相同。Ryan通过研究证实顾客满意与顾客感知价值对顾客忠诚的贡献几乎同等，它们共同导致了顾客忠诚[42]。郭玉堂（2012）进行了B2C电子商务模式下顾客感知价值、顾客满意与顾客忠诚关系的实证研究，得到了顾客满意与顾客感知价值各维度都能直接影响顾客忠诚，并且顾客满意还能通过顾客感知价值各维度间接影响顾客忠诚的结论[51]。

（2）顾客忠诚影响因素的研究。王建波（1994）指出影响顾客忠诚度的因素主要是产品质量和服务、品牌知名度、企业形象、顾客信任和员工素质，并将这五个因素归纳为了产品质量和服务和信任营造两个方面。南剑飞（2004）认为顾客消费体验即顾客在消费过程中的满意度是影响顾客忠诚度的一个重要变量，与顾客忠诚呈正相关关系。

（3）顾客忠诚模型的构建。美国顾客满意度指数模型（ACSI），ACSI模型以产品和服务消费的过程为基础，提出顾客满意水平的综合评价指数。认为顾客满意是顾客忠诚的基础，顾客满意的影响因素为顾客感知质量和顾客期望，顾客满意导致了顾客忠诚或顾客抱怨。McDougall模型认为核心质量、关系质量和感知价值是顾客满意的直接驱动因素，进而驱动顾客忠诚。汪侠、梅虎（2006）结合旅游业的特点构建了顾客忠诚结构方程模型，认为顾客感知质量、顾客感知价值、旅游动机和顾客满意是旅游地顾客忠诚的四个驱动因素，对顾客忠诚均有显著的正向影响[52]。韩引军（2010）以手机市场为研究对象进行了顾客忠诚驱动模型的实证研究，得出了如下结论：顾客满意、品牌信任、转换成本是促进顾客忠诚形成的三个主要因素。顾客满意、品牌信任既能促进顾客在态度上的忠诚，又能促进顾客在行为上的忠诚；转换成本能促进顾客在行为上的忠诚，但对顾客在态度上的忠诚具有微弱的负面影响；顾客的态度忠诚能够带动其在行为上的忠诚[53]。宋文（2007）在Crosby等人提出的关系质量模型的基础上，结合转换成本理论，构建了关于网络店铺顾客忠诚影响因素的模型。该模型指出，价格优势、购物便利性、产品质量、顾客化服务、网络安全性、隐私保护、转换成本影响电子商务顾客忠诚和电子商务顾客满意，进而对电子商务顾客忠诚产生间接影响。

第 4 章　模型构建及假设提出

4.1　网络原创服装品牌概况分析

网络原创服装品牌多以小众化起家，2009年以前借助于淘宝的流量红利和自身的个性化风格得到了快速的发展，形成了一批淘品牌。这些淘品牌有自己的独特设计风格，有较为低廉的产品价格，其品牌定位较精准，进而获得了一批顾客资源。随着其影响力的扩大，开始得到了电子商务平台的重视。2012年6月，天猫提出“天猫原创品牌”的概念，给这些品牌提供了一个发展的平台，这些服装品牌由C2C模式开始转向B2C的模式，此后，这些品牌的服装也开始在京东、唯品会等其他电子商务平台上进行售卖和宣传，扩大了其影响力，增强了其曝光度，网络原创服装品牌被越来越多的人所关注。此后，一些媒体对网络原创服装品牌的关注更是进一步扩大了网络原创服装品牌的影响力。从2013年初裂帛收购天使之城开始，网络原创服装品牌进入了并购和集团化的时期，到目前为止，最有影响力的是韩都集团、汇美集团和裂帛集团，2013年汇美集团旗下的茵曼和初语的销售额分别为7.6亿和3.6亿，汇美集团现旗下有茵曼、初语、生活在左、PASS和秋壳五个子品牌。

网络原创服装品牌的快速发展也吸引了风投的注意力，各种风险投资者将目光转向网络设计师和他们的品牌，并在短期内注入大量资本，为品牌的后期发展提供强劲的动力。从2010年8月第一家服装网店获得风投支持后，不少经营良好的原创品牌纷纷得到风投的关注。“摩登小姐”获得 1500 万元的投资，“七格格”获得了上亿的风险投资，而“后构想”“裂帛”等也被风投注意，开始商业合作谈判，韩都衣舍2011年获得国际知名风投IDG的千万美金投资，2014年获得由黄晓明、李冰冰、任泉发起的“Star VC”的投资，开始其集团化进程，现旗下有17个品牌，从年龄段来说，这17个品牌涵盖了儿童、年轻人和老年人各个年龄段的服装；从品牌定位来说，拥有韩风系品牌群、欧美系品牌群和东方系品牌群，例如定位于韩风快时尚女装的HSTYLE、定位于快时尚男装的AMH、定位于韩风快时尚童装的MiniZaru、定位于韩风时尚妈妈装的Dequanna和定位于东方复古设计师女装的素缕等。

网络原创品牌也越来越关注企业运营体系的完善和企业的宣传，例如，韩都衣舍建立了基于产品小组制的单品全程运营体系，其独创的该套运营管理模式，在最小的业务单元上，实现了“责、权、利”的相对统一，对设计、生产、销售、库存等环节进行全程数据化跟踪，实现针对每一款商品的精细化运营。在宣传方面，韩都衣舍成为首个邀请明星进行产品代言的网络原创服装品牌，在热剧《来自星星的你》女主角的光环下得到了媒体的大幅度关注。而汇美集团旗下的茵曼则参加了国内首档明星跨界时尚真人秀节目，既借用了该节目的明星效应又凸显了本品牌服装的设计独特性。

互联网的发展日新月异，电子商务的竞争也不亚于线下的较量。网络原创服装品牌如果不能持续创新，不能明确自己的定位，不能在较短时间内获得网络知名度，建立其稳定的客户群，其生存的空间岌岌可危。创新与管理能力缺乏导致一些网络原创品牌在做到一定程度后就难有突破，无法吸引回头客，顾客忠诚度低。有些品牌壮大后被胜利冲昏了头脑，盲目扩张，背叛了品牌的原来风格，使消费者摸不着头脑。设计师个人的变动或设计团队的原因使品牌没有充分建立就突然衰落的情况也较普遍，网络原创服装品牌常常面临“未红先死”的威胁。如何适应市场的变化，保持并发展自身风格对网络原创服装品牌十分关键。

此外，线下服装品牌触网和C2C风格小店的发展都对网络原创品牌的发展构成了威胁，随着服装电子商务的发展，线下企业纷纷开始进行网络营销，这些服装品牌相对于网络原创服装品牌来说，企业发展更为成熟，资金较为丰厚，营销管理已成体系，且忠诚的客户群已基本形成，他们在产品的设计制作和公司的经营管理上都较网络原创服装品牌有一定的优势，这将对网络原创服装品牌构成一定威胁。网络上有风格的C2C小店，虽然并非由专门的服装设计师设计，但很多是由具有相当艺术功底又热爱服装的人士自行经营的，他们有一些较好的进货渠道，进而来从事服装的制作和销售，店主一般具有独到的眼光和良好的服装经营经验和头脑，能准确地抓住流行趋势，对网络原创品牌构成了一定的威胁。

4.2 网络原创服装品牌顾客的消费行为特征

要对网络购物模式下顾客感知价值构成维度进行研究，就必须先对网络购物顾客行为特点进行研究，这样才能更准确地把握网络购物顾客在网络购物模式下的价值追求。通过研究，在网络购物模式下，消费者行为特征主要表现在以下几个方面。

（1）消费注重商品的性价比。消费者在进行网络购物时，注重商品的性价比，追求商品物超所值、物美价廉。网络渠道销售流通环节少，又降低了如场地租赁费用等运营成本，因此消费者可以用更低廉的价格获得品质相同的产品。网络购物前期的快速发展很大程度上得益于网络渠道的产品价格低于传统渠道。网络销售渠道同时也解决了地域限制问题，消费者可以通过该渠道获得更及时丰富的产品信息，可以在对商品进行对比筛选后选择性价比更高的商品。

（2）消费追求方便快捷，重视时间价值。随着现代生活节奏加快，消费者在追求质优价廉商品的同时，也要求在购物时尽量节省时间和精力。越来越多的消费者开始注重购物的便捷性，追求时间精力成本的尽量节省，网络购物正好满足了这个需求，丰富的商品信息、各种配套服务的完善如网银、支付宝支付和第三方或自有物流公司送货上门，使消费者可以足不出户完成各种商品的购买。

（3）消费的主动性、安全性和注重隐私保护。购物过程中的主动性、安全性和对隐私性的保护对消费者来说是十分重要的，随着信息技术的发展，科学技术带来便利的同时也为人们的生活带了诸多的困扰，随着选择的增多，消费者购物的风险感也会不断上升，特别是在耐用消费品的选择上尤其突出，顾客会主动地通过各种可能的渠道来获取相关的商品的信息进行比较分析和比较，来降低风险感。消费者越来越注重购物的安全性和购物过程中隐私的保护。这种安全性主要包括资金支付的安全性、物流配送的可靠性等。隐私性主要涉及个人基本信息和购物信息。

（4）消费需求更加个性化，消费过程互动性加强。据中国互联网络信息中心（CNNIC）于2014年7月份发布的《第34次中国互联网络发展状况统计报告》显示，截至2014年6月，我国网民规模达到6.32亿，互联网普及率为46.9%，我国网络购物用户规模达到3.23亿。学生依然是中国网民中最大的群体，占比25.1%，互联网普及率在该群体中已经处于高位[1]。消费者更加年轻、受教育程度逐渐提高，更多的消费者开始追求个性化消费。

消费者与品牌商的互动性加强，互动性的加强可以提高消费者的积极性，使得消费者可以将自己的需求更准确地传达给品牌商，电子商务企业可以在营销过程中对顾客进行及时的信息反馈与搜集，进而使消费者的个性化需求得到满足。

（5）消费行为感性化，冲动购买增加，顾客忠诚度下降。电子商务企业所提供的商品种类繁多，在不同的店铺里，同一商品的质量价格也有很大差异。消费者面对繁多的商品信息和选择机会，没有足够的经验和精力进行理智选择，导致顾客行为偏感性化，购买行为过程具有极强的冲动性，导致冲动购买。而且，在搜索引擎和其他技术的帮助下，互联网的使用成本越来越低，这使顾客购买、对比和转向其他网络零售商的行为变得越来越容易、越来越便捷，顾客的转换成本逐渐降低，进而引起顾客忠诚度不断下降。

4.3 网络原创服装品牌顾客忠诚模型的构建

上文的研究为网络原创服装品牌顾客忠诚模型的构建提供了理论支撑，本节基于服务利润链理论和关系营销的主流观点，经过对顾客感知价值、顾客满意、转换成本和顾客忠诚四个变量相关文献的整理和总结，结合网络原创服装品牌顾客的消费行为特征，本文构建了以下网络原创服装品牌顾客忠诚概念模型，如图2-3所示。

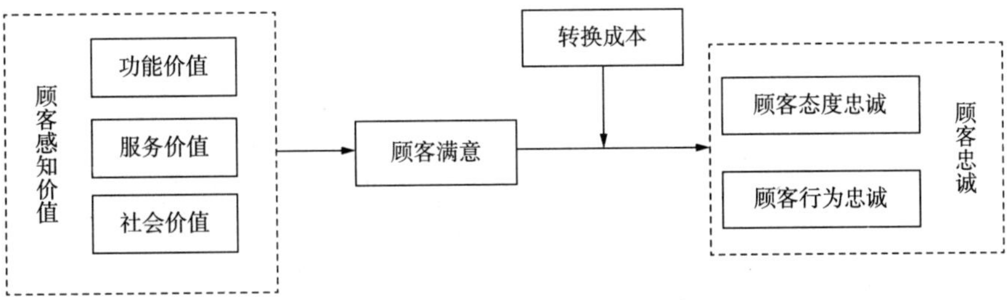

图2-3 网络原创服装品牌顾客忠诚假设模型

4.4 研究假设

根据以上模型，本文提出以下假设：

H1：顾客感知价值对顾客满意有直接正向影响；

H1a：功能价值对顾客满意有直接正向影响；

H1b：服务价值对顾客满意有直接正向影响；

H1c：社会价值对顾客满意有直接正向影响；

H2：顾客感知价值通过顾客满意对顾客态度忠诚有间接正向影响；

H2a：功能价值通过顾客满意对顾客态度忠诚有间接正向影响；

H2b：服务价值通过顾客满意对顾客态度忠诚有间接正向影响；

H2c：社会价值通过顾客满意对顾客态度忠诚有间接正向影响；

H3：顾客感知价值通过顾客满意对顾客行为忠诚有间接正向影响；

H3a：功能价值通过顾客满意对顾客行为忠诚有间接正向影响；

H3b：服务价值通过顾客满意对顾客行为忠诚有间接正向影响；

H3c：社会价值通过顾客满意对顾客行为忠诚有间接正向影响；

H4：顾客满意对顾客态度忠诚有直接正向影响；

H5：顾客满意对顾客行为忠诚有直接正向影响；

H6：转换成本越高，顾客满意对顾客态度忠诚的直接正向影响越大；

H7：转换成本越高，顾客满意对顾客行为忠诚的直接正向影响越大。

第 5 章　问卷设计与调查

在以上章节中，本文对顾客感知价值、顾客满意、转换成本和顾客忠诚的相关理论及文献进行了梳理和总结，并在此基础上提出了本文的理论模型和研究假设。本章节设计了针对性的研究问卷，并完成了问卷的发放和回收，基于所搜集的数据对上述研究假设进行验证。

5.1　问卷设计

5.1.1　问卷结构设计

本文的正式问卷由三部分组成：第一部分是被调查者购买网络原创服装品牌的基本情况；第二部分是对网络原创服装品牌顾客感知价值、顾客满意、转换成本和顾客忠诚的态度调查；第三部分是关于被调查者基本信息的调查。

第一部分就被调查者是否购买过网络原创服装品牌、购买次数最多的网络原创服装品牌及购买次数进行了调查，共3个题项，2个选择题和1个开放式问题。第二部分采用李克特7分量表（Likert Scale）进行问卷设计，所有测量问项都有“非常不同意”“不同意”“有点不同意”“不能确定”“有点同意”“同意”“非常同意”七个评价等级，分别为其赋值1、2、3、4、5、6、7，请被调查者根据自身感受对其进行打分，从而完成对变量的测量，包括功能价值、服务价值、社会价值、顾客满意、转换成本、顾客态度忠诚和顾客行为忠诚七部分变量的测度，共7个量表，35个题项。第三部分是被调查者的基础信息，包括年龄、性别、受教育程度、职业和月收入水平，共5个选择题。

5.1.2 问卷问项设计

（1）功能价值量表。查金祥（2006）从价格优势、产品质量、信息质量、购物便利性和服务失误补救五个方面对功能性价值进行了测度[27]。本文在借鉴其评价指标的基础上，结合服装行业的特点，从价格优势、产品质量、信息质量、购物便利性和附加功能性价值五个方面对功能价值进行了测度。其中，问项1、问项2和问项3测度的是价格优势，产品质量由问项4、问项5和问项6测度，信息质量由问项9和问项10测度，问项7用来测度购物便利性，问项8用来测度附加功能价值。功能价值量表见表2–1。

表2–1 功能价值量表

变量	编码	测量问项	指标来源
功能价值	FV1	我觉得该服装品牌的价格很合理。	查金祥（2006）
	FV2	该品牌网店经常有折扣活动。	
	FV3	我觉得该服装品牌的会员等级与对应的优惠额度很合理。	
	FV4	我觉得该品牌服装的设计很独特，很吸引我。	
	FV5	我觉得所选服装很符合其描述状况。	
	FV6	我觉得所选服装的质量能达到我的预期。	
	FV7	该品牌网店的服装包装精美，会经常赠送精美小礼品。	
	FV8	通过该品牌网站购物，可以节省我很多时间和精力。	
	FV9	我觉得该品牌网店能提供充足且适时更新的商品与信息内容。	
	FV10	我觉得该品牌网店对商品信息的描述是详尽的、真实的，且对购物有很大帮助。	

（2）服务价值量表。查金祥（2006）从网站设计、网站互动性、个性化服务、网络安全性、隐私保护、购物娱乐性和操作简单性七个方面对程序性价值进行了测度[27]。邓之宏等（2013）从网站服务质量和卖家服务质量两个方面对服务质量进行了测度，其中，网站服务质量由安全与隐私、网站设计质量、信息内容质量、网站补偿性、系统可靠性和愉悦性六个方面测度，卖家服务质量由卖家补偿性、客户服务、配送准确性和配送准

时性四个方面测度[54]。

本文从网站基础服务质量和卖家服务质量两个方面对服务价值进行了测度，其中网站基础服务由网站设计质量和隐私保护两个方面进行测度，卖家服务质量从人员服务专业性、人员服务移情性、人员服务及时性和配送质量四个方面进行测度。其中，问项1、问项2用来测度网站设计质量，隐私保护由问项3来测度，人员服务专业性、人员服务移情性、人员服务及时性和配送质量分别由问项4、问项5、问项6和问项7来测度。服务价值量表见表2-2。

表2-2　服务价值量表

变量	编码	测量问项	指标来源
服务价值	SQV1	我觉得该品牌网站设计清晰合理，简单便捷，操作简单。	查金祥（2006）；邓之宏等（2013）
	SQV2	我觉得该品牌网站的设计风格独具特色，能展现其品牌风格。	
	SQV3	我觉得该品牌网站注重保护消费者隐私，个人信息不会被截取、泄漏或用于其他用途。	
	SQV4	我觉得该品牌网店客服人员有非常充足的专业知识，能准确回答我所提出的所有问题。	
	SQV5	我觉得该品牌网店客服人员能够以顾客为中心，为顾客提供个性化的服务。	
	SQV6	我觉得该品牌网店客服人员能快速有效地回复顾客问题和处理顾客抱怨。	
	SQV7	我觉得该品牌网站能提供快速、优质的快递服务。	

（3）社会价值量表。查金祥（2006）从网站声誉、社会逃避价值、C2C关系性价值和B2C关系性价值四个方面对社会性价值进行了测度[27]。本文在此基础上，借鉴杨江娜（2008）对归属感的测度，从网店口碑、归属感、C2C关系性价值和B2C关系性价值四个方面对社会价值进行了测度[29]。其中，问项1用来测度网店口碑，问项2、问项3和问项4用来测度归属感，问项5和问项6分别用来测度C2C关系性价值和B2C关系性价值。社会价值量表见表2-3。

表2-3　社会价值量表

变量	编码	测量问项	指标来源
社会价值	SV1	该品牌网店有良好的口碑，好评率很高。	查金祥（2006）；杨江娜（2008）
	SV2	我觉得该品牌服装能使我给别人留下好的印象。	
	SV3	我觉得该品牌服装使我在社会交往中更有自信。	
	SV4	我觉得该品牌服装能展现我的个人气质和风格。	
	SV5	该品牌网店为顾客提供了相互交流的平台。	
	SV6	我与该品牌网店的关系良好，和其关系超过其他服装品牌网店。	

（4）转换成本量表。Burnham（2003）等从时间、精力、金钱和关系损失的角度出发，将转换成本细分为三个维度：程序型转换成本、财务型转换成本和关系型转换成本。借鉴其测量维度，本文从转换前后的搜索成本、财务成本和关系成本三个维度对转换成本进行测度。其中，问项1和问项2用来测度转换前后的搜索成本，财务成本由问项3测度，关系成本由问项4测度。转换成本量表见表2-4。

表2-4　转换成本量表

变量	编码	测量问项	指标来源
转换成本	SC1	我曾花费了很多时间和精力才找到并了解该品牌网店。	Burnham（2003）
	SC2	如果要更换该品牌网店，我要花费很多时间和精力去寻找和了解新的品牌网店。	
	SC3	如果要更换该品牌网店，我会失去目前在该店中的积分以及其他优惠条件。	
	SC4	如果要更换该品牌网店，我要花费很多的时间与精力与新卖家建立关系。	

（5）顾客满意量表。Yi（1990）提出了对顾客满意进行总体测度的必要性；Crosby等（1990）提出可以从认知和情感两个方面对顾客满意进行测度[31]。本文从总体、认知和情感三个方面对顾客满意进行测度。其中，问项1是对总体进行测度，问项2和问项3分别对

认知和情感两个方面进行测度。顾客满意量表见表2-5。

表2-5　顾客满意量表

变量	编码	测量问项	指标来源
顾客满意	CS1	总体而言，我对该品牌服装的购买感到满意。	Yi（1990）；Crosby（1990）
	CS2	我觉得在该品牌网店购物是明智的。	
	CS3	我觉得在该品牌网店购物是愉快的。	

（6）顾客态度忠诚量表。通过对顾客态度忠诚文献的梳理和总结，顾客态度忠诚主要可以从抵制改变（Newman & Werbel，1973）、抱怨反应（Selnes，1993）、第一选择（Zeithaml，Berry & Parasuraman，1996）和价格容忍（Fornell，Johnson，Anderson，Cha& Bryant，1996）四个维度进行测度。问项1、问项2、问项3和问项4分别用来测度第一选择、抵制改变、抱怨反应和价格容忍。顾客态度忠诚量表见表2-6。

表2-6　顾客态度忠诚量表

变量	编码	测量问项	指标来源
顾客态度忠诚	CAL1	我在购买服装时会首先想到这个品牌。	Newman & Werbel等（1973）
	CAL2	只要这家品牌网店能维持现有水平，我就不会换其他品牌。	
	CAL3	即使该品牌网店对我的服务出现了点小问题，我也不会换其他品牌。	
	CAL4	即使该品牌网店的价格稍微提高点，我也还会在该店购买产品。	

（7）顾客行为忠诚量表。Zeithaml，Berry & Parasuraman（1996）的研究用重复购买意向、交叉购买意向和推荐意向三个维度对顾客行为忠诚进行了测度，这三个维度也在顾客行为忠诚的研究中得到了广泛应用。本文采用这三个维度对顾客行为忠诚进行测度。问项1、问项2和问项3分别用来测度重复购买意向、推荐意向和交叉购买意向。顾客行为忠诚量表见表2-7。

表2-7　顾客行为忠诚量表

变量	编码	测量问项	指标来源
顾客行为忠诚	CBL1	我会再次购买此品牌服装。	Zeithaml，Berry & Parasuraman（1996）
	CBL2	我会向亲朋好友推荐该品牌网店。	
	CBL3	我愿意尝试该品牌推荐的新款服装。	

5.2　问卷前测

本文为了保证问卷的有效性和可靠性，在进行正式问卷调查之前进行了小规模的问卷前测。前测对象主要是有过网购经历的消费群体，前测期间共发放问卷100份，回收有效问卷93份，回收率达到93%。通过SPSS对所收集的数据进行分析，对问卷进行了两处修改。

（1）在对数据进行信度分析后发现，剔除问项FV2“该品牌网店经常有折扣活动”后问卷整体和功能价值量表的信度均有所提高，剔除问项SV1“该品牌网店有良好的口碑，好评率很高”后问卷整体和社会价值量表的信度均有所提高，故剔除问项FV2和SV1。

（2）在对数据进行了因子分析后发现，问项FV9“我觉得该品牌网店能提供充足且适时更新的商品与信息内容”和问项FV10“我觉得该品牌网店对商品信息的描述是详尽的、真实的，且对购物有很大帮助”应被归属于服务价值中，在借鉴其他文献的基础上，将问项FV9和问项FV10并入服务价值维度中。修正后的顾客感知价值量表参见表2-8。

表2-8　修正后顾客感知价值量表

变量	编码	测量问项
功能价值	FV1	我觉得该服装品牌的价格很合理。
	FV2	我觉得该服装品牌的会员等级与对应的优惠额度很合理。
	FV3	我觉得该品牌服装的设计很独特，很吸引我。
	FV4	我觉得所选服装很符合其描述状况。
	FV5	我觉得所选服装的质量能达到我的预期。
	FV6	该品牌网店的服装包装精美，会经常赠送精美小礼品。
	FV7	通过该品牌网站购物，可以节省我很多时间和精力。

续表

变量	编码	测量问项
服务价值	SQV1	我觉得该品牌网店能提供充足且适时更新的商品与信息内容。
	SQV2	我觉得该品牌网店对商品信息的描述是详尽的、真实的，且对购物有很大帮助。
	SQV3	我觉得该品牌网站设计清晰合理，简单便捷，操作简单。
	SQV4	我觉得该品牌网站的设计风格独具特色，能展现其品牌风格。
	SQV5	我觉得该品牌网站注重保护消费者隐私，个人信息不会被截取、泄漏或用于其他用途。
	SQV6	我觉得该品牌网店客服人员有非常充足的专业知识，能准确回答我所提出的所有问题。
	SQV7	我觉得该品牌网店客服人员能够以顾客为中心，为顾客提供个性化的服务。
	SQV8	我觉得该品牌网店客服人员能快速有效地回复顾客问题和处理顾客抱怨。
	SQV9	我觉得该品牌网站能提供快速、优质的快递服务。
社会价值	SV1	我觉得该品牌服装能使我给别人留下好的印象。
	SV2	我觉得该品牌服装使我在社会交往中更有自信。
	SV3	我觉得该品牌服装能展现我的个人气质和风格。
	SV4	该品牌网店为顾客提供了相互交流的平台。
	SV5	我与该品牌网店的关系良好，和其关系超过其他服装品牌网店。

5.3 问卷调查

本文的研究对象是有过网购经历的消费者，样本抽样方法采用便利抽样和雪球抽样相结合的方式进行。

本文的问卷发放采用纸质问卷和网络问卷相结合的方式进行。相比于网络问卷，传统纸质问卷调查的方式有着与被访者互动性高、问卷质量较高等优点，但纸质问卷存在受地域限制的问题，而网络问卷的受众面广。因此本研究在发放纸质问卷的同时，在网络上进行网络问卷的发放。通过纸质问卷和网络问卷的结合，克服了传统纸质问卷受地域限制的问题，保证了样本的普遍性。纸质问卷主要采取在校园内随机发放、到宿舍走访发放的方式进行。网络问卷采用在问卷星上进行电子问卷的发放。

在样本量的选择上，本文选取的标准是应用最广泛的Gorsuch制定的标准，他认为样本量应保证测度问项与样本的比例大于1：5，本文的问卷共有35个测度问项，因此样本量必须保证大于175个。

本文发放纸质问卷120份，回收111份，其中有效问卷87份；本文共收集153份网络问卷，其中有效问卷104份。本文共搜集到有效问卷191份。本文剔除问卷的标准包括：问项填写存在缺失、问项填写存在明显的矛盾性和问项填写存在严重的极端性。

第 6 章　数据分析

6.1　描述性统计分析

本文先对所收集到的样本数据进行了描述性统计。在购买过网络原创品牌的受访者中，购买过同一品牌5次以上的人数有25人，占比13.1%；购买过同一品牌1次、2~3次和4~5次的人数分别有48人、82人和36人，分别占比25.1%、42.9%和18.8%。

本研究的人口样本主要集中在21~25岁和26~30岁，分别占总样本的47.6%和39.3%，这与网购消费者的年龄特征吻合。从性别比例上来看，男性占29.8%，女性占70.2%。从教育程度上来看，94.8%的被调查者有专科以上学历，其中，专科学历人数为32人，占比16.8%；本科学历人数为93人，占比48.7%；硕士及以上学历人数为56人，占比29.3%。被调查者的职业以学生、企业员工和政府机关及事业单位员工为主，分别占比33.5%、28.8%和16.8%。本文的描述性统计结果如表2-9所示。

表2-9　样本的描述性统计结果

变量	类别	频率	百分比
购买次数	1次	48	25.1%
	2~3次	82	42.9%
	4~5次	36	18.8%
	5次以上	25	13.1%

续表

变量	类别	频率	百分比
年龄	20岁及以下	12	6.3%
	21~25岁	91	47.6%
	26~30岁	75	39.3%
	30岁以上	13	6.8%
性别	男	57	29.8%
	女	134	70.2%
教育程度	高中及以下	10	5.2%
	专科	32	16.8%
	本科	93	48.7%
	硕士及以上	56	29.3%
职业	政府机关及事业单位员工	32	16.8%
	企业员工	55	28.8%
	个体工商户	11	5.8%
	学生	64	33.5%
	自由职业者	16	8.4%
	其他	13	6.8%
月收入水平	1000元及以下	50	26.2%
	1001~3000元	57	29.8%
	3001~6000元	51	26.7%
	6000元以上	33	17.3%

6.2 信度分析

信度分析（Reliability Analysis）又称可靠性分析，用来衡量量表结果的稳定性和一致性，是以不同时间或不同形式对相同或相似的问项进行测量，所得结果一致的程度。本文采用目前被普遍使用的Cronbach α系数来进行信度分析，目前虽然对信度系数的数值没有规定统一的标准，但一般认为，Cronbach α系数大于0.7就可以表示该量表信度较高。

本文采用SPSS19.0进行数据分析，如表2-10所示，本文调查问卷的整体信度为0.968，各个维度的信度均大于0.85，分析结果如表2-11所示。

表2-10 问卷整体的信度分析结果

Cronbach α	基于标准化项的 Cronbach α	项数
0.968	0.969	35

表2-11 各个维度的信度分析结果

维度	项数	Cronbach α	基于标准化项的 Cronbach α
功能价值	7	0.866	0.868
服务价值	9	0.927	0.928
社会价值	5	0.892	0.895
转换成本	4	0.875	0.877
顾客满意	3	0.854	0.854
顾客态度忠诚	4	0.901	0.901
顾客行为忠诚	3	0.949	0.951

6.3 效度分析

效度分析（Validity Analysis），即有效性分析，是对问卷有效性的衡量，衡量了问卷数据结果反映样本真实情况的程度。效度越高，则表示问卷数据结果越能反映样本的真实情况，反之，则表示问卷数据结果越不能反映样本的真实情况。

效度一般包括内容效度、实用效度和结构效度，本文的量表借鉴了国内外学者的研究成果，内容效度较高，因此本文采用因子分析法对量表进行结构效度检验。因子分析主要有两种基本形式：探索性因子分析和验证性因子分析。本文主要采用探索性因子分析检验量表的结构效度，对问项进行Bartlertt球体检验和KMO样本检验。

Bartlertt 球形检验是为了检验问卷数据是否来自服从正太分布的总体，当*P*值小于0.05时，证明所测变量适合做因子分析，反之，则不适合做因子分析。KMO样本检验的标准是，KMO的值越接近于1，则表示变量间的相关性越强，量表越适合做因子分析，反之，KMO的值越接近于0，则变量间的相关性越弱，量表越不适合做因子分析。Kaiser提出的KMO度量标准较常用，［0.9，1］——非常适合做因子分析，［0.8，0.9）——很适合做因子分析，［0.7，0.8）——适合做因子分析，［0.6，0.7）——不太适合做因子分析，［0.5，0.6）——做因子分析很勉强，［0，0.5）——不适合做因子分析[55]。

6.3.1 顾客感知价值的效度分析

如表2-12所示，本研究中的顾客感知价值量表的KMO值为0.916，Bartlertt球体检验的*Sig*值为0.000，显著性水平很高，非常适合做因子分析。

表2-12 顾客感知价值的KMO和Bartlertt检验结果

取样足够度的Kaiser- Meyer- Olkin度量		0.916
Bartlertt球体检验	近似卡方	2876.973
	df	210
	Sig.	0.000

由表2-13可知，功能价值7个问项、服务价值9个问项和社会价值5个问项因子载荷比较有规律，具有收敛效度和区分效度。提取出的三个主成分的方差贡献率为64.452%，顾客感知价值量表的效度较好。

表2-13 顾客感知价值因子分析结果

编码	顾客感知价值量表问项	因子载荷量		
		1	2	3
FV1	我觉得该服装品牌的价格很合理。		0.739	
FV2	我觉得该服装品牌的会员等级与对应的优惠额度很合理。		0.521	
FV3	我觉得该品牌服装的设计很独特，很吸引我。		0.599	

续表

编码	顾客感知价值量表问项	因子载荷量		
		1	2	3
FV4	我觉得所选服装很符合其描述状况。		0.657	
FV5	我觉得所选服装的质量能达到我的预期。		0.583	
FV6	该品牌网店的服装包装精美，会经常赠送精美小礼品。		0.671	
FV7	通过该品牌网站购物，可以节省我很多时间和精力。		0.645	
SQV1	我觉得该品牌网店能提供充足且适时更新的商品与信息内容。	0.631		
SQV2	我觉得该品牌网店对商品信息的描述是详尽的、真实的，且对购物有很大帮助。	0.673		
SQV3	我觉得该品牌网站设计清晰合理，简单便捷，操作简单。	0.710		
SQV4	我觉得该品牌网站的设计风格独具特色，能展现其品牌风格。	0.546		
SQV5	我觉得该品牌网站注重保护消费者隐私，个人信息不会被截取、泄漏或用于其他用途。	0.588		
SQV6	我觉得该品牌网店客服人员有非常充足的专业知识，能准确回答你所提出的所有问题。	0.776		
SQV7	我觉得该品牌网店客服人员能够以顾客为中心，为顾客提供个性化的服务。	0.736		
SQV8	我觉得该品牌网店客服人员能快速有效地回复顾客问题和处理顾客抱怨。	0.724		
SQV9	我觉得该品牌网站能提供快速、优质的快递服务。	0.677		
SV1	我觉得该品牌服装能使我给别人留下好的印象。			0.748
SV2	我觉得该品牌服装使我在社会交往中更有自信。			0.777
SV3	我觉得该品牌服装能展现我的个人气质和风格。			0.769
SV4	该品牌网店为顾客提供了相互交流的平台。			0.662
SV5	我与该品牌网店的关系良好，和其关系超过其他服装品牌网店。			0.702

6.3.2 顾客满意的效度分析

如表2-14所示，本研究中顾客满意量表的KMO值为0.726，Bartlertt球体检验的*Sig*值为0.000，显著性水平很高，适合做因子分析。

表2-14 顾客满意的KMO和Bartlertt检验结果

取样足够度的Kaiser- Meyer- Olkin度量		0.726
Bartlertt球体检验	近似卡方	253.283
	df	3
	Sig.	0.000

如表2-15所示，通过因子分析提取出1个主成分，主成分在三个原始变量上的因子载荷量都大于0.85，可以有效反映这三个变量的信息。由表2-16和表2-17可知，三个变量的共同度都在70%以上，反映了主成分对于这三个问项所描述信息的解释能力很强，其方差贡献率是77.441%，顾客满意的结构效度较好。

表2-15 顾客满意因子分析结果

编码	顾客满意量表问项	成分
		1
CS1	总体而言，我对该品牌服装的购买感到满意。	0.884
CS2	我觉得在该品牌网店购物是明智的。	0.897
CS3	我觉得在该品牌网店购物是愉快的。	0.859

表2-16 顾客满意变量共同度

编码	顾客满意量表问项	初始	提取
CS1	总体而言，我对该品牌服装的购买感到满意。	1.000	0.781
CS2	我觉得在该品牌网店购物是明智的。	1.000	0.805
CS3	我觉得在该品牌网店购物是愉快的。	1.000	0.738

表2-17 顾客满意解释的总方差

成分	初始特征值			提取平方和载入		
	合计	方差贡献率（%）	累积（%）	合计	方差贡献率（%）	累积（%）
1	2.323	77.441	77.441	2.323	77.441	77.441
2	0.388	12.938	90.379			
3	0.289	9.621	100.00			

6.3.3 转换成本的效度分析

如表2-18所示，本研究中转换成本量表的KMO值为0.817，Bartlertt球体检验的*Sig*值为0.000，显著性水平很高，很适合做因子分析。

表2-18 转换成本的KMO和Bartlertt检验结果

取样足够度的Kaiser- Meyer- Olkin度量		0.817
Bartlertt球体检验	近似卡方	397.902
	df	6
	Sig.	0.000

如表2-19所示，通过因子分析提取出1个主成分，主成分在四个原始变量上的因子载荷量都大于0.8，可以有效反映这四个变量的信息。由表2-20和表2-21可知，四个变量的共同度都在60%以上，反映了主成分对于这四个问项所描述信息的解释能力很强，其方差贡献率是73.177%，转换成本的结构效度较好。

表2-19 转换成本因子分析结果

编码	转换成本量表问项	成分
		1
SC1	我曾花费了很多时间和精力才找到并了解该品牌网店。	0.803
SC2	如果要更换该品牌网店，我要花费很多时间和精力去寻找和了解新的品牌网店。	0.874

续表

编码	转换成本量表问项	成分
		1
SC3	如果要更换该品牌网店，我会失去目前在该店中的积分以及其他优惠条件。	0.892
SC4	如果要更换该品牌网店，我要花费很多的时间与精力与新卖家建立关系。	0.850

表2-20　转换成本变量共同度

编码	转换成本量表问项	初始	提取
SC1	我曾花费了很多时间和精力才找到并了解该品牌网店。	1.000	0.644
SC2	如果要更换该品牌网店，我要花费很多时间和精力去寻找和了解新的品牌网店。	1.000	0.764
SC3	如果要更换该品牌网店，我会失去目前在该店中的积分以及其他优惠条件。	1.000	0.796
SC4	如果要更换该品牌网店，我要花费很多的时间与精力与新卖家建立关系。	1.000	0.723

表2-21　转换成本解释的总方差

成分	初始特征值			提取平方和载入		
	合计	方差贡献率（%）	累积（%）	合计	方差贡献率（%）	累积（%）
1	2.927	73.177	73.177	2.927	73.177	73.177
2	0.482	12.054	85.231			
3	0.341	8.520	93.751			
4	0.250	6.249	100.000			

6.3.4　顾客态度忠诚的效度分析

如表2-22所示，本研究中转换成本量表的KMO值为0.833，Bartlertt球体检验的*Sig*值为0.000，显著性水平很高，很适合做因子分析。

表2-22　顾客态度忠诚的KMO和Bartlertt检验结果

取样足够度的Kaiser- Meyer- Olkin度量		0.833
Bartlertt球体检验	近似卡方	477.305
	df	6
	Sig.	0.000

如表2-23所示，通过因子分析提取出1个主成分，主成分在四个原始变量上的因子载荷量都大于0.8，可以有效反映这四个变量的信息。由表2-24和表2-25可知，四个变量的共同度都在70%以上，反映了主成分对于这四个问项所描述信息的解释能力很强，其方差贡献率是77.202%，顾客态度忠诚的结构效度较好。

表2-23　顾客态度忠诚因子分析结果

编码	顾客态度忠诚量表问项	成分
		1
CAL1	我在购买服装时会首先想到这个品牌。	0.874
CAL2	只要这家品牌网店能维持现有水平，我就不会换其他品牌。	0.886
CAL3	即使该品牌网店对我的服务出现了点小问题，我也不会换其他品牌。	0.842
CAL4	即使该品牌网店的价格稍微提高点，我也还会在该店购买产品。	0.912

表2-24　顾客态度忠诚变量共同度

编码	顾客态度忠诚量表问项	初始	提取
CAL1	我在购买服装时会首先想到这个品牌。	1.000	0.763
CAL2	只要这家品牌网店能维持现有水平，我就不会换其他品牌。	1.000	0.785
CAL3	即使该品牌网店对我的服务出现了点小问题，我也不会换其他品牌。	1.000	0.708
CAL4	即使该品牌网店的价格稍微提高点，我也还会在该店购买产品。	1.000	0.831

表2-25 顾客态度忠诚解释的总方差

成分	初始特征值			提取平方和载入		
	合计	方差贡献率（%）	累积（%）	合计	方差贡献率（%）	累积（%）
1	3.088	77.202	77.202	3.088	77.202	77.202
2	0.413	10.336	87.538			
3	0.270	6.740	94.279			
4	0.229	5.721	100.000			

6.3.5 顾客行为忠诚的效度分析

如表2-26所示，本研究中顾客行为忠诚量表的KMO值为0.759，Bartlertt球体检验的*Sig*值为0.000，显著性水平很高，适合做因子分析。

表2-26 顾客行为忠诚的KMO和Bartlertt检验结果

取样足够度的Kaiser- Meyer- Olkin度量		0.759
Bartlertt球体检验	近似卡方	581.979
	df	3
	Sig.	0.000

如表2-27所示，通过因子分析提取出1个主成分，主成分在三个原始变量上的因子载荷量都大于0.9，可以有效反映这三个变量的信息。由表2-28和表2-29可知，三个变量的共同度都在85%以上，反映了主成分对于这三个问项所描述信息的解释能力很强，其方差贡献率是91.061%，顾客行为忠诚的结构效度很好。

表2-27 顾客行为忠诚因子分析结果

编码	顾客态度忠诚量表问项	成分
		1
CBL1	我会再次购买此品牌服装。	0.967

续表

编码	顾客态度忠诚量表问项	成分
		1
CBL2	我会向亲朋好友推荐该品牌网店。	0.945
CBL3	我愿意尝试该品牌推荐的新款服装。	0.950

表2-28 顾客行为忠诚变量共同度

编码	顾客态度忠诚量表问项	初始	提取
CBL1	我会再次购买此品牌服装。	1.000	0.936
CBL2	我会向亲朋好友推荐该品牌网店。	1.000	0.893
CBL3	我愿意尝试该品牌推荐的新款服装。	1.000	0.903

表2-29 顾客行为忠诚解释的总方差

成分	初始特征值			提取平方和载入		
	合计	方差贡献率（%）	累积（%）	合计	方差贡献率（%）	累积（%）
1	2.732	91.061	91.061	2.732	91.061	91.061
2	0.171	5.705	96.765			
3	0.097	3.235	100.00			

6.4 相关分析

相关分析是分析事物间关系的数量分析方法，能有效地揭示事物之间关系的强弱程度，但不能确定事物之间的因果关系。本研究运用Pearson相关系数对顾客态度忠诚、顾客行为忠诚和顾客满意与功能价值、服务价值和社会价值三个因素的相关性进行分析。结果如表2-30所示。

表2-30　相关性分析结果

价值因素		顾客满意	顾客态度忠诚	顾客行为忠诚
功能价值	Pearson 相关性	0.731**	0.566**	0.589**
	显著性（双侧）	0.000	0.000	0.000
	n	191	191	191
服务价值	Pearson 相关性	0.731**	0.566**	0.609**
	显著性（双侧）	0.000	0.000	0.000
	n	191	191	191
社会价值	Pearson 相关性	0.718**	0.765**	0.665**
	显著性（双侧）	0.000	0.000	0.000
	n	191	191	191

**：在0.01水平（双侧）上显著相关。

由上表可知，功能价值、服务价值和社会价值与顾客满意的相关系数分别为0.731、0.731和0.718，显著性水平均为0.000，小于0.05，说明功能价值、服务价值和社会价值分别与顾客满意存在正向相关关系，且相关性很强。功能价值、服务价值和社会价值与顾客态度忠诚的相关系数分别为0.566、0.566和0.765，显著性水平均为0.000，小于0.05，说明功能价值、服务价值和社会价值分别与顾客态度忠诚存在正向相关关系，其中，社会价值与顾客态度忠诚的相关性很强。功能价值、服务价值和社会价值与顾客行为忠诚的相关系数分别为0.589、0.609和0.665，显著性水平均为0.000，小于0.05，说明功能价值、服务价值和社会价值分别与顾客行为忠诚存在正向相关关系。

6.5　回归分析

本节在相关分析的基础上，利用回归分析对变量之间的定量关系进行进一步验证。同时，还将完成转换成本对顾客满意和顾客忠诚关系调节作用的验证。本研究采用多元线性回归对变量进行回归分析。为了保证回归分析的准确性和可靠性，多元线性回归设定了一系列的前提假设，如正态分布、序列相关、多重线性回归和方差齐性等。本研究在进行回归分析的时候主要用序列相关和多重共线性来检验数据。

模型的序列相关关系普遍用回归模型中的Durbin-Waston（*DW*）值来验证，*DW*值的取值范围为0到4，当*DW*接近2时说明残差序列不存在自相关，当*DW*等于4时，说明残差序列存在完全负自相关，当*DW*等于0时，说明残差序列存在完全正自相关，当*DW*介于2和4之间时，说明残差序列存在负自相关，当*DW*介于0和2之间时，说明残差序列存在正自相关。本研究中，解释变量的多重共线性主要通过*VIF*值来检验，*VIF*的取值范围大于等于1。*VIF*值越接近于1，表示解释变量间的多重共线性越弱，*VIF*值越大则表示解释变量间的多重共线性越强，当*VIF*值大于或等于10时，表示解释变量间有很强的多重共线性。

6.5.1 顾客感知价值对顾客满意的回归分析

对顾客满意与顾客感知价值的三个维度功能价值、服务质量价值和社会价值进行逐步回归分析。回归分析结果如表2-31所示，功能价值、服务价值和社会价值都进入了模型，三个模型的调整*R*方分别是0.532、0.607和0.644，第三个模型的调整*R*方较高，社会价值和功能价值的进入使得解释顾客满意的变异量得到上升，上升至64.4%，所以本研究选取模型3。模型3序列相关的*DW*值为2.112，接近2，多重共线性检验*VIF*值为2.984、2.229和2.633，比较小，因此可以进行多元回归分析。

表2-31 顾客感知价值对顾客满意的回归分析结果

（Ⅰ）模型汇总[d]

模型	*R*	*R*方	调整*R*方	标准估计的误差	*DW*
1	0.731a	0.535	0.532	0.60082	
2	0.782b	0.611	0.607	0.55074	
3	0.806c	0.650	0.644	0.52408	2.112

a. 预测变量：（常量），服务价值。

b. 预测变量：（常量），服务价值，社会价值。

c. 预测变量：（常量），服务价值，社会价值，功能价值。

d. 因变量：顾客满意。

（Ⅱ）回归系数[a]

模型		非标准化系数		标准系数	t	$Sig.$	共线性统计量	
		B	标准误差	试用版			容差	VIF
1	（常量）	1.704	0.243		7.008	0.000		
	社会价值	0.695	0.047	0.731	14.732	0.000	1.000	1.000
2	（常量）	1.479	0.226		6.545	0.000		
	服务价值	0.424	0.062	0.446	6.812	0.000	0.484	2.067
	社会价值	0.326	0.054	0.397	6.077	0.000	0.484	2.067
3	（常量）	1.218	0.223		5.473	0.000		
	服务价值	0.245	0.071	0.257	3.441	0.001	0.335	2.984
	社会价值	0.261	0.053	0.318	4.926	0.000	0.449	2.229
	功能价值	0.303	0.067	0.319	4.540	0.000	0.380	2.633

a. 因变量：顾客满意。

由上表可知，服务价值、社会价值和功能价值对顾客满意的非标准化系数分别为0.245、0.261和0.303，常量是1.218，因此顾客感知价值对顾客满意的回归方程为：

顾客满意=1.218+0.261×社会价值+0.245×服务质量价值+0.303×功能价值

由此可知，假设H1a“功能价值对顾客满意有直接正向影响”、H1b“服务价值对顾客满意有直接正向影响”和H1c“社会价值对顾客满意有直接正向影响”均被验证成立。

6.5.2 顾客满意对顾客忠诚的回归分析

（1）顾客满意对顾客态度忠诚的回归分析。对顾客满意与顾客态度忠诚进行回归分析，回归分析结果如表2-32所示，模型的调整R方为0.574，序列相关的DW值为1.730，接近2，多重共线性检验VIF值为1，非常适合进行多元回归分析。

表2-32　顾客满意对顾客态度忠诚的回归分析结果

（Ⅰ）模型汇总[b]

模型	*R*	*R*方	调整*R*方	标准估计的误差	*DW*
1	0.759a	0.577	0.574	0.68888	1.730

a. 预测变量：（常量），顾客满意。

b. 因变量：顾客态度忠诚。

（Ⅱ）回归系数[a]

模型		非标准化系数		标准系数	*t*	*Sig.*	共线性统计量	
		B	标准误差	试用版			容差	*VIF*
1	（常量）	－0.074	0.302		－0.246	0.806		
	顾客满意	0.913	0.057	0.759	16.048	0.000	1.000	1.000

a. 因变量：顾客态度忠诚。

由上表可知，顾客满意对顾客态度忠诚的非标准化系数为0.913，且通过了显著性检验，常量是-0.074，常量未通过显著性检验。

（2）顾客满意对顾客行为忠诚的回归分析。对顾客满意与顾客行为忠诚进行回归分析，回归分析结果如表2-33所示，模型的调整*R*方为0.575，序列相关的*DW*值为1.685，接近2，多重共线性检验*VIF*值为1，非常适合进行多元回归分析。

表2-33　顾客满意对顾客行为忠诚的回归分析结果

（Ⅰ）模型汇总[b]

模型	*R*	*R*方	调整*R*方	标准估计的误差	*DW*
1	0.760a	0.577	0.575	0.85078	1.685

a. 预测变量：（常量），顾客满意。

b. 因变量：顾客行为忠诚。

（Ⅱ）回归系数[a]

模型		非标准化系数		标准系数	*t*	*Sig.*	共线性统计量	
		B	标准误差	试用版			容差	*VIF*
1	（常量）	－0.980	0.373		－2.631	0.009		
	顾客满意	1.128	0.070	0.760	16.058	0.000	1.000	1.000

a. 因变量：顾客行为忠诚。

由上表可知，顾客满意对顾客行为忠诚的非标准化系数为1.128，且通过了显著性检验，常量是-0.980，常量未通过显著性检验。

由此可知，假设H4“顾客满意对顾客态度忠诚有直接正向影响”和假设H5“顾客满意对顾客行为忠诚有直接正向影响”均被验证成立。

6.5.3 顾客满意中介作用的回归分析

James和Brett（1984）提出中介变量的判定要满足三个条件：一是自变量与中介变量回归系数显著；二是自变量与因变量回归系数显著；三是当自变量、中介变量和因变量同时发生作用时，自变量和因变量的回归系数显著性明显降低或不显著。[56]

（1）顾客满意对功能价值与顾客态度忠诚的中介作用。对功能价值与顾客满意、功能价值与顾客态度忠诚和功能价值、顾客满意与顾客态度忠诚分别进行回归分析，对回归结果进行汇总，汇总结果如表2-34所示。

表2-34 顾客满意对功能价值与顾客态度忠诚的中介作用回归分析结果汇总

模型	变量名称	*DW*	调整*R*方	*B*	*t*	*Sig.*	*VIF*
模型1	因变量 顾客满意 自变量 功能价值	2.108	0.531	（常量）1.822 0.694	7.731 14.712	0.000 0.000	 1.000
模型2	因变量 顾客态度忠诚 自变量 功能价值	1.619	0.316	（常量）1.530 0.646	4.470 9.427	0.000 0.000	 1.000
模型3	因变量 顾客态度忠诚 自变量 功能价值 顾客满意	1.718	0.572	（常量）－0.097 0.026 0.893	－0.313 0.329 10.691	0.754 0.743 0.000	 2.145 2.145

由表2-34模型1可知，功能价值与顾客满意的回归系数为0.694，*Sig*为0.000，显著性通过检验。由表2-34模型2可知，功能价值与顾客态度忠诚的回归系数为0.646，*Sig*为0.000，显著性通过检验。由表2-34模型3可知，当功能价值、顾客满意与顾客态度忠诚同时进入模型时，功能价值与顾客态度忠诚的回归系数不显著，*Sig*为0.743，顾客满意与顾客态度忠诚的回归系数为0.893，*Sig*为0.000，通过了显著性检验。由此可知，顾客满意对功能价值与顾客态度忠诚有明显的中介作用。

（2）顾客满意对服务价值与顾客态度忠诚的中介作用。对服务价值与顾客满意、服务价值与顾客态度忠诚和服务价值、顾客满意与顾客态度忠诚分别进行回归分析，对回归结果进行汇总，汇总结果如表2-35所示。

表2-35　顾客满意对服务价值与顾客态度忠诚的中介作用回归分析结果汇总

模型	变量名称	*DW*	调整*R*方	*B*	*t*	*Sig.*	*VIF*
模型1	因变量 顾客满意 自变量 服务价值	2.224	0.532	（常量）1.704 0.695	7.008 14.732	0.000 0.000	 1.000
模型2	因变量 顾客态度忠诚 自变量 服务价值	1.809	0.317	（常量）1.420 0.647	4.018 9.438	0.000 0.000	 1.000
模型3	因变量 顾客态度忠诚 自变量 服务价值 顾客满意	1.728	0.572	（常量）-0.102 0.026 0.893	-0.324 0.332 10.680	0.746 0.741 0.000	 2.148 2.148

由表2-35模型1可知，服务价值与顾客满意的回归系数显著。由模型2可知，服务价值与顾客态度忠诚的回归系数显著。由模型3可知，当服务价值、顾客满意与顾客态度忠诚都进入模型时，服务价值与顾客态度忠诚的回归系数没有通过显著性检验，*Sig*为0.741。由此可知，顾客满意对服务价值与顾客态度忠诚有明显的中介作用。

（3）顾客满意对社会价值与顾客态度忠诚的中介作用。对社会价值与顾客满意、社会价值与顾客态度忠诚和社会价值、顾客满意与顾客态度忠诚分别进行回归分析，对回归结果进行汇总，汇总结果如表2-36所示。

表2-36 顾客满意对社会价值与顾客态度忠诚的中介作用回归分析结果汇总

模型	变量名称	*DW*	调整*R*方	*B*	*t*	*Sig.*	*VIF*
模型1	因变量 顾客满意 自变量 社会价值	2.053	0.512	（常量）2.337 0.588	11.185 14.164	0.000 0.000	 1.000
模型2	因变量 顾客态度忠诚 自变量 社会价值	1.773	0.583	（常量）0.994 0.754	4.278 16.325	0.000 0.000	 1.000
模型3	因变量 顾客态度忠诚 自变量 社会价值 顾客满意	1.741	0.673	（常量）－0.226 0.447 0.522	－0.851 7.613 7.287	0.396 0.000 0.000	 2.062 2.062

由表2-36模型1可知，社会价值与顾客满意的回归系数显著。由模型2可知，社会价值与顾客态度忠诚的回归系数显著。由模型3可知，当社会价值、顾客满意与顾客态度忠诚都进入模型时，社会价值和顾客满意与顾客态度忠诚的回归系数均通过了显著性检验。社会价值与顾客态度忠诚的回归系数为0.447，顾客满意与顾客态度忠诚的回归系数为0.522。由此可知，顾客满意对社会价值与顾客态度忠诚没有明显的中介作用，社会价值对顾客满意、顾客态度忠诚均有直接正向影响。

（4）顾客满意对功能价值与顾客行为忠诚的中介作用。对功能价值与顾客满意、功能价值与顾客行为忠诚和功能价值、顾客满意与顾客行为忠诚分别进行回归分析，对回归结果进行汇总，汇总结果如表2-37所示。

表2-37 顾客满意对功能价值与顾客行为忠诚的中介作用回归分析结果汇总

模型	变量名称	*DW*	调整*R*方	*B*	*t*	*Sig.*	*VIF*
模型1	因变量 顾客满意 自变量 功能价值	2.108	0.531	（常量）1.822 0.694	7.731 14.712	0.000 0.000	 1.000
模型2	因变量 顾客行为忠诚 自变量 功能价值	1.796	0.343	（常量）0.840 0.831	2.028 10.018	0.044 0.000	 1.000
模型3	因变量 顾客行为忠诚 自变量 功能价值 顾客满意	1.681	0.575	（常量）－1.071 0.103 1.049	－2.802 1.051 10.199	0.006 0.295 0.000	 2.145 2.145

由表2-37模型1可知，功能价值与顾客满意的回归系数显著。由模型2可知，功能价值与顾客行为忠诚的相关系数显著。由模型3可知，当功能价值、顾客满意与顾客行为忠诚都进入模型时，功能价值与顾客行为忠诚的回归系数不显著，*Sig*为0.295。由此可知，顾客满意对功能价值与顾客行为忠诚有明显的中介作用。

（5）顾客满意对服务价值与顾客行为忠诚的中介作用。对服务价值与顾客满意、服务价值与顾客行为忠诚和服务价值、顾客满意与顾客行为忠诚分别进行回归分析，对回归结果进行汇总，汇总结果如表2-38所示。

表2-38　顾客满意对服务价值与顾客行为忠诚的中介作用回归分析结果汇总

模型	变量名称	*DW*	调整*R*方	*B*	*t*	*Sig.*	*VIF*
模型1	因变量 顾客满意 自变量 服务价值	2.224	0.532	（常量）1.704 0.695	7.008 14.732	0.000 0.000	 1.000
模型2	因变量 顾客行为忠诚 自变量 服务价值	1.847	0.368	（常量）0.556 0.861	1.324 10.565	0.187 0.000	 1.000
模型3	因变量 顾客行为忠诚 自变量 服务价值 顾客满意	1.681	0.579	（常量）－1.152 0.164 1.002	－2.996 1.680 9.780	0.003 0.095 0.000	 2.148 2.148

由表2-38模型1可知，服务价值与顾客满意的回归系数显著。由模型2可知，服务价值与顾客行为忠诚的回归系数显著，当服务价值、顾客满意与顾客行为忠诚同时进入模型时，服务价值与顾客行为忠诚的相关系数不显著，*Sig*为0.095。因此，顾客满意对服务价值与顾客行为忠诚的中介作用显著。

（6）顾客满意对社会价值与顾客行为忠诚的中介作用。对社会价值与顾客满意、社会价值与顾客行为忠诚和社会价值、顾客满意与顾客行为忠诚分别进行回归分析，对回归结果进行汇总，汇总结果如表2-39所示。

表2-39　顾客满意对社会价值与顾客行为忠诚的中介作用回归分析结果汇总

模型	变量名称	*DW*	调整*R*方	*B*	*t*	*Sig.*	*VIF*
模型1	因变量 顾客满意 自变量 社会价值	2.053	0.512	（常量）2.337 0.588	11.185 14.164	0.000 0.000	 1.000

续表

模型	变量名称	DW	调整R方	B	t	Sig.	VIF
模型2	因变量 顾客行为忠诚 自变量 社会价值	2.014	0.439	（常量）0.940 0.809	2.823 12.237	0.005 0.000	 1.000
模型3	因变量 顾客行为忠诚 自变量 社会价值 顾客满意	1.804	0.602	（常量）−1.082 0.301 0.865	−2.996 3.760 8.868	0.003 0.000 0.000	 2.062 2.062

由表2-39模型1可知，社会价值与顾客满意的回归系数显著。由模型2可知，社会价值与顾客行为忠诚的回归系数显著。由模型3可知，当社会价值、顾客满意与顾客行为忠诚同时进入模型时，社会价值与顾客行为忠诚的回归系数为0.301，*Sig*为0.000，通过了显著性检验。因此，顾客满意对社会价值与顾客行为忠诚的中介作用不显著，社会价值对顾客满意、顾客行为忠诚均有直接正向影响。

由以上回归分析结果可知，假设H2a“功能价值通过顾客满意对顾客态度忠诚有间接正向影响”、H2b“服务价值通过顾客满意对顾客态度忠诚有间接正向影响”、H3a“功能价值通过顾客满意对顾客行为忠诚有间接正向影响”和H3b“服务价值通过顾客满意对顾客行为忠诚有间接正向影响”成立，假设H2c“社会价值通过顾客满意对顾客态度忠诚有间接正向影响”和H3c“社会价值通过顾客满意对顾客行为忠诚有间接正向影响”不成立。

6.5.4 转换成本调节作用的回归分析

（1）转换成本、顾客满意对顾客态度忠诚的层次回归分析。为了检验转换成本对顾客满意与顾客态度忠诚关系的调节作用，对转换成本、顾客满意与顾客态度忠诚进行层次回归分析，将中心化后的顾客满意、转换成本作为第一层，中心化后的顾客满意、转换成本及两者乘积项作为第二层来进行回归分析，回归分析结果如表2-40所示。

表2-40 转换成本、顾客满意对顾客态度忠诚的层次回归分析结果

（Ⅰ）模型汇总[c]

模型	R	R方	调整R方	标准估计的误差	DW
1	0.805[a]	0.649	0.645	0.62914	

续表

模型	R	R方	调整R方	标准估计的误差	DW
2	0.809[b]	0.655	0.649	0.62547	1.740

a. 预测变量：（常量），转换成本中心化，顾客满意中心化。

b. 预测变量：（常量），转换成本中心化，顾客满意中心化，转换成本 × 顾客满意。

c. 因变量：顾客态度忠诚。

（Ⅱ）回归系数[a]

模型		非标准化系数		标准系数	t	$Sig.$	共线性统计量	
		B	标准误差	试用版			容差	VIF
1	（常量）	4.700	0.046		103.250	0.000		
	顾客满意中心化	0.631	0.053	0.598	11.855	0.000	0.734	1.362
	转换成本中心化	0.331	0.053	0.313	6.213	0.000	0.734	1.362
2	（常量）	4.664	0.050		94.087	0.000		
	顾客满意中心化	0.641	0.053	0.607	12.043	0.000	0.727	1.375
	转换成本中心化	0.333	0.053	0.316	6.292	0.000	0.734	1.363
	转换成本 × 顾客满意	0.071	0.039	0.078	1.792	0.075	0.983	1.018

a. 因变量：顾客态度忠诚。

由上表模型2可知，转换成本与顾客满意乘积项未通过显著性检验。由此可知，转换成本对顾客满意与顾客态度忠诚的调节作用未通过显著性检验。

（2）转换成本、顾客满意对顾客行为忠诚的层次回归分析。为了检验转换成本对顾客满意与顾客行为忠诚的调节作用，对转换成本、顾客满意与顾客行为忠诚进行层次回归分析，将中心化后的顾客满意、转换成本作为第一层，中心化后的顾客满意、转换成本及两者乘积项作为第二层进行回归分析，结果如表2–41所示。

表2-41 转换成本、顾客满意对顾客行为忠诚的层次回归分析结果

（Ⅰ）模型汇总[c]

模型	*R*	*R*方	调整*R*方	标准估计的误差	*DW*
1	0.888[a]	0.789	0.786	0.60293	
2	0.889[b]	0.791	0.787	0.60178	1.568

a. 预测变量：（常量），转换成本中心化，顾客满意中心化。
b. 预测变量：（常量），转换成本中心化，顾客满意中心化，转换成本 × 顾客满意。
c. 因变量：顾客行为忠诚。

（Ⅱ）回归系数[a]

模型		非标准化系数		标准系数	*t*	*Sig.*	共线性统计量	
		B	标准误差	试用版			容差	*VIF*
1	（常量）	4.920	0.044		112.769	0.000		
	顾客满意中心化	0.630	0.051	0.483	12.343	0.000	0.734	1.362
	转换成本中心化	0.700	0.051	0.537	13.723	0.000	0.734	1.362
2	（常量）	4.945	0.048		103.687	0.000		
	顾客满意中心化	0.623	0.051	0.478	12.177	0.000	0.727	1.375
	转换成本中心化	0.699	0.051	0.536	13.712	0.000	0.734	1.363
	转换成本 × 顾客满意	− 0.050	0.038	− 0.044	− 1.311	0.191	0.983	1.018

a. 因变量：顾客行为忠诚。

由表2-41可知，转换成本与顾客满意乘积项未通过显著性检验，*Sig*为0.191，大于0.05。因此，转换成本对顾客满意与顾客行为忠诚的调节作用未通过显著性检验。

由以上回归分析结果可知，假设H6“转换成本越高，顾客满意对顾客态度忠诚的直接正向影响越大”和假设H7“转换成本越高，顾客满意对顾客行为忠诚的直接正向影响越大”不成立。

值得说明的是，通过以上分析，尽管转换成本对顾客满意与顾客忠诚关系的调节作用不显著，但是，对转换成本分别与顾客态度忠诚、顾客行为忠诚进行回归分析可以发

现，转换成本对顾客态度忠诚和行为忠诚有直接正向影响，如表2-42和表2-43所示。

表2-42 转换成本对顾客态度忠诚的回归分析结果

（Ⅰ）模型汇总[b]

模型	*R*	*R*方	调整*R*方	标准估计的误差	*DW*
1	0.622[a]	0.386	0.383	0.82949	1.810

a. 预测变量：（常量），转换成本。

b. 因变量：顾客态度忠诚。

（Ⅱ）回归系数[a]

模型		非标准化系数		标准系数	*t*	*Sig.*	共线性统计量	
		B	标准误差	试用版			容差	*VIF*
1	（常量）	2.269	0.231		9.833	0.000		
	转换成本	0.532	0.049	0.622	10.907	0.000	1.000	1.000

a. 因变量：顾客态度忠诚。

表2-43 转换成本对顾客行为忠诚的回归分析结果

（Ⅰ）模型汇总[b]

模型	*R*	*R*方	调整*R*方	标准估计的误差	*DW*
1	0.786[a]	0.617	0.615	0.80909	1.760

a. 预测变量：（常量），转换成本。

b. 因变量：顾客行为忠诚。

（Ⅱ）回归系数[a]

模型		非标准化系数		标准系数	*t*	*Sig.*	共线性统计量	
		B	标准误差	试用版			容差	*VIF*
1	（常量）	1.123	0.225		4.988	0.000		
	转换成本	0.831	0.048	0.786	17.466	0.000	1.000	1.000

a. 因变量：顾客行为忠诚。

6.6 假设验证

根据上文的回归分析得到的显著性水平检验结果，本研究提出的假设H1成立，功能价值、服务价值和社会价值对顾客满意有直接正向影响；假设H2a和H2b成立，H2c不成立，功能价值和服务价值通过顾客满意对顾客态度忠诚有间接正向影响，社会价值对顾客态度忠诚有直接正向影响；假设H3a和H3b成立，H3c不成立，功能价值和服务价值通过顾客满意对顾客行为忠诚有间接正向影响，社会价值对顾客行为忠诚有直接正向影响；假设H4和H5成立，顾客满意对顾客态度忠诚和顾客行为忠诚均有直接正向影响。假设H6和假设H7不成立，转换成本对顾客满意与顾客忠诚之间的调节作用不显著，但转换成本对顾客态度忠诚和顾客行为忠诚有直接正向影响。经过检验，本文构建的网络原创服装品牌顾客忠诚模型如图2–4所示。

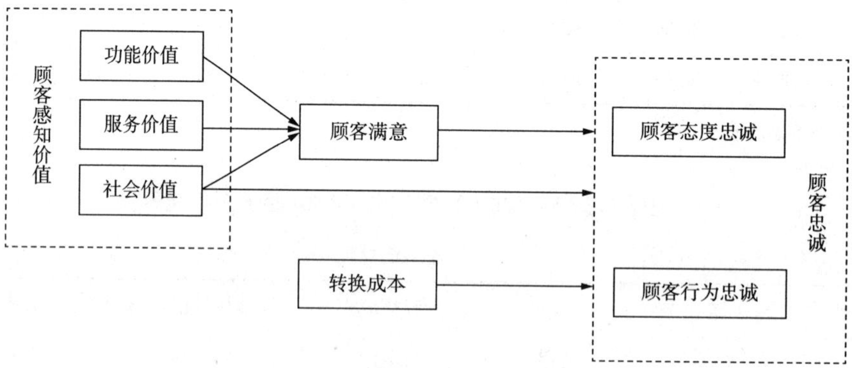

图2–4 网络原创服装品牌顾客忠诚模型

第 7 章 结论和建议

7.1 研究结论

结合相关理论研究和实践，根据数据的统计分析结果，本研究的主要结论如下。

结论一：功能价值对顾客满意有直接正向影响，通过顾客满意对顾客忠诚有间接正向影响。

功能价值主要是指消费者在购买服装的过程中所感知到的价格、品质、时间和精力等所产生的价值。随着商品经济和消费者观念的改变，消费者在服装消费过程中不再仅仅关注功能价值，然而缺少功能价值不可能产生顾客满意和顾客忠诚，但是只有功能价值也不能形成顾客满意和顾客忠诚。根据本文的统计分析结果显示，功能价值对顾客满意有直接正向影响，并通过顾客满意对顾客忠诚有间接正向影响。因此，可以通过提升功能价值来提高顾客满意进而形成顾客忠诚。

结论二：服务价值对顾客满意有直接正向影响，通过顾客满意对顾客忠诚有间接正向影响。

服务价值主要是指消费者在购买服装的过程中所感知到的网站基础服务和卖家服务等所产生的价值。根据本文的统计分析结果显示，服务价值对顾客满意有直接正向影响，通过顾客满意对顾客忠诚有间接正向影响。因此，网络原创服装品牌可以通过提升服务质量来提高顾客满意进而形成顾客忠诚。

结论三：社会价值对顾客满意和顾客忠诚均有直接正向影响。

随着消费者消费水平和自我意识的觉醒，消费者在服装消费中越来越关注社会价值。根据本文的统计分析结果显示，社会价值对顾客满意、顾客忠诚均有直接正向的显著性影响，并且与其他顾客感知价值维度相比，社会价值对顾客忠诚有直接正向影响。网络原创服装品牌要想提高顾客忠诚，应该多关注消费者社会价值的提升。

结论四：转换成本对顾客忠诚有直接正向影响。

根据本文的统计分析结果显示，转换成本对顾客态度忠诚和顾客行为忠诚均有直接正向作用，因此有效地设置转换壁垒有助于提升顾客忠诚。

7.2 营销建议

根据顾客感知价值对顾客满意和顾客忠诚的影响研究结果，本文为网络原创品牌的发展提出了以下营销建议。

首先，着力于提升消费者感知到的社会价值。一方面，要从提高消费者的认同感入手。现如今，消费者进行服装消费更希望获得一种认同感，网络原创服装品牌要加强其品牌定位的鲜明性，在各种时尚媒体上加大宣传，增强其品牌知名度和影响力。另一方面，要从提高消费者的归属感入手。随着互联网的发展，其带给人们便利的同时也对人们的社会交往方式产生了很大的影响，加之生活节奏日益加快、生活压力日益加大，越来越多的消费者借助于互联网进行社会交往。网络原创服装品牌应该为消费者构建起互相交流的平台，定期开展加强消费者交流的线上活动，既加强了消费者之间的关系也加强了消费者与卖家之间的关系，会使消费者对该品牌及该品牌消费者群产生归属感。

其次，保证卖家服务质量的同时，提升网站基础服务质量。在卖家服务质量方面要提高人员服务的专业性和针对性，加强服务人员对本品牌服装的熟悉程度，不仅仅是服装的价格、面料和尺寸等基础性的知识，更要包括对品牌定位、设计理念和服装搭配等知识的培训。在配送质量方面，除了要建立完善的售后处理流程以外，也要对快递服务进行标准化管理，目前，网络原创服装品牌的快递配送是采用与第三方物流公司合作的方式，在与第三方物流公司进行合作时，要严格考察其快递服务的质量，包括速度、态度和破损情况等，定期进行评价。此外，可以采用品牌商自身发展配送业务的方式，这能有效地提升配送服务的质量。在网站基础服务质量方面，品牌商可以采用时尚杂志式的网站设计，目前商品加模特的单一堆砌方式在创新性方面有很大的不足，用时尚杂志的方式展示服装，不仅可以在展示商品丰富性的同时，提高消费者购物的便捷性，刺激消费者购买，还可以提高品牌形象。此外，品牌商也要加强对消费者隐私的保护，具体措施包括加强网站的安全性、加强对消费者个人信息等资料的保存和在网站上对消费者合理地提醒。

再次，对功能价值的改善和突破。网络原创服装品牌要在保证产品品质的基础上，凸显出自己品牌设计的独特性。品牌独特的包装设计、与品牌形象契合的精美礼品的赠送等为消费者提供了独特的附加功能，能够建立独特的品牌形象，提高消费者的顾客满意度和顾客忠诚程度。

最后，设置转换壁垒。可以通过建立有效的会员制度，使老顾客享有合理的优惠来提高财务转换成本；积极与消费者建立联系，进行有效沟通，同时也应为消费者之间的沟通提供一定的平台，以此来提高关系转换成本。

7.3 研究局限与展望

本文在文献梳理和实证研究的基础上，得出了具有一定价值和意义的结论，丰富了顾客感知价值、顾客满意和顾客忠诚的理论研究，首次对网络原创服装品牌的顾客感知价值、顾客满意和顾客忠诚进行了实证研究，但出于时间和能力的局限性，本研究存在着一些不足之处。

第一，样本数据收集的局限性。本研究的被调查者虽然来自于不同的城市、行业，但被调查者多居住在北京。被调查者虽有教育程度、年龄和性别的差异，但便利抽样和雪球抽样的抽样方法，会不可避免地影响样本的质量。在以后的研究中，可以进一步扩大样本量，并考虑到地域发展程度的不同对研究结论的影响。

第二，顾客感知价值量表的局限性。国内外对顾客感知价值的研究很多且很多研究都是对某一特定行业进行实证研究，但对服装行业的研究很少，而服装行业结合网络的研究则更少，尚未有成熟的量表，本文结合服装行业和网络购物的特点对顾客感知价值量表进行了一定的创新，但由于经验和观念的限制，量表有其不成熟性。在今后的研究中，进一步制定出在网购方式下适合服装行业的顾客感知价值量表有很大的理论及现实意义。

参考文献

[1]中国互联网络信息中心．第34次中国互联网络发展状况统计报告[R]. 2014.

[2]艾瑞咨询集团．中国网络购物行业年度监测报告（2012—2013年）[R]. 2013.

[3]赵豫西．基于服务利润链的餐饮企业顾客忠诚策略[J]．中国经贸导刊，2012(23)：53-54.

[4]兰文巧．服务利润链理论评述与展望[J]．商业时代，2012(29)：32-34.

[5]颜芳．浅论关系营销[J]．商情，2014(6)：15-16.

[6]解娜娜．基于关系营销的顾客感知价值对顾客忠诚的影响研究[D]．青岛：青岛大学，2013.

[7]盘娟梅．论淘宝网原创服饰品牌的发展[J]．湖南科技学院学报，2010，31(7)：84-86.

[8]杨霖华．网络原创品牌的品牌忠诚驱动因素分析——基于女装品牌裂帛的案例研究[J]．企业经济，2013,32(5)：18-21.

[9]蔡建梅，李易儒．基于淘宝网络销售平台的原创女装品牌发展策略研究[J]．浙江理工大学学报，2012,29(4)：526-531.

[10]朱银，周怡．浅析服装电子商务中网络原创品牌的营销策略[J]．轻工科技，2013,29(8)：149-150+156.

[11]ZEITHAML. Consumer perceptions of price, quality, and value: a meansend model and synthesis of evidence[J]. Journal of Marketing, 1988(7): 2-22.

[12]MONROE K B. Pricing-making profitable decisions[M]. New York: McGraw

Hill, 1991.

[13] GALE B T. Managing customer value: creating quality and service that customer can see[M]. New York: the Free Press, 1994: 25–54.

[14] BOLTON R N, DREW J H. Longitudinal Analysis of the Impact of Service Changes on Customer Attitudes[J]. Journal of Marketing, 1991(55): 1–9.

[15] 胡瑞静. 顾客感知价值理论文献综述[J]. 现代商贸工业，2011(7).

[16] SWEENEY C, SOUTAR N, GEOFFREY. Consumer Perceived Value: the Development of a Multiple Item Scale[J]. Journal of Consumer Research, 2001(77): 203–220.

[17] BUTZ, HOWARD E, LEONARD D Goodstein. Measuring Customer Value: Gaining the Strategic Advantage[J]. Organizational Dynamics, 1996(24): 63–77.

[18] WOODRUFF. Customer value: The next source for competitive advantage [J]. Journal of the Academy of Marketing Science, 1997(2): 139–153.

[19] 董大海，权晓研，曲晓飞. 顾客价值及其构成[J]. 大连理工大学学报，1999，20(4): 18–20.

[20] 白长虹. 西方的顾客价值研究及其实践启示[J]. 南开管理评论，2001(2): 51–55.

[21] 姚钟华. 企业获取核心竞争力的顾客价值分析[J]. 江西社会科学，2002(2): 145–146.

[22] SHETH J N, BRUCE I, NEWMAN B, GROSS L, Why we buy what we buy：a theory of consumption values[J]. Journal of Business Research, 1991,22(4): 159–170.

[23] PARASURAMAN A, CREWAL D, The impact of technology on the quality–value–loyalty chain: A research agenda[J]. Journal of the Academy of Marketing Science, 2000,28(1): 168–174.

[24] WOLFGANG Ulaga, SAMIR Chacour. Measuring customer–perceived value in business markets[J]. Journal of Industrial Marketing Management, 2001,30(2): 525–540.

[25] JAMES F Petrickt, Development of a multi–dimensional scale for measuring the Perceived value of a service[J]. Journal of Leisure Research, 2002(34): 119–133.

[26] 马云峰，郭新有. 论顾客感知价值的推动要素[J]. 武汉科技大学学报：社会科学版，2002，4(4)：24–27.

[27] 查金祥. B2C电子商务顾客价值与顾客忠诚度的关系研究[D]. 杭州：浙江大学，2006.

[28] 焦丽娜. 顾客感知价值的维度及其影响的实证研究[J]. 无锡商业职业技术学院学报，

2008,8(3)：4–7.

[29] 杨江娜．中档女性服装顾客感知价值研究[D]．广州：广东工业大学，2008.

[30] 熊曾静．网络游戏顾客感知价值对重复购买行为的影响研究[D]．合肥：安徽大学，2010.

[31] 赵金翠．B2C电子商务环境下顾客忠诚的影响因素研究[D]．北京：首都经济贸易大学，2012.

[32] 白琳．顾客感知价值、顾客满意和行为倾向的关系研究述评[J]．管理评论，2009(11)：87–93.

[33] NEAL W D. Satisfaction is nice, but value drives loyalty[J]. Marketing Research, 1999,22(1): 21–23.

[34] FORNELL C, JOHNSON M D, ANDERSON E W, CHA J, BRYANT B E, The American customer satisfaction index: nature, purpose, and findings[J]. Journal of Marketing, 1996,60(4): 7–18.

[35] SIROHI N, MELAUGHLIN E W, WITTINK D R. A Modal of Consumer Perception and Store Loyalty Intentions for a Supermarket Retailer[J]. Journal of Retailing, 1998(2): 227.

[36] 薄湘萍，尹红．基于顾客价值的服务企业顾客忠诚管理探析[J]．经济与管理，2005(1)：99–102.

[37] 雷婷，李存林．B2C电子商务交易平台顾客感知价值、顾客满意与顾客忠诚关系的实证研究[J]．管理科学，2012,33(6)：642–654.

[38] WESTBROOK R A, REILLY M D. Value–percept Disparity: An Alternative to the Disconfirmation of Expectation There of Consumers Satisfaction[J]. Advances in Consumer research, 1983(10): 256–261.

[39] 菲利普·科特勒．营销管理——分析、计划、执行和控制（第九版）[M]．上海：上海人民出版社，1997.

[40] 董大海，汪克艳．西方的顾客满意测量模式研究评述[J]．科学学与科学技术管理，2004(1)：92–96.

[41] 陈杏．顾客满意与正面口碑传播关系的研究[D]．广州：华南理工大学，2011.

[42] 张艳慧．顾客感知价值、顾客满意、顾客忠诚之间关系的研究评述及展望[J]．河北企业，2014(1)：15–16.

[43] 李远远．顾客感知价值对手机用户品牌忠诚的影响研究[D]．长春：吉林大学，2013.

[44] 饶旭. 基于转换成本的中低端汽车服务企业顾客忠诚研究[D]. 上海：东华大学，2013.

[45] 陈文沛，陈强. 转换成本、顾客满意对顾客忠诚度的影响[J]. 通信企业管理. 2013(6)：81-83.

[46] 段明霞. 基于关系营销战略的顾客忠诚研究[D]. 大连：大连理工大学，2005.

[47] 李进朝. 顾客感知价值、顾客满意对品牌忠诚的影响研究——以银行服务月为例[D]. 南昌：江西财经大学，2009.

[48] DICK, BASU. Customer loyalty: Toward an Intergraded Framework[J]. Journal of the Academy of Marketing Science, 1994(2): 45- 56.

[49] OLIVER, RICHARD I. Satisfaction: A Behavioral Perspective on The Consumer, Irwin McGraw-Hill[C], Boston, Massachusetts, 1966.

[50] 严浩仁. 顾客忠诚的影响因素及其作用机制——对移动通信服务市场的实证研究[D]. 杭州：浙江大学，2004.

[51] 郭玉堂. B2C电子商务模式下顾客感知价值、顾客满意与顾客忠诚关系的实证研究[D]. 青岛：中国海洋大学，2012.

[52] 汪侠，梅虎. 旅游地顾客忠诚模型及实证研究[J]. 旅游学刊，2006，21(10)：33-38.

[53] 韩引军. 顾客忠诚驱动模型的实证研究——以手机市场为例[D]. 昆明：昆明理工大学，2010.

[54] 邓之宏，秦军昌，钟利红. 中国C2C交易市场电子服务质量对顾客忠诚的影响——以顾客满意和顾客价值为中介变量[J]. 北京工商大学学报，2013，28(2)：35-41.

[55] 杨维忠，张甜. SPSS统计分析与行业应用案例详解[M]. 北京：清华大学出版社，2011：181.

[56] 徐艺文. 组织职业生涯管理对新生代员工留任意愿的影响研究——以组织支持感为中介变量[D]. 北京：首都经济贸易大学，2014.

附录　网络原创服装品牌顾客忠诚的调查问卷

问卷编号：

尊敬的先生 / 女士：

非常感谢您在百忙之中参与此次问卷调查，本调查的目的在于研究网络原创服装品牌顾客忠诚模型的构建。本调查不是测验，答案没有对错之分，您所提供的信息对我们的研究非常有价值，希望您根据自己的亲身经历与真实感受，真实客观地填写问卷。

本次问卷调查完全采取匿名方式进行，调研所得数据仅用于学术研究，不做任何商业用途，您的任何相关信息将得到严格保密。非常感谢您的合作与支持！

解释说明：网络原创服装品牌是指，依托网络销售平台成立和发展的，具有创新性和成长性的服装品牌。如韩都衣舍、裂帛、茵曼、AMH、阿卡、Lilbetter、妖精的口袋、ALLIN、初语、非池中、Viishow、JUSTYLE 正尚、迪尔马奇、花笙记、AK、歌瑞尔、天使之城、两三事、OSA 欧莎、莲燦、秋壳、后构想等。

第一部分

Q1：您是否购买过网络原创服装品牌？（　　）

A. 是　　　　B. 否（感谢您的配合，请跳转到 Q39）

Q2：您购买次数最多的网络原创服装品牌是（　　）

Q3：到目前为止，您购买此品牌大概总共有几次？（　　）

A.1 次　　B.2~3 次　　C.4~5 次　　D.5 次以上

第二部分

请您根据在此品牌网店购物时的实际感受对以下问题进行作答。请根据左边陈述在右边用对勾选择您的同意程度，数字越小表示您越不同意，数字越大表示您越同意。其中，1 代表非常不同意，2 代表不同意，3 代表有点不同意，4 代表不能确定，5 代表有点同意，6 代表同意，7 代表非常同意。

功能价值	1	2	3	4	5	6	7
Q4：我觉得该服装品牌的价格很合理。							
Q5：我觉得该服装品牌的会员等级与对应的优惠额度很合理。							
Q6：我觉得该品牌服装的设计很独特，很吸引我。							
Q7：我觉得所选服装很符合其描述状况。							
Q8：我觉得所选服装的质量能达到我的预期。							
Q9：该品牌网店的服装包装精美，会经常赠送精美小礼品。							
Q10：通过该品牌网站购物，可以节省我很多时间和精力。							
服务价值	1	2	3	4	5	6	7
Q11：我觉得该品牌网店能提供充足且适时更新的商品与信息内容。							
Q12：我觉得该品牌网店对商品信息的描述是详尽的、真实的，且对购物有很大帮助。							
Q13：我觉得该品牌网站设计清晰合理，简单便捷，操作简单。							
Q14：我觉得该品牌网站的设计风格独具特色，能展现其品牌风格。							
Q15：我觉得该品牌网站注重保护消费者隐私，个人信息不会被截取、泄漏或用于其他用途。							
Q16：我觉得该品牌网店客服人员有非常充足的专业知识，能准确回答你所提出的所有问题。							
Q17：我觉得该品牌网店客服人员能够以顾客为中心，为顾客提供个性化的服务。							
Q18：我觉得该品牌网店客服人员能快速有效地回复顾客问题和处理顾客抱怨。							
Q19：我觉得该品牌网站能提供快速、优质的快递服务。							
社会价值	1	2	3	4	5	6	7
Q20：我觉得该品牌服装能使我给别人留下好的印象。							
Q21：我觉得该品牌服装使我在社会交往中更有自信。							
Q22：我觉得该品牌服装能展现我的个人气质和风格。							

续表

Q23：该品牌网店为顾客提供了相互交流的平台。							
Q24：我与该品牌网店的关系良好，和其关系超过其他服装品牌网店。							
转换成本	1	2	3	4	5	6	7
Q25：我曾花费了很多时间和精力才找到并了解该品牌网店。							
Q26：如果要更换该品牌网店，我要花费很多时间和精力去寻找和了解新的品牌网店。							
Q27：如果要更换该品牌网店，我会失去目前在该店中的积分以及其他优惠条件。							
Q28：如果要更换该品牌网店，我要花费很多的时间与精力与新卖家建立关系。							
顾客满意	1	2	3	4	5	6	7
Q29：总体而言，我对该品牌服装的购买感到满意。							
Q30：我觉得在该品牌网店购物是明智的。							
Q31：我觉得在该品牌网店购物是愉快的。							
顾客态度忠诚	1	2	3	4	5	6	7
Q32：我在购买服装时会首先想到这个品牌。							
Q33：只要这家品牌网店能维持现有水平，我就不会换其他品牌。							
Q34：即使该品牌网店对我的服务出现了点小问题，我也不会换其他品牌。							
Q35：即使该品牌网店的价格稍微提高点，我也还会在该店购买服装。							
顾客行为忠诚	1	2	3	4	5	6	7
Q36：我会再次购买此品牌的服装。							
Q37：我会向亲朋好友推荐该品牌网店。							
Q38：我愿意尝试该品牌网店推荐的新款服装。							

第三部分

以下是一些有关于您的个人信息，仅供数据分析之用，请将相应选项填入括号中。

Q39：您的年龄（　　）

A. 20 岁及以下　B. 21~25 岁　C. 26~30 岁　D. 30 岁以上

Q40：您的性别（　　）

A. 男　B. 女

Q41：您的受教育程度（　　）

A. 高中及以下　B. 专科　C. 本科　D. 硕士及以上

Q42：您的职业（　　）

A. 政府机关及事业单位员工　B. 企业员工

C. 个体工商户　D. 学生　E. 自由职业者　F. 其他

Q43：您的月收入水平（　　）

A. 1000 元及以下　B. 1001~3000 元

C. 3001~6000 元　D. 6000 元以上

我们的调查问卷到此全部结束，再次感谢您的参与。您的意见对于我们来说非常宝贵，请您再次确认问卷是否填写完整。祝您生活愉快，万事如意！

（作于 2014 年 12 月）

第三篇 原产地规则对我国纺织服装业东南亚产业转移影响研究

作者：韩　庭　　导师：郭　燕

摘　要：

随着《中华人民共和国国民经济和社会发展第十三个五年规划纲要》等国家战略的引导、纺织服装产业转移的现实需要、TPP协议的签署以及欧盟对我国纺织服装业普惠制优惠政策的取消，我国越来越多的纺织服装企业开始向东南亚国家进行产业转移，但是在转移之前，原产地规则是个不得不重点考虑的问题。

在国际贸易中，原产地规则是判定一项产品究竟原产于哪个国家或地区的一套规则，关系到该产品在进入某国境时是否可以享受优惠关税等待遇。因此，有必要对原产地规则对我国纺织服装业东南亚产业转移的影响进行研究。

本文通过对欧盟普惠制和TPP原产地规则内容和特征的研究，结合我国纺织服装企业东南亚转移的现状，分析原产地规则对纺织服装企业东南亚转移的影响，并对我国纺织服装企业合理运用原产地规则提出建议。

本文的研究成果将为想要向东南亚国家进行产业转移的企业提供一些建议和对策，对政府和行业协会提供一些参考。

关键词：　原产地规则；纺织服装业；东南亚；产业转移

第1章 绪论

1.1 研究背景

1.1.1 国家战略的引导

2016年，国家“十三五”规划《纲要》❶在“完善对外开放战略布局”这一部分中提出，以轻纺、铁路等行业为重点，采用境外投资、工程承包、技术合作、装备出口等方式，开展国际产能和装备制造合作，推动装备、技术、标准、服务走出去。引导企业集群式走出去，因地制宜建设境外产业集聚区[1]，其思路如图3-1所示。2015年，国务院提出《关于推进国际产能和装备制造合作的指导意见》，总体任务为，将与我装备和产能契合度高、合作愿望强烈、合作条件和基础好的发展中国家作为重点国别，并积极开拓发达国家市场，以点带面，逐步扩展[2]。将钢铁、有色、建材、铁路、轻纺、汽车等作为重点行业，分类实施，有序推进。2014年9月，商务部制定了新的《境外投资管理办法》，将大大地简化对外投资批准手续，很大一部分项

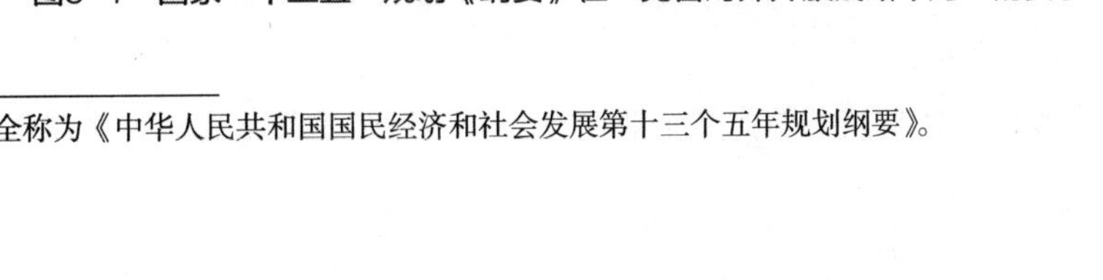

图3-1 国家“十三五”规划《纲要》在“完善对外开放战略布局”的要求

❶ 全称为《中华人民共和国国民经济和社会发展第十三个五年规划纲要》。

目将由审批制改变为备案制[3]。

1.1.2 产业转移的需要

随着我国社会经济的发展，劳动力的价格越来越高，土地成本也越来越高，在国内进行纺织服装生产综合成本不断提高。另外，近年来我国的纺织服装业利润率一直很低，使得大多数的纺织服装企业压力较大。而且，国外很多大的采购商都要求我国企业在东南亚各国进行生产加工，以利用其廉价的劳动力、地租和其他优惠政策等，降低采购成本。如表3–1所示，中国工人的最低工资近三年不断增加，而且要远远的高于缅甸、越南和柬埔寨这些国家。

表3–1 中国及东南亚各国最低工资标准 单位：美元

国家	2014	2015	2016
孟加拉国	69	69	69
柬埔寨	102	138	143
中国	174	135~294	156~326
印度	—	79~138	138~189
印度尼西亚	220	96~267	106~276
马来西亚	—	225~253	280
巴基斯坦	96	96~119	117~125
菲律宾	174~226	182~321	181~321
泰国	252	238	283
越南	91~127	102~145	108~156

数据来源：《中国纺织品服装对外贸易报告2015—2016》。

因此国内一些知名的有实力的企业开始打造“中国+周边国家”的布局模式，通过与东南亚国家在供应链上紧密的配合，以达到资源的最优配置水平和最好的运营状态，其思路如图3–2所示。

东渡集团就是其中的典型企业：自2003年开始战略布局，东渡在国内苏南张家港本

图3-2　“中国+周边国家”布局模式

部、苏中（2005年）、苏北宿迁泗阳（2013年），国外马来西亚（2003年）、越南和柬埔寨（2008年）建立了数个生产基地（如图3-3所示），2014年东渡超过一半的服装产量都已由东南亚国家生产，但对技术、环保要求很高的面料工厂和研发中心仍布局在国内[4]。

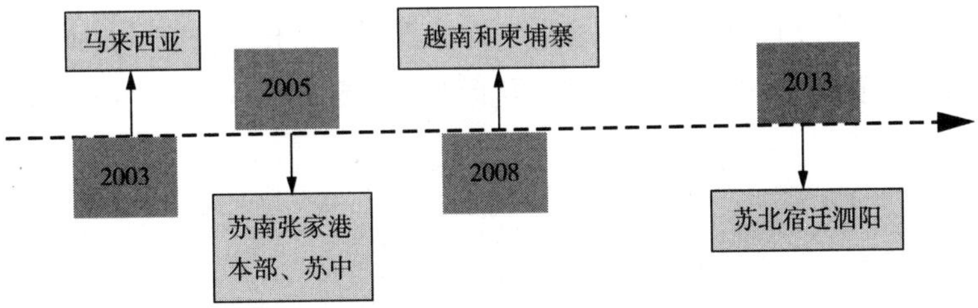

图3-3　东渡集团“中国+周边国家”布局模式

1.1.3　TPP❶的签署

2015年10月，TPP的谈判取得突破，成员国达成一致。

TPP协议要求成员国之间贸易逐步实现零关税，对非成员国征税，并制定了严格的原产地规则。我国是纺织服装出口大国，而且TPP成员国中，美国、日本、越南是中国纺织服装出口国的前三位，2015年我国纺织服装出口至这三个国家的具体金额如表3-2所示。所以，TPP的签署势必会对中国纺织服装业产生巨大的不利影响。

表3-2　2015年中国纺织服装对美国、日本、越南的出口金额统计

国家	出口金额（万美元）	同比增加（%）	占比（%）
美国	4774355.7	6.7	16.8

❶ Trans-Pacific Partnership的缩写，中文意思为跨太平洋伙伴关系协定。

续表

国家	出口金额（万美元）	同比增加（%）	占比（%）
日本	2164854	–11.7	7.6
越南	1488979.2	–5.8	5.2

数据来源：《中国纺织品服装对外贸易报告2015—2016》。

1.2　研究目的和意义

通过对原产地规则的研究和中国纺织服装企业向东南亚投资转移的现状研究，分析原产地规则的新改变对我国纺织服装企业向东南亚国家转移的影响，从而为我国纺织服装企业更好地运用原产地规则提出建议。从而为企业和政府以及行业协会提供一些理论上的参考。

1.3　研究方法

文献研究法：本文通过对多篇中英文文献和相关书籍的研究，对前人的研究成果进行总结和创新。将借助《中国纺织工业发展报告》《中国纺织品服装对外贸易报告2015—2016》《商务部对外投资国别（地区）报告》《世界银行报告》和服装协会发布的文件等，搜集研究中所需要的数据资料。

比较分析法：本文通过比较欧盟普惠制和TPP的原产地规则，找出他们的特征，分析原产地规则对我国纺织服装企业的影响，从而有针对性地为企业提出相应的建议。

1.4　研究的重点、难点和创新之处

重点：本文研究的重点在于原产地规则对我国纺织服装企业东南亚投资转移产生的影响，以及企业该如何运用原产地规则实现利益最大化。

难点：（1）分析我国纺织服装企业向东南亚投资转移的历年准确数据。（2）对比分析新旧原产地规则的变化及特征。（3）其对我国纺织服装企业东南亚投资转移的影响。（4）根据原产地规则的特征及影响，为企业提出相应的建议。

创新之处：（1）对比分析了欧盟普惠制和TPP关于纺织服装原产地规则的特征。（2）分析了欧盟和TPP原产地对我国纺织服装企业向东南亚各国转移的影响。（3）为我国纺织服装企业如何利用原产地规则提出了建议。

1.5　不足之处

本文通过对原产地规则和我国纺织服装企业东南亚产业转移的研究，得出了一些结论，提出了一些建议，但是，本文还存在一些问题：（1）美国总统特朗普上台之后，宣布退出了TPP，致使本文很多的分析和影响暂时不能反映出来。（2）缺乏对向东南亚投资转移的企业进行实地的调研，没有获得第一手的资料。（3）对TPP文本的分析还不够深入，还需要再进行深入的研究。

1.6　本文的思路框架图

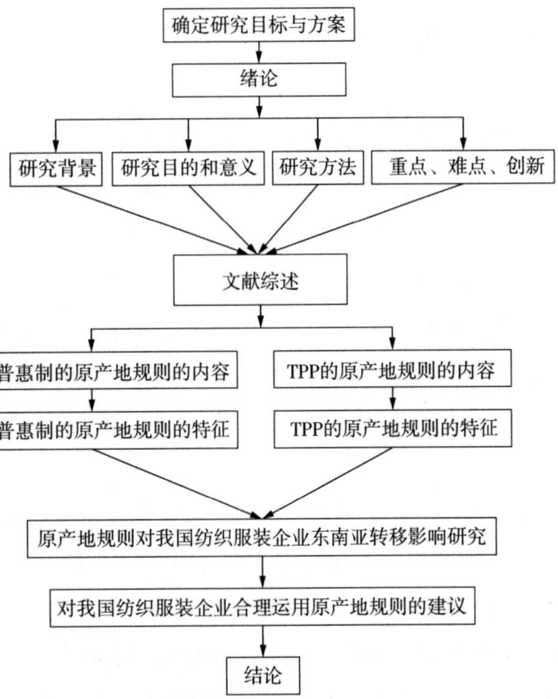

图3-4　思路框架图

第2章 文献综述

近年来，我国纺织服装企业一直在困境中谋求发展，一些企业开始将生产基地转移至东南亚等国，希望利用海外廉价的劳动力寻找机会。虽然对于对外投资转移的研究已经有了几十年的发展，但是由于我国纺织服装企业的对外投资转移在近几年才开始大量出现，因此对纺织服装企业东南亚投资转移的研究并不是很多，从原产地规则角度分析的更少。

2.1 原产地规则的研究

陈旭（2015）认为原产地规则可以提高成员国的福利；若要准确地分析原产地规则，需要把经济因素和政治因素相结合；对外直接投资作为对出口的一种替代，可以避免贸易摩擦；并对原产地规则的保护效果进行了评估[5]。

刘洋（2014）研究对象是与货物贸易有关的原产地规则与外资直接投资的关系，选择以中国—新加坡自贸区为例，分析我国的10个行业2006~2014年的FDI流入与原产地规则之间的联系。实证的结果表明，原产地规则的严格程度和运输成本和FDI流入呈负相关，宽松的原产地规则更加有利于FDI的流入[6]。

成新轩（2012）分析了东亚地区自由贸易区发展迅猛的原因，同时对东亚地区原产地规则进行了研究。文章分析了东亚地区原产地规则的限制指数，通过数据分析，对原产地规则对东亚地区产生的经济影响进行了研究。最后，文章给出了如何利用原产地规则的相应对策[7]。

Krishna对原产地规则中潜在的“隐性”贸易保护主义的一个最有说服力

的论点进行了论述。

通过对以往的文献的研究发现，对于原产地规则的研究，主要集中在以下四个方面：（1）原产地规则对国际贸易的影响；（2）原产地规则对外资直接投资的影响；（3）原产地规则对当地经济的影响；（4）原产地规则的效果分析。但是很少涉及具体的行业，特别是纺织服装行业。

2.2 TPP对我国纺织服装行业的影响研究

金中夏（2014）认为，中国在全球的价值链中具有非常重要的地位，在纺织服装行业更是如此。但也存在一些问题，一是后向联系占比较高，一是前向联系不足。数据表明，中国是美国纺织原料最大的出口国，中美两国已经在纺织服装行业形成了紧密完整的价值链。美国在TPP谈判中推行严格的原产地规则，最终结果必然是对双方均会产生不利影响，中国应积极推动产业升级、支持走出去，加强与出口大国的联系等综合措施来应对[8]。

邹琪（2014）从东盟各国和中国都向美国输出纺织品服装这一角度切入，运用经济指标对东盟各国和中国纺织品服装出口竞争力进行定量分析，并用模型量化研究了TPP的签订对中国和美国纺织品服装出口的影响程度。得出结论，东盟各国和中国之间出口至美国的纺织品服装的总体竞争性在加强、差异性不断缩小，而且双方的替代性较为普遍，所以，东盟各国加入跨太平洋伙伴关系协定可能会导致世界纺织服装出口格局发生大的变化[9]。

陆圣（2013）利用全球贸易分析常用的一般均衡模型，就TPP的实施将会对中国纺织服装出口量的可能影响进行了定量分析。得出以下结论：TPP真正实施后，在贸易转移效应和亚洲纺织品服装区域性生产贸易网络作用下，中国对美国、日本和北美自由贸易区市场的服装出口将减少；中国生产的纺织品对越南和亚洲其他TPP成员国的出口将会增加，但也可能受到日本的冲击；日本的加入对中国服装的出口影响很大[10]。

左宗文（2015）从TPP成员国和中国对美国纺织服装业出口的角度分析，运用模型加以定量分析，并运用一般均衡模型（CGE），对TPP真正实施以后TPP成员国和中国对美国的纺织品服装贸易量进行估算。得出以下结论：TPP成员国和中国在纺织品和布两类产品出口相似度不断增加，竞争比较激烈；美国将增加对TPP成员国的纺织服装进口，减少从中国的进口；越南将是最大的受益国；美国纺织服装部门的贸易逆差将因此增大[11]。

通过对以往的文献的研究发现，对于TPP对我国纺织服装的影响的研究，主要集中在以下三个方面：（1）从价值链或者产业链的角度去分析TPP对我国纺织服装的影响；（2）从出口竞争力的角度进行分析；（3）定量分析对我国纺织服装出口的影响。但是这些研究很少关注TPP对我国纺织服装产业转移的影响。

2.3　东南亚投资转移的研究

茅蓓蓓（2011）尝试建立了我国纺织服装业对外投资环境的评价体系指标，对越南、柬埔寨、孟加拉国、巴基斯坦四国的投资环境进行分析，对准备向这四国进行投资的企业提供了可供参考的环境评估，并给出了相应的建议[12]。

陈冰清（2015）以越南、柬埔寨、孟加拉国、巴基斯坦四国为例，对我国服装加工企业对外投资环境进行了深入的研究，通过对我国纺织服装的转移现状和对四国投资环境的分析，为企业和政府两个层面提供了若干产业转移方面的建议[13]。

通过对以往的文献的研究发现，对于向东南亚投资转移的研究，主要集中在以下两个方面：（1）研究东南亚国家的产业转移环境；（2）研究我国该如何加强向东南亚国家的技术转移。但是，缺少从原产地规则的角度去分析，也没有研究纺织服装产业向东南亚转移的影响。

2.4　普惠制及TPP原产地规则的研究

毕红毅（2003）认为我国应积极引导企业和学者深入研究该如何灵活运用普惠制原产地规则，按照原产地规则的标准调整产业结构，扩大相应的出口产品的国产化程度，有效地保护国内相关产业的市场[14]。

曾令良（2013）认为虽然欧盟自我标榜其普惠制原产地规则改革旨在使这一贸易优惠待遇给予最需要的落后国家，但是其实质很难避免有贸易保护的嫌疑和经济贸易之外的政治上的目的。欧盟普惠制改革必然会将影响中国对欧洲的出口贸易，在一定的时期内中国对欧洲的出口贸易的下降趋势可能将难以逆转[15]。

翟立强（2015）在分析了中国纺织服装业近年来发展现状的基础上，分析了TPP原产地规则如果真的实施将会对中国纺织服装业产生的潜在影响，并提出了应对策略，促使中国从纺织品服装大国向纺织品服装强国转变[16]。

通过对以往的文献的研究发现，对于普惠制及TPP原产地规则的研究，主要集中在以下两个方面：（1）如何利用原产地规则扩大出口；（2）TPP原产地规则对我国纺织服装出口的影响。但是没有提及原产地规则对纺织服装业产业转移的影响。

第 3 章　欧盟普惠制和 TPP 原产地规则的主要内容和特征

3.1　原产地规则的概念和分类

原产地的原意是指货物或服务的来源、由来。原产地规则是指各国和地区为了确定贸易中货物的原产地而制定的法律、规章和普遍适用的行政命令[17]。国际上原产地规则种类越来越多，不同的国家都制定了各自的原产地规则。综合各种分类，其结果如表3-3所示。

表3-3　原产地规则的分类[18]

划分标准	原产地规则的分类
贸易领域	货物原产地规则
	服务原产地规则
货物流向	进口原产地规则
	出口原产地规则
实施主体	国家原产地规则
	区域原产地规则
作用	优惠原产地规则
	非优惠原产地规则

数据来源：《中国所涉自由贸易区原产地规则与相关问题研究》。

3.2 原产地规则的经济效应

原产地规则逐渐成了自由贸易区的核心内容，其目的是为了防止具有较高对外关税税率成员国的关税收入的流失。现在原产地规则逐渐成了自由贸易区进行贸易保护的一个工具。自由贸易区原产地规则的实施，对自由贸易区成员国以及非成员国带来的影响是多方面的。不同的自由贸易区、不同的成员国所受的影响也不尽相同。自由贸易区原产地规则的经济效应归结起来表现为成本效应、贸易效应、投资效应和就业效应四个方面[19]。其具体分类如表3–4所示。

表3–4 原产地规则的经济效应及具体表现

经济效应	具体的表现
成本效应	增加行政成本
	增加生产成本
贸易效应	贸易创造效应
	贸易偏转效应
	贸易转移效应
投资效应	投资转移效应
	投资创造效应
就业效应	

数据来源：《中国所涉自贸区原产地规则与相关问题研究》。

3.3 欧盟普惠制和TPP原产地规则的主要内容

普惠制是发达国家给予发展中国家出口制成品和半制成品（包括某些初级产品）的一种普遍的、非歧视的、非互惠的关税优惠制度。

自1971年以来，欧盟对发展中国家产品进入其市场实行普惠制优惠，最新的普惠制实行于2014年1月1日。欧盟普惠制的类型及待遇如表3–5所示。

表3-5 欧盟普惠制的类型及待遇

欧盟普惠制的类型	待遇
标准普遍优惠制	享受部分关税减免
超普遍优惠制	享受零关税
非军火贸易自由化倡议	除武器以外的所有产品给予免关税、免配额待遇

数据来源：《中国纺织品服装对外贸易报告2015—2016》。

值得注意的是，标准普惠制规定了毕业标准。毕业标准是指一旦某受惠国或者某行业达到了一定标准，该国产品或该类产品不再享受普惠制待遇。欧盟是我国签发普惠制证书最多的地区，它也多次修改普惠制方案，致使受惠国及其产品"毕业"，主要为农产品和工艺品。而我国对欧盟的出口产品主要为机电产品和纺织品，因此我国基本上不能从欧盟新普惠制方案中获得关税优惠。欧盟颁布的《2006—2008年普惠制方案（980/2005号条例）》规定，除前5类和第21类外，中国已于2015年1月1日从欧盟普惠制毕业，全部产品不再享受其优惠待遇[20]。

2015年10月，12个成员方的部长宣布完成谈判。TPP成员的人口、GDP和人均GDP如表3-6所示。

表3-6 TPP成员的人口、GDP和人均GDP

人口（亿）	占世界人口比例（%）	GDP（万亿美元）	占世界GDP比重（%）	人均GDP（美元）	占全球贸易比重（%）
8.05	11.1	28	36.3	34821	25.3

数据来源：《中国纺织品服装对外贸易报告2015—2016》。

3.3.1 欧盟普惠制原产地规则的区域价值标准

根据非原产成分（或原产成分）的价值占制成品价值的百分比，确定进口成分是否达到实质性改变的标准，称为区域价值标准[18]。其通常采用的三种方法及优缺点如表3-7所示。

表3-7 区域价值标准的三种方法及优缺点

三种方法	优点	缺点
最大进口成分标准	制定比较容易，不需要制定一个很长的加工工序清单，也不需要了解有关产品加工工序或商品分类方面的知识	对于产品本身价值的计算，不同国家有不同的做法；由于汇率以及各种原材料的价格，其产品价值始终处于波动之中
最低国内成分标准		
规定产品所用零件的总价值中，原产零件必须达到一定的百分比		

数据来源：《中国所涉自由贸易区原产地规则与相关问题研究》。

欧盟普惠制的原产地规则主要采用了40%、45%、47.5%三个百分比要求，其具体表述，以第62章非针织或非钩编服装及衣着附件为例，如表3-8所示。

表3-8 欧盟普惠制第62章部分内容

第62章 非针织或非钩编服装及衣着附件	
妇女、女孩和婴儿服装及婴儿服装配件	从纱线开始或从简单的织物和提供的普通织物的价值不超过出厂价的40%
织物防火设备	从纱线开始或从简单的织物和提供的普通织物的价值不超过出厂价的40%

数据来源：https：//ec.europa.eu/commission/index_en。

3.3.2 欧盟普惠制原产地规则的加工工序标准

加工工序标准是依据产品在加工、生产过程中是否经历了特定的加工、生产工序来确定其原产国的标准[18]。在欧盟普惠制中，该标准要求当货物是以在一个或多个缔约方领土内形成并制成的纱线为原料，在一个或多个缔约方的领土内裁剪或编织成形，并以缝制或以其他方式制成。该标准主要包含：第59章浸渍、涂布、包覆或层压的纺织物、工业用纺织制品；第61章针织或钩编的服装及衣着附件；第62章非针织或非钩编服装及衣着附件。以第61章针织或钩编的服装及附件为例，具体表述如表3-9所示。

表3-9　欧盟普惠制第61章部分内容

第61章　针织或钩编的服装及衣着附件	
通过缝制或其他方式组合，通过两种或两种以上的针织物剪裁或缝制得来	从纱线开始
其他	从天然纤维、人造短纤、未梳理或以其他方式处理的纱线

数据来源：https：//ec.europa.eu/commission/index_en。

3.3.3　TPP原产地规则的税则归类改变标准

税则归类改变标准要求最终制成品税则归类编码与其所使用的非原产材料的税则归类编码相比发生了规定的变化。这里的“税则归类”是以货物的HS❶编码为参考基础的[18]。在实际应用中，其具体的改变标准及优缺点如表3-10所示。

表3-10　税则归类改变标准的优缺点

改变的标准	优点	缺点
章改变（HS2位）	概念简单，使用方便，对原产地的确定客观、透明、统一，管理成本较低	1. 在某些情况下，品目号或子目的改变，并不能完全准确反映出非原产成分是否经过实质性改变 2. HS往往落后于生产技术的发展，需要经常修订更新
品目改变（HS4位）		
子目改变（HS6位）		
分子目改变（HS8位）		

数据来源：《中国所涉自由贸易区原产地规则与相关问题研究》。

TPP的原产地规则税则归类改变标准运用得比较多，内容也细化了很多，其具体表述如表3-11所示。

❶《商品名称及编码协调制度》简称HS,目的是为运输界的计费和统计、计算机数据传递、国际贸易单证简化提供一套可使用的分类制度，各种分类制度都是在这个新的分类体系的基础上“协调”起来的。

表3-11　TPP原产地规则第54章部分内容

第54章　化学纤维长丝；化学纺织材料制扁带和类似品	
54.01–54.06	从任何其他品目改变到品目54.01–54.06项下的货物，由品目52.01–52.03、55.01–55.07、55.09–55.11改变至此的除外
54.07	从任何其他品目改变到品目54.07项下的货物，由品目51.06–51.13、52.05–52.12，品目54.01–54.02、子目5403.33–5403.39、5403.42–5407.94，品目54.08或55.09–55.16改变至此的除外
54.08	从任何其他品目改变到品目54.08项下的货物，由品目51.06–51.13、52.05–52.12，品目54.01–54.02、子目5403.33–5403.39、5403.42–5407.94，品目55.09–55.16改变至此的除外

数据来源：商务部官网。

3.3.4　TPP原产地规则的加工工序标准

TPP中，该标准要求当货物是以在一个或多个缔约方领土内形成并制成的纱线为原料，在一个或多个缔约方的领土内裁剪或编织成形，并以缝制或以其他方式制成。在该规则下，纤维可以是非产于成员国境内的，但是纱线的纺织过程必须在成员国境内完成的。该规则主要适用于第60章织物及钩编织物，第61章针织或钩编的服装及衣着附件，第62章非针织或非钩编的服装及衣着附件。第61章针织或钩编的服装及衣着附件具体表述如表3-12所示。

表3-12　TPP原产地规则第61章部分内容

第61章　针织或钩编的服装及衣着附件
章节说明1：为了确定本章的货物是否是原产货物，适用于该货物的规则应仅适用于确定该货物税则归类的组成部分，这样的部件必须符合针对该货物规则所列明的税类规则改变的要求； 章节说明2：尽管有章节1的说明，本章项下含有品目60.02或子目5806.20项下面料织物的货物，只有当这样的织物是以在一个或多个缔约方领土境内形成并制成的纺纱为原料，并在上述缔约方领土内成型并制成时，则该货物方可视为原产货物； 章节说明3：尽管有章节说明1的说明，只有当本章项下含有品目52.04、54.01或55.08项下的缝纫线以及用作缝纫线的品目54.02项下的纱线是在一个或多个缔约方领土境内成型并制成时，含有此缝纫线的货物方可视为原产货物

续表

第61章　针织或钩编的服装及衣着附件	
61.01–61.09	从任何其他章改变到品目61.01–61.09项下的货物，由品目51.06–51.13、52.04–52.12或54.01–54.02、子目5403.33–5403.39、5403.42–5407.94，品目54.08、55.08–55.16、56.06、60.01–60.06改变至此的除外，但前提是该货物是在一个或多个缔约方领土内裁剪或编织成形，并以缝制或其他方式制成

数据来源：商务部官网。

3.4 欧盟普惠制和TPP纺织品服装原产地规则的主要特征

纺织品服装行业的生产流程主要分为：纺织、织布、印染、剪裁、缝纫等工序。纺织品服装原产地规则可以根据生产过程（如图3–5）来设定。不同的原产地规则规定特定加工的过程应该在该区域发生。从生产来看，纺织品服装的原产地规则可分为纤维后原则（Fiber Forward）、纱线后原则（Yarn Forward）、布后原则（Fabric Forward）以及裁剪缝纫后原则（Cut and Sew Forward）。纤维后原则要求羊毛、棉花等原材料在协定国获得，一般很少使用。纱线后原则要求在一个自由贸易区内，任何成品在制造生产时，从最初开始所采用的纱线等原材料必须是在缔约方成员国内获得才能享受关税优惠。因此在该规则下，纤维可以是非原产于成员国境内，但是纱线的纺织过程必须在成员国境内完成，布料以及成衣也必须这样。布后原则规定纤维和纱线可以从其他非成员国获得，但是布的编制必须在成员国内进行。裁剪缝制后原则只要求裁剪缝纫工序在成员国进行，提供了最大的灵活性。

3.4.1 欧盟普惠制和TPP都采用了“从纱开始”的加工工序标准

欧盟普惠制纺织品服装原产地规则主要特征是采用了纤维后原则和纱线后原则。TPP纺织品服装原产地规则主要特征是采用了纱线后原产地规则。如图3–5小的虚线框所示，整个服装的生产工序，必须从虚线框内这一部分开始就在成员国内生产，否则将不能享受关税上的优惠。这种规则有利于区域内成员的纺织品服装业的发展，容易产生贸易转移和贸易创造效应。贸易转移是指建立自由贸易区后，成员国之间的相互贸易取代了成员国与非成员国之间的贸易，从而造成贸易方向的转移。贸易创造是指，成员国之间相

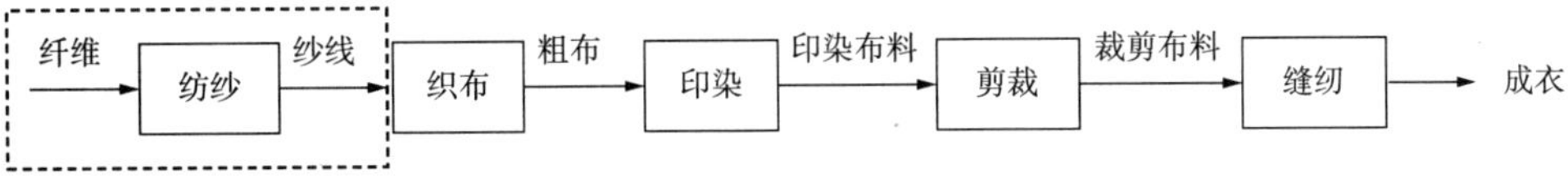

图3-5 纺织品服装行业的主要生产流程

互取消关税和非关税壁垒所带来的贸易规模的扩大[21]。

3.4.2 TPP原产地规则内容更为复杂和细化

与以往的原产地规则不同的是，TPP的原产地规则将一般并不属于纺织服装但又与纺织服装相关的产品列入到了纺织服装特定原产地规则。

TPP文本将第十二类66章（雨伞、阳伞、手杖、带座手杖、鞭子、马鞭及其零件）中66.01品目的产品、第十三类第70章（玻璃及其制品）中的70.19品目中的内容、第二十类94章（家具；寝具、床垫、弹簧床垫、软坐垫和类似的填充物制品；未列名灯具及照明装置；发光标志、发光铭牌及类似产品；活动房屋）中9404.90子目的产品也添加到了纺织品服装特定原产地规则里面。

TPP文本中税则归类改变的内容也比较复杂，如表3-12所示，一般都会涉及子目或者品目。

3.4.3 TPP原产地规则设置了原料短缺清单

虽然TPP规定了"从纱开始"原则，但同时引入弹性条款"原料短缺清单"机制，允许各方使用区域内未能大量供应的纱和纤维。此机制指定了纱、布的纺织品"供应短缺清单"，TPP成员国可向TPP区域外的国家采购"供应短缺"的原料，所制成的服装同样可以享受关税优惠。

原料短缺清单由永久短缺清单和为期三年的短视短缺清单构成。但是本次短缺清单并不长，商品种类有限，并且常用面料没有名列在册。有8~10项产品可享受3~5年短缺产品待遇，186项是永久的。值得注意的一点是，TPP的短缺清单到此为止，不会有新的短缺清单。根据文本内容，我们可以看出，短缺清单中的产品都是原料稀缺和技术含量高的材料，比如第94项产品，其描述如表3-13所示[22]。

表3-13 TPP短缺清单项目描述

产品	短缺项目描述	最终用途要求（如适用）
94	归入项目5407项下的双层机织物，含90%~99%聚酯和10%~1%弹性纤维，每平方米重量为229~241克，经防水处理：按照美国纺织化学家和染色家协会（AATCC）测试方法35，在600毫米的水头压力下，两分钟后，渗透的水不大于1.0克	归入子目6110.30项下的男式、男童、女式和女童商品，非运动衫，背心和短袖圆领紧身汗衫，以及归入子目6201.93项下男式和男童的防水风衣外套及类似商品

数据来源：商务部官网。

第 4 章　原产地规则对我国纺织服装企业东南亚投资转移的影响

欧盟普惠制和TPP中关于纺织品服装的规则，以下两个将会对我国纺织品服装业产生较大的影响：一是零关税带来的影响。欧盟普惠制对受惠国采取零关税。TPP原则上要求，成员国之间进行跨国商品贸易时，应当取消所有商品的进口关税。使得仍按照WTO规则进行出口的我国纺织品服装产业压力倍增[20]。如表3-14显示，TPP的大多数成员的关税还是比较高的。

表3-14　2015年TPP成员国纺织品服装进口关税一览表

国家	纺织品（%）	服装（%）
美国	7.9	12
日本	5.4	9
澳大利亚	4.3	9.8
文莱	0.8	0
加拿大	2.6	16.5
智利	6	6
马来西亚	8.8	0.2
墨西哥	9.8	21.1
新西兰	1.9	9.7
秘鲁	8.4	11
新加坡	0	0
越南	9.6	19.8

数据来源：WTO Trade Statistics。

二是“从纱开始”原产地规则的影响。欧盟普惠制和TPP的原产地规则要求“从纱开始”，即从纱线之后的纺织品服装的生产工序，都必须得在TPP成员国或受惠国内进行，只有这样，才有资格享受关税上的优惠，其目的是促进成员国之间的贸易。这样，成员国将会减少从中国进口服装，然后转向其他亚洲的成员国[14]。

4.1 企业向东南亚国家产业转移由成衣加工为主变为纱线生产为主

我国纺织服装对外投资涵盖棉纺、针织、毛纺、化纤等多个行业，其中以对东南亚和南亚等发展中国家投资为主，并已经开始出现从服装加工向纺织和面料，特别是棉纺生产延伸的趋势。纺织服装业不仅是东南亚国家最大的外汇增长点，而且还是多数国家就业人数最多的行业，因而这一行业长期受到该地区相关国家的高度重视。随着“中国+周边”的产业布局新模式发展、国内生产成本日益增长、国际采购商采购需求多元化等原因，东南亚国家逐渐成为纺织品服装产业转移的首选地区[23]。许多国际纺织服装企业开始投资东南亚地区，到东南亚投资逐渐成为热潮。2010~2015年，我国在东南亚投资的纺织品服装企业数量逐年递增，2015年新投资的企业数量已经是2010年的4倍，如表3-15所示。

表3-15　2010～2015年我国纺织服装企业向东南亚转移的数量

时间	新增企业数量	共计
2010	18	18
2011	22	40
2012	26	66
2013	32	98
2014	57	155
2015	75	230

数据来源：《中国纺织品服装对外贸易报告2015—2016》。

但是，为了满足原产地规则的条件，享受关税上的优惠，转移企业的类型逐渐由成衣制造为主变为纱线生产为主。比如2002年，江苏华瑞国际实业集团有限公司，向越南投资490万美元，建立成衣加工厂，现有员工1200余名；宁波申洲集团，2005年向柬埔寨投资7000万美元，建立成衣加工厂，现有员工10000余人；浙江天龙数码印染有限公司，2008年向越南投资8000万美元，建立印染厂。从以上例子可以看出，早期的转移企业主要是以成衣加工为主，并且雇用了大量的工人。

近几年的投资则主要以纱线生产为主。比如宁夏中银绒业股份有限公司，2012年投资2500万美元，在柬埔寨建立了纺织品工厂；山东岱银纺织服装集团，2014年投资12亿元，在马来西亚投资建立了生产精梳纱的工厂，年产精梳纱20万锭；华孚色纺股份有限公司，2013年投资2.5亿美元，在越南建设了纱线厂，占地规模50公顷。

4.2 我国纺织服装企业需要重新构建在全球的产业链

2010~2015年，我国投资东南亚地区的纺织服装类企业共计230家，柬埔寨是主要投资地区，占比达到43%，柬埔寨西哈努克港经济特区借助柬埔寨服装行业在国际上享有较优惠贸易政策的有利条件，吸引中国超过50家纺织和轻工业企业入驻，已成为柬埔寨重要的纺织轻工产品出口生产基地。其次是越南和缅甸，分别占比15%和19%。

如果按照原产地规则的要求，我国纺织品服装企业需要将纱线的生产转移到东南亚各国去，这就直接改变了我国纺织品服装企业在全球产业链的布局。在没有区域贸易协定限制的情况下，企业会在全球寻找成本最低的地方进行生产布局，以实现资源的优化配置。没有原产地规则的限制，我国纺织品服装企业通常会在国内进行纱线的生产，然后再到东南亚各国进行加工 ，然后再将成品出口到欧美各国，如图3-6上半部分，这主要是因为，东南亚各国暂时还不具备生产纱线的能力，但他们的劳动力成本低廉。有了原产地规则的限制以后，我国企业就需要在东南亚各国建立纺纱厂，然后在那里进行织布、印染、裁剪、缝纫，最后直接出口到欧美市场。如图3-6下半部分所示。在这种情况下，我国纺织品服装企业的产业链就被完全打破重塑。

4.3 提高了我国纺织品服装企业向东南亚国家产业转移的成本压力

虽然纺织品服装通常被当作同一产业，但实际产业链上的各个部门之间还是存在着比较大的差异。其中涉及纺纱、织布、面料后整理等工序的纺织业，需要依靠纺织机械

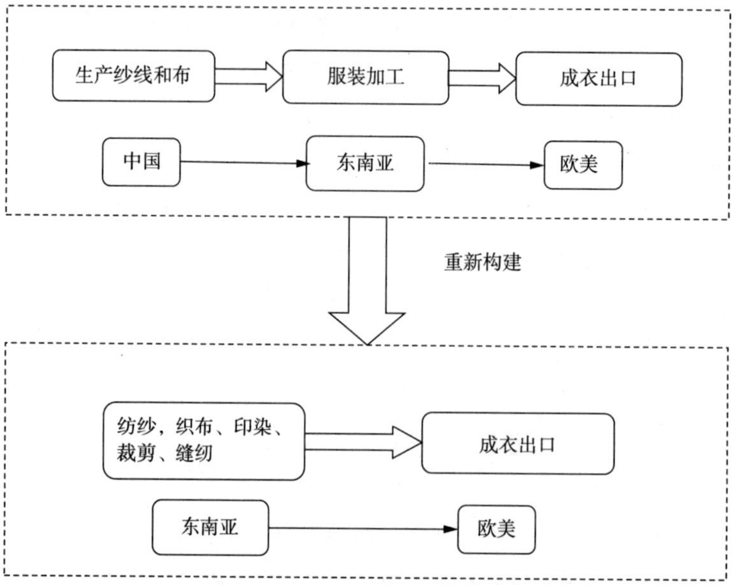

图3-6　我国纺织服装全球产业链的重新构建图

等重型装备进行生产，所以具有资本和技术相对密集的特点。假如没有原产地规则，我国一些纺织品服装企业为了降低企业的劳动力成本，也会主动向东南亚各国进行产业转移，但转移的肯定都是需要大量劳动力的裁剪、缝纫等环节。这些环节对劳动力需求较高，但是对设备要求相对较低，不需要投入太大的资金。如表3-16所示，一台缝纫机的价格一般就是几千块钱。而且这些环节对厂房的面积要求也不大，企业也不用建设或租用太大的厂房。可是，为了满足原产地规则的条件，享受关税的优惠，企业就不得不将纺纱厂建在东南亚各国，动辄几百万、上千万的纺织机械对于国内大多数纺织品服装企业都是不小的压力和成本，而且这些纺织机械占地面积也比较大，又给企业增加了不小的厂房成本。

表3-16　缝纫机和纺织机械的价格

设备名称	价格（元/台）
汗马牌HM0381工业缝纫机	1850
汗马牌HM-441工业缝纫机	8800

续表

设备名称	价格（元/台）
聚光供应工业自动缝纫机	10000
汗马牌HM4430-L140工业缝纫机	35000
全套纺织机械出口脱脂棉生产线设备	990000
韩国进口keundo大幅面数码纺织印花机	2000000
洪顺HSMFS-6500拉幅定型机	3500000
金纺JFLMH232型直辊丝光联合机纺织印染机械	6666666

数据来源：作者根据慧聪网数据整理。

第 5 章　对我国纺织服装企业合理运用原产地规则提出的建议

5.1　核算遵守原产地规则的成本与收益

企业是否会根据原产地规则的要求进行产业转移，关键还是要看企业转移的成本和企业未来可能获得的收益。虽然将企业转移到东南亚国家会享受关税优惠，但根据第四章的分析我们知道，这将使我国纺织服装企业向东南亚国家的产业转移由成衣加工为主变为纱线生产为主，并提高了我国纺织品服装企业向东南亚国家产业转移的成本压力。所以，满足原产地规则有时会使成本超出了优惠幅度所带来的收益。

赫林（Herin）在其所进行的一项开拓性研究中，对欧洲自由贸易区与欧共体所签订的自由贸易协定中原产地规则的影响进行了测算。该研究发现，当优惠幅度不明显时，欧洲自由贸易区的很多出口商宁愿选择按最惠国税率进行缴纳关税，也不愿遵守原产地规则。总的来说，收益方面，转移到东南亚的企业可以享受关税优惠、廉价的劳动力、便宜的地租、税收优惠。成本方面，企业面临着基础设施落后、劳动力素质不高、治安不好等问题。比如，在东南亚国家，基础设施普遍比较落后，经常会出现停电的现象，这种情况必然会影响企业的生产，增加企业的额外成本。所以我国企业也应该理性分析一下自己的客观条件和实力，适不适合进行产业转移，遵守原产地规则究竟合不合适。如图3-7所示，如果收益大于成本，就适合转移。如果不合适，与其进行产业转移，倒不如将更多的钱投入到研发和设计等附加值高的环节，可能会取得更好的效果。

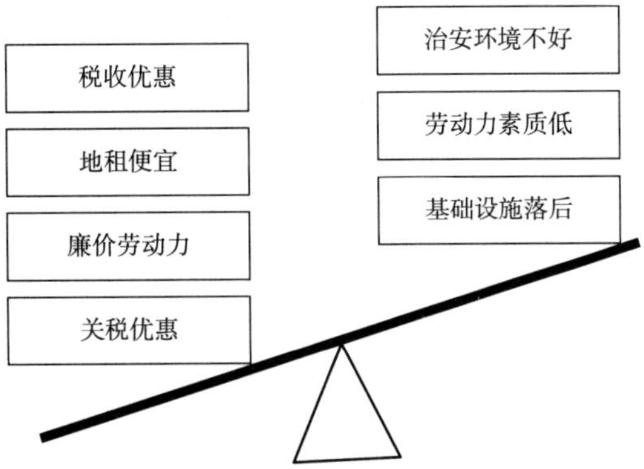

图3-7 遵守原产地规则的成本和收益的对比

5.2 选择既享受普惠制又是TPP成员的国家进行产业转移

欧盟普惠制主要分为标准普惠制、超普遍优惠制、非军火贸易自由化倡议。标准普惠制受惠国家享受部分关税减免，超普遍优惠制受惠国享受零关税待遇，非军火贸易自由化倡议（EBA）是欧盟普惠制的特殊安排。欧盟普惠制的特殊安排，即欧盟对最不发达国家除武器以外的所有产品给予免关税、免配额待遇[19]具体受惠国家如表3-17所示。

表3-17 欧盟普惠制的类型及其受惠的东南亚国家

普惠制类型	受惠的东南亚国家
标准普惠制	菲律宾、泰国和越南
超普遍优惠制	菲律宾
EBA	柬埔寨、老挝、缅甸、东帝汶

数据来源：《中国纺织品服装对外贸易报告2015—2016》。

进行产业转移的企业在综合考虑政治、经济、文化 、劳动力成本等因素后，还应考虑产业转移的目的国享受几个国家（地区）的关税优惠，以防未来产业转移目的国从欧盟普惠制中毕业或者TPP发展的变数，企业应尽可能地选择同时享受多个国家（地区）关税优惠的国家进行产业转移，这样才能保证企业长期的利益不受损害。从原产地规则的角度来看，越南是比较适合的国家，如图3-8所示。

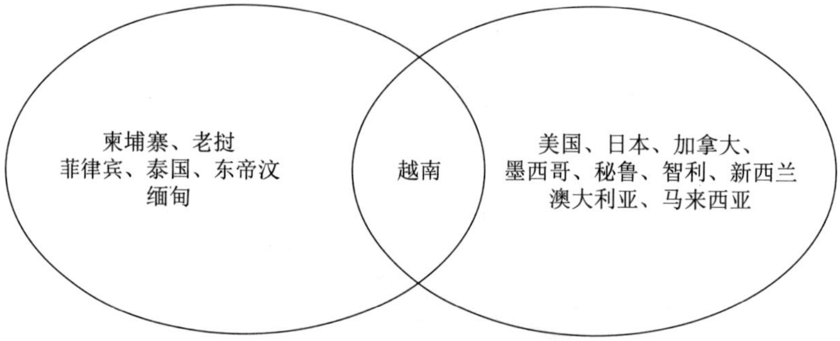

图3-8　欧盟普惠制受惠国和TPP成员国的对比

越南纺织服装业出口自1995年以来稳步增长，其在2015年全球主要纺织服装出口国家及地区统计中排名第6，具体内容见表3-18。影响越南纺织服装行业发展的外部因素是不断增长的国际购买力。内部因素主要包括开放的政策、政府的支持和丰富的劳动力资源。

表3-18　2015年全球主要纺织服装出口国家及地区统计

排名	国家/地区	出口额（亿美元）	份额（%）	同比（%）
	全球	7973.6	100	4.4
1	中国	2982.7	37.4	5
2	欧盟28国	2014.2	25.3	5.5
	其中对盟外	553.6	6.9	3.8
3	印度	360.8	4.5	9.5
4	中国香港	302.9	3.8	－7.2
5	土耳其	292	3.7	6.1
6	越南	248	3.1	14
7	孟加拉	245.8	3.1	4.6

数据来源：《中国纺织品服装对外贸易报告2015—2016》。

据预测，越南纺织服装行业规模在2025年将翻一番。其2015年的规模和2025年预测的行业规模如表3-19所示。

表3-19 越南2015年和2025年行业规模对比

	纺织产业工人（万人）	纺纱（万纱锭）	织物产量（亿平方米）	出口额（亿美元）
2015年	250	620	17	248
2025年	500	1790	120	400

数据来源：《中国纺织品服装对外贸易报告2015-2016》。

另外，越南为鼓励纺织服装投资，出台了明确的政策。越南基础设施较为完善（电力、水、交通等），并在南定、西宁和广宁省建立了大型工业园区，面积分别为1400公顷、600公顷和600公顷，方便纺织服装企业在越投资。

5.3 不能忽视对原产地规则的持续关注和研究

进行海外投资、产业转移是企业一项非常重大的决策，必须充分做好各方面的准备。深入研究原产地规则是一项必须持续认真对待的工作。第一，虽然政府和行业协会等会做出一些分析和建议，但是，一方面，很多相关的分析并不十分专业和细致，另一方面，每个企业都有自己的目标市场、经营状况、战略规划等具体情况，所以企业还要自己对原产地规则进行深入研究，才能真正做出客观的、对自己有利的决策。第二，无论是欧盟普惠制的原产地规则、TPP的原产地规则还是其他自贸区的原产地规则，整体看来，都是一直处于不断的变化之中的，唯有企业自己真正进行过深入的研究，才能及时应对各种变化。第三，在具体的操作过程中，遇到原产地相关的问题或纠纷，如果企业对原产地规则没有深入的研究，肯定会将自己陷入被动的位置，致使企业的利益收到损失。

结　论

本文在总结文献综述的基础上，结合我国纺织服装企业东南亚转移现状以及原产地规则的特征，提出了对我国纺织服装企业的影响及对我国企业合理利用原产地规则的建议。

本文通过对欧盟普惠制和TPP原产地规则的分析，发现其有以下特征：（1）欧盟普惠制和TPP都采用了“从纱开始”的加工工序标准；（2）TPP原产地规则内容更为复杂和细化；（3）TPP原产地规则设置了原料短缺清单。

然后分析出了其对我国纺织服装企业东南亚转移的影响：（1）企业向东南亚国家产业转移由成衣加工为主变为纱线生产为主；（2）我国纺织服装企业需要重新构建在全球的产业链；（3）提高了我国纺织品服装企业向东南亚国家产业转移的成本压力。

最后，为我国纺织服装企业合理利用原产地规则提出了建议：（1）核算遵守原产地规则的成本与收益；（2）选择既享受普惠制又是TPP成员的国家进行产业转移；（3）不能忽视对原产地规则的持续关注和研究。

参考文献

[1] 国务院. 中华人民共和国国民经济和社会发展第十三个五年规划纲要[EB/OL]. http://www.gov.cn/xinwen/2016-03/17/content_5054992.htm，2016-03-16/2017-04-05.

[2] 国务院. 关于推进国际产能和装备制造合作的指导意见[EB/OL]. http://finance.ifeng.com/a/20150516/13710568_0.shtml，2015-05-16/2017-04-05.

[3] 商务部. 境外投资管理办法[EB/OL]. http://www.cnfla.com/banfa/222774.html，2014-09-06/2017-04-04.

[4] 徐迎新，刘耀中. 中国纺织工业"走出去"进展与重点关注[J]. 纺织导报，2015，6：42-48.

[5] 陈旭. 国际贸易政策中的原产地规则——文献综述[J]. 世界贸易组织动态与研究，2015，4：52-56.

[6] 刘洋. 优惠性原产地规则如何影响投资流向——以中国—新加坡自贸区为例的分析[J]. 世界经济研究，2014，9：62-66.

[7] 成新轩. 论东亚地区自由贸易区优惠原产地规则的经济效应[J]. 当代亚太，2012，6：112-128.

[8] 金中夏，李良松. TPP原产地规则对中国的影响及应对策略——基于全球价值链角度[J]. 国际金融研究，2014，12：3-14.

[9] 邹琪，季帅贤. 跨太平洋伙伴关系协议对世界贸易格局的新调整——基于中国和东盟输美纺织品的数据分析[J]. 财经科学，2014，1：125-133.

[10] 陆圣. 泛太平洋战略经济伙伴关系协定对中国纺织品服装出口的潜在影响——基于一般均衡模型的评估[J]. 世界经济研究，2013，11：27-55.

[11] 左宗文．TPP对中美贸易格局的影响——基于中国和TPP成员输美纺织品服装数据的分析[J]．世界经济与贸易，2015，1：35–42.

[12] 茅蓓蓓．基于产业转移的中国纺织业对外投资环境评价研究——以亚洲四国为例[D]．上海：东华大学，2011.

[13] 陈冰清．我国服装加工企业对外投资环境的评价研究[D]．上海：东华大学，2015。

[14] 毕红毅．谈我国如何运用普惠制原产地规则[J]．国际经贸探索，2003，2：56–65.

[15] 曾令良．欧债危机背景下欧盟普惠制改革及其对中国的影响[J]．法学评论，2013，3：89–95.

[16] 翟立强．TPP原产地规则对中国纺织服装业的潜在影响及应对策略[J]．对外经贸实务，2015，5：39–47.

[17] 历力．自由贸易区的原产地规则问题研究[M]．上海：复旦大学出版社，2013：79–86.

[18] 徐进亮，丁长影．中国所涉自由贸易区原产地规则与相关问题研究[M]．北京：对外经济贸易大学出版社，2013.

[19] 中国纺织品进出口商会．中国纺织品服装对外贸易报告2015—2016[M]．[出版者不详]，2016.

[20] 韩庭，郭燕．TPP对我国纺织品服装业发展的推动作用[J]．纺织导报，2017，6.

[21] SHANDRE M Thangavelu, DIONISIUS Narjoko. Human capital, FTAS and foreign direct investment flows into ASEAN[J]. Journal of Asian Economics, 2014, 3: 2–24.

[22] RUAN Jianqing, Xiaobo Zhang. Flying geese in China: The textile and garment industry's pattern of migration[J]. Journal of Asian Economics, 2014(6): 79–91.

[23] 周芳文．欧盟、北美优惠性原产地规则对我国的借鉴[J]．国际贸易问题，2011，8：67–73.

（作于2017年6月）

第四篇　基于京津冀协同战略下北京服装产业转移的路径研究

作者：宋　佳　　导师：王革非

摘　要：

近年来，世界经济的发展速度放缓，各国的产业结构都在进行新一轮调整，跨国公司的经济利润点下滑，必须寻找新的利润增长方式，一些跨区域合作的公司纷纷把生产基地转移到经济欠发达国家。种种迹象表明中国势必成为新的全球制造业中心，作为首都的北京，在政治、经济、科技、文化方面全面发展，国内外生产要素的区域流动和空间配置更加活跃，新一轮产业转移规模扩大，伴随着环境的复杂多变，北京在生态环境、环保、经济快速发展方面都面临着新的机缘和发展。自2015年国家提出京津冀区域协同发展的宏观战略，疏解北京非首都职能，用新的方式定位京津冀三省市的战略方位，在这种战略大环境下，北京服装产业面临新的挑战，积极配合战略产业转移，通过构建新的服装产业结构模式来实现产业转移新目标。北京服装产业集中力量在转移的路径上进行突破，力争为其他行业转移提供路径支持及空间资源优化配置。

论文最开始对国外与国内的产业经济中产业转移的相关理论进行梳理，总结并归纳了目前为止产业转移的理论基础。其次对北京市的纺织服装产业转移的相关背景和发展趋势进行梳理，对服装产业转移的规模进行定量测度研究，针对目前北京市服装产业的发展现状，采用产业集聚、格兰杰因果验证法对北京服装产业选择路径进行实证研究。最后根据北京在战略中的定位，结合国内外产业转移的经验，提出了适合北京服装产业发展的战略路径，依赖京津冀协同发展战略，对北京服装产业转移路径进行研究并总结了对策建议。

关键词：　服装产业；产业转移；路径；空间配置；战略政策

第 1 章 绪论

1.1 研究背景及意义

1.1.1 研究的背景

近年来，随着经济全球化的不断深入，区域间资本、劳动力、信息技术、互联网时代的发展、国际环境的复杂多变、要素成本的上升和外部需求的减弱，成为京津冀地区部分服务型产业新的机遇和挑战。以现代生产制造业，创新型产业和劳动密集型产业转移为主要特征的产业转移，为如今的京津冀提供了极佳的历史性机遇。北京作为中国的首都，它的职能特点使得城市的中枢管理职能更加强化，城市消费者的要求也更加多元化，互联网时代技术、大数据时代的发展趋势使得北京成为经济高速发展、科技发达的国际都市。而天津则是临近首都和海港，发挥自身特色的地理位置，成了先进的生产制造业基地，也是最主要的对外贸易交易中心。河北省是华中地区交通枢纽的重要地段，连接南北的经济中心，是全国较大的物流集散中心，也是北京市服装产业转移的重要输出地。所以京津冀协同发展战略已成为京津冀服务业发展的必然趋势，而京津冀区域的服装生态圈也将成为协同发展战略中的重要举措。实践证明，北京服装产业转移，能够疏解北京非首都的职能，共同打造创新北京，生态北京。

当前北京市的纺织服装产业链基础较为雄厚，纺织服装企业的生产管理也有一定技术水平，已经构架起以各类男装、女装、童装、面辅料、家居纺织、企业用纺织服装品的产业链。而北京地区的纺织服装产业，经历长期的整合优化分为种植、染整、生产设备、设计品牌、配饰制作生产、服装贸易、服装品牌、服装营销等。这个产业链中有一张庞大的网络体系（零售网、销售网、特许经营加盟等）。互联网的发展无疑会增大各个产业链上的长度和强度进而带动各个环节的飞速发展。目前北京在盈利较高的商贸环节具有较好基础，而当下流行的私人定制及服装设计工作室成了服装业的新宠，盈利较高的纤维研发和产品设计环节具有相当大的潜力，产品加工制造环节和纺织印染机械规模都在缩小。

1.1.2 研究的意义

2014年提出《京津冀协同发展战略规划》，京津冀区域一体化已上升为经济增长的国家战略，北京地区纺织服装业在这一背景下的巨大变革中，也将面对新的机会和格局。本文正是基于上述机遇和挑战，从国内外产业转移的角度剖析思考北京服装产业如何利用政策机遇及国内外的产业整合的有利局面，制订科学高效的产业转移路径形式，进而推动全市经济快速成长。

1.2 研究思路

近年来京津冀协同发展战略的逐步实施是影响京津冀区域全面发展的重大事件，本文在京津冀协同战略背景下结合北京服装产业的实际发展状况开展北京服装产业转移路径的研究。全文的思路如下：首先回顾了国际和国内产业转移的文献研究以及前辈们的研究近况，紧接着对京津冀目前产业转移的状况做了充分综述，然后对服装产业的相关理论知识进行分析归纳总结，从多方面进行研究分析；其次是对京津冀三省市纺织服装产业转移的近况进行分析，通过现状的调研，从服纺织装产业转移的物质要素、产业升级和相关特点来着手，得出北京市服装产业转移的实际情况。重点对北京市服装产业的选择路径进行实证具体分析，引出服装产业转移的路径规划。最后总结在服装产业转移中出现的相关物质要素，并且寻求对北京服装产业转移的建议对策。本文的研究路线图见图4–1。

1.3 论文的内容框架、重点及难点

全文分为六章：

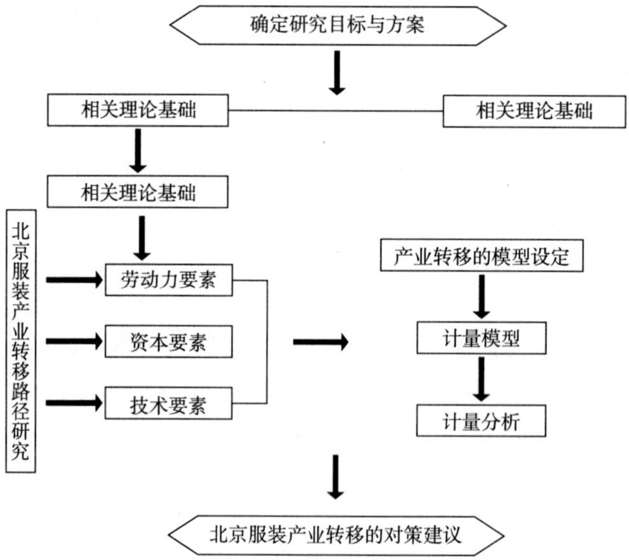

图4-1 研究路线图

第1章是引言部分，主要是描述了本文的研究背景及意义、研究思路、技术路线图、重点和难点，研究的方法和创新点及不足之处。

第2章是理论综述部分，介绍了国内外产业转移理论，接着介绍了京津冀区域的产业转移。

第3章是纺织服装产业链的理论知识部分，专门对纺织服装产业的相关理论进行归纳总结。

第4章是调查研究部分，对京津冀三大区域的服装现状做了调研，为下文的实证分析做理论和实践的铺垫，接着研究了转移的相关成分，结合服装产业转移要素进行计量分析，整理了相关数据。

第5章是实证分析部分，结合产业转移的回归模型进行实证分析，收集了相关数据，通过计量分析生成多元回归模型，用模型对北京市服装产业转移进行效用分析。

第6章是建议对策部分，根据第5章的计量模型得出对北京服装产业转移所相对应的建议对策。

在本文的梳理总结中，困难的地方是在于对北京市服装产业转移现况的调研，对后面文章中的计量模型分析结果验证需要多重验证，还有对选择的相关要素进行回归分析得出的结果与预期的能否相一致，所选择的年份在搜集过程需要大量的数据通过烦琐的换算得出来。

1.4 研究方法

（1）文献研究法。论文通过对大量的国内外参考文献的搜集与整理，归纳总结出产业转移的理论基础以及京津冀协同战略的相关理论，对区域经济和相关产业做出理性思考，探寻北京市服装产业转移实现自身发展的战略思路和对策。

（2）定性与定量相结合的分析方法。本文搜集大量数据建立计量模型，利用聚类分析、因子分析等方法对北京市服装产业转移的路径选择进行实证分析。同时结合定性分析，使人们对服装产业转移有一个清晰全面的判断。

（3）理论知识与计量实证分析相联合。本文对北京市纺织服装产业转移的路径进行研究，既有利用计量模型和统计方法进行的大量实证研究，又有通过实证研究的结果进行的理论总结和归纳，即通过数据研究对北京服装产业发展情况、北京服装产业转移的路径等方面进行客观分析，还对其产业转移的重要动因及必要性等问题做出合理判断。揭示出北京市产业转移的一般规律，对服装产业转移做到全面的了解和掌握，为北京市完善产业转移规划提供经验借鉴。

1.5 研究的创新点及不足之处

1.5.1 创新点

目前学术界对于产业转移的文献、研究较多，但是针对北京市服装产业转移路径的问题进行详细研究的较少。论文遵循“理论分析—实证研究—对策总结”的思路，通过文献梳理对产业转移的相关理论知识归纳总结，奠定全文的论述理论基础。根据研究目的搜集大量数据，对北京服装产业转移问题进行比较全面的实证分析，并以此为基础对北京服装产业转移的路径选择进行研究。将京津冀协同战略、产业转移和路径选择问题纳入到一个统一的研究框架中，在研究思路上有创新。论文从北京市产业结构的现状、产业转移动因、产业转移的突出问题等方面对北京服装产业转移的路径和战略思路进行了详细系统的分析和研究，具有很强的现实意义和实践指导意义，将进一步充实国内关于区域产业转移的研究方向。

论文对北京市服装产业转移的路径进行了研究，并且搜集了大量数据，以100多家服装企业（包括大中型服装企业、个体零售商、独立品牌设计师工作室）作为研究对象，从工业园区载体、产业集群载体等层面对北京服装产业转移的路径进行了研究，对生产性企业转移路径进行分析。本文的研究方法科学，分析结果严谨、可靠。论文还采取访谈法对北京服装产业转移现状进行了解，针对京津冀协同发展战略规划，对服装产业转移做出理性判断与总结，研究内容比较全面详细。

1.5.2 不足之处

产业转移是涉及组织经济学的专业理论，也是一种复杂的经济现象，产业转移涉及宏观、中观、微观以及各种制度文化等方面，在自身认知的限制、专业上的深入性存在不足之处，有望进行更深层次的学习探讨。

（1）北京市服装产业转移的理论是在国际产业转移的基础下进行分析的，其中的未知性较大，还需要进行深一步的改善。

（2）因为服装产业转移的路径很难描述，缺少更精确的数据信息，本文用资本量进行对比，实证部分只是详细介绍了输出地，没有具体考虑到承接地，很有可能会失去正确性。因为调研的信息数据的范围局限性，服装产业转移的路径是以省市为测量单位，由于其界线的范围过于大，对于最后的数据结果产生一定的影响，也有待进一步的分析。服装产业转移是基于产业转移理论的基础上，转移是一个时间和空间的过程，本文建立的回归模型，是在一定的条件上建立的，是一种静态的分析方法，时间这个重要的变量在服装产业转移模型建立时未考虑到。

第 2 章　相关理论与综述

2.1　产业转移的概念

产业转移有广义和狭义之分。广义的产业转移是一种产业经济状况，也就是产业在成长到一定时期的时候所要经历的变革或者升级，通常所指的是一些产业在某个区域发展，受经济饱和或者其他因素影响，由一个地区挪动到另一个地区的形式，是物质要素和非物质要素的最新优化配置。而狭义的产业转移则是行业进行的梯度挪动，它是由于两个地区的文化政治水平不同，所组合形成的梯度差异。

目前为止，产业转移的概念在实际应用中较普遍，有些学者认为产业转移就是生产要素之间的流动，王文成（2004）。也有学者认为地理上的空间优化配置是属于产业转移，魏后凯（2003）。

本文认为产业转移是在一定的政治、经济、技术条件下，在经济发展过程达到饱和阶段，由于大环境、产业优化、区位条件的变换，使得某产业在一定区域范围内以大型公司为主导进行的产业转移，本文是以北京纺织服装产业为目标来进行研究的。

2.2　国内外产业转移研究综述

2.2.1　国外理论研究综述

国外学者在产业转移领域主要是从宏观、中观、微观的角度来展开的，较有影响力的关于产业转移的学术著作有：Lewis和Arthur的*The Evolution of* *the International Economics Order*是最早的关于劳动密集型产业转移的理论著作，从经济学的角度探讨产业转移，认为国际产业转移的根本原因是本国劳动力成本上升，或者经济政治环境压力重大；Z.A.Tan的*Products Cycle Theory and Telecommunications Industry-foreign Direct Investment*认为产业转移是企业顺应产品生命周期的变化、回避产品生产比较劣势而实施的空间移动；Raul Prescribe的*Commercial Policy in the Under Developed Countries*基于发展中国家的视角，认为发展中国家为扩大市场而推行的进口替代战略是引起产业转移的根本原因；中观层面是从产业的角度来阐述转移动因，如日本的学者小岛清（1978）在H–O要素禀赋理论的前提下提出了边际产业转移理论，强调一国的对外投资就是产业转移建立在“比较优势”理论上的，认为国家和地区间的比较优势的转换是造成产业空间转移的原因；微观层面的研究则是从单个企业的角度看待产业转移动因，邓宁的“国际生产折中论”用OLI模式决定国际企业行为和国际直接投资，从微观层面看是最有力的解释。

2.2.2 国内理论研究综述

国内很多的著名学者对产业转移的研究也有很多，芦根鑫《试论国际产业转移的经济动因及其效应》认为发达国家进行产业转移往往都是出于降低成本和获得更多企业利润；陈刚、陈红儿的《区际产业转移理论探究》则认为产业转移是产业之间由于竞争激烈，重新选择产业路径；戴宏伟的《区域产业转移研究》则认为促进产业转移的主要因素是生产物质因素的变化；陈建军的《区域产业转移与东扩西进战略》是从战略发展的方向对产业转移做了研究；夏禹农的《梯度理论与建议》提出区域间梯度转移模式是基于前人研究生命周期理论前提下的；全春的《产业转移与中西部地区工业结构演化》认为产业转移有助于技术扩散和传播，具有明显的产业关联和技术溢出效应；魏后凯的《产业转移大发展趋势及其对竞争力的影响》认为产业转移不但能够通过内外力量推动区域市场结构的不断改善，促进承接地产业持续成长，而且有利于区域生产要素的优化配置。

2.2.3 京津冀产业转移综述

北京作为首都，是政治经济文化中心，首都的产业转移进一步整合了产业的空间资源，为北京的空间地理位置节省了很多资源，北京的服装产业转移与服装产业链的产业结构配置之间存在着紧密的联系。戴宏伟（2006）讨论了京津冀产业发展的方向是否是梯度的，在产业成长的方向上给出了具体的分析，从结构和市场的方位研究了河北作为转入地的产业发展情况。纪良纲、陈晓（2008）分析总结了京津冀协同战略对于创新性的企业怎样成长的现实情况给出了回答。

综上所述，对产业转移的研究虽然积累了一些成果，但总体来说仍显不足。大多都只停留在宏观层面，在京津冀协同战略下服装产业转移的研究是少之又少，对于京津冀产业转移背景下服装产业的战略规划和调控研究的关注度不够；对于产业转移区的研究还不够；对于产业转移的路径模式创新性还不足；对于服装产业转移的产业定位和区域布局研究还不够，所以尚有探索的空间。

第 3 章　服装产业区域转移的相关理论

3.1　服装产业链和区域转移的概念、内涵

3.1.1　服装产业链的概念

地域内的产业链是将产业链的研究深入到产业系统内部，进而研究各产业部门之间的紧密合作并且融合为一体的系统；其研究的是城市和乡镇两个地区产业的互相配合、合作、互补、同步运营等形式（图4-2）。

目前服装产业在国内市场乃至是全球市场都拥有很强大的实力，并占据大多数的市场份额，那么下面将具体分析服装产业链各个环节的含义：

（1）生产技术研究开发模块，是服装产业链上的第一个模块。它是各种布料和配饰加工制作的前提，包含着纺织原材料、纤维品制作、生产加工、染整方式等研究和制作。

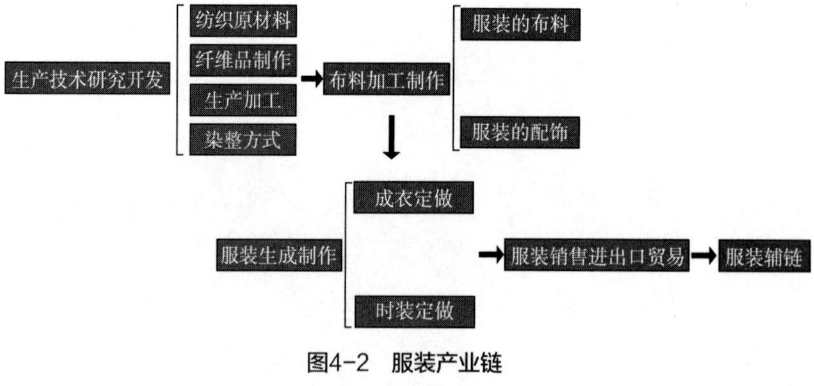

图4-2　服装产业链

（2）布料加工制作环节，是服装产业链形式组合的根本模块。包含着各种服装的布料和服装的配饰两个方面。

（3）品牌设计模块，是服装产业链里面能够产生更多价值的重要因素。包含服装品牌和产品两个部分。

（4）服装生产制作模块，是服装产业里面一系列布料、配饰重新加工生产的过程，是实现自身价值的模块。包含着成衣定做与时装定做两种。

（5）服装销售进出口贸易模块，是服装产业链条中价值的实现，是一系列成品展现销售给消费者的最后模块。包含着把服装成品在生产部门直接销售给客户或公司。

（6）辅链模块，是提升服装产业链价值、实现服装产业链自身需求的模块。包含着服装的机器设备、服装网络信息化、物流快递、展览、公关媒体、学生教育、服装品牌建造、服装表演、服装配饰等多个环节，是服装产业链的支撑和服务部门。

目前关于服装产业链的研究，主要还是集中在区域产业组织、市场结构和服装行业的管理等方面。

在国内，对产业组织的研究主要是将西方的研究方法、研究成果基于我国服装行业的现实状况加以改动并应用。服装产业的市场结构也已经演变为属于服装学术范围内的服装产业经济学，研究更为深入。服装行业的管理层面，属于宏观经济管理与企业微观经济管理之间的管理层次。服装行业管理的模式也呈现多样化，第一种是在行业中组建同行业的自发联合组织，形成行业协会，由行业协会负责对行业中的企业之间的规划进行指导与协调。第二种是由政府有关部门承担行业管理职能；第三种是产业界与相关部门相互作用的产业管理模式。中国服装产业的成长，以北京、上海、江浙等为代表，代表了我国服装产业发展的一种模式，都具有市场规模大、市场购买力强、市场发展成熟等共同特征并具有科技研发、信息咨询、人才等多方面的共同优势，具有实现产业升级转移、发展的时装之都、魅力之都的共同目标。目前服装产业链基本包含国有大型企业、民营中小型企业和外资投资的公司，形成了共同发展的产业格局。

3.1.2 服装产业区域转移的内涵

在区域产业转移经过时代的变迁之后，很多的自然环境以及国际环境都发生了变化，区域产业转移也随之发生了变化。区域产业转移中的人均GDP增长快速，区域之间如北京和河北及天津地区的经济水平的差异以及各类要素需求的流动性，在较发达地区的经济模式会促进更新本地的劳动生产力，由原始产业转向至工业甚至是服务业。主要促进经济快速成长的创新类企业分布在发达地区较多，而这些新兴的产业模式又更新到了更高层次的产业形式时，稍微欠发达地区最有可能成为发达地区的承接区域。例如北京威克多制衣中心将生产基地全部转移至河北衡水，河北衡水则成了威克多制衣中心的承接地，北京则成为转移地。因为地域上的联系，河北衡水与北京的交通条件已经完善，那么它就满足了在北京和衡水之间劳动力和其他资本要素的相对流动。

简单来说，北京服装产业转移至河北地区包含了纺织原料加工及各种纺织机器等生产要素的转移，当然也包含了公司的各种规章制度和企业核心文化等非物质要素的转移，这些生产要素和非物质要素所体现的是复杂多变性的特征。在京津冀协同战略中有着很明确的战略指示，在转移和承接的整个过程中要结合双方的优势和劣势条件，综合比较进行筛选。坚持这样的原则进行产业转移，目的是为了使得转移之后的经济效益得到最大化，并提升本区的经济实力和区域协调能力。

3.2 服装产业区域转移的特点

服装产业转移具有自己鲜明的特点，也有比较多的特性，如产业转移的竞争性、梯度性、双向性、综合性等，如在京津冀协同战略下，这种转移更加具有复杂性、畅通性以及多种形式。

区域产业具有复杂性是指服装产业转移虽然是在国家政策的引导下进行，但是其中包含很多阻力，这是在宏观层面；在中观层面，整个产业的转移需要时间和大量的经济支持及政策优惠；在微观层面，对于部分大企业来说转移可以减少成本，但是对于更多的中小企业来说他们的转移并不是很顺利的，而且是在多个层面的转移，在相同区域发生产业转移，各个经济体之间的关系也更为复杂。区域产业转移的畅通性则是指，在京津冀区域内的产业转移由于多种产业政策和国家政策等外部因素，会使得产业转移的规模并非全部转移，而是指资源密集和劳动力密集的产业转移，所以畅通性在根本上决定了服装产业转移的范畴和质量。区域产业转移呈现的多样性也同样体现在服装产业转移上，转移的形式也比较多样化，不再是单纯的产业转移，转移的内容也呈现出了劳动力、资本、技术、文化混合型的阶段性特征。

3.3 服装产业区域转移的路径与过程

3.3.1 服装产业转移的路径选择

服装产业转移的方式是该产业的路径模式和所使用的方法，包含原料加工、生产、制度体系等环节的过程。

（1）在京津冀协同战略下，北京的服装产业属于跨区域直接投资。投资从货币转化为资本要素，是经济主体通过货币或者某种资源对某产业的预付，并因此获得经济利益。北京服装产业的投资方式从两个方面来说，第一是直接投资，就是投资者直接把本区域的生产基地直接在其他区域投资，重新建立新的生产基地，第二是政府投资，政府为了实现京津冀协同战略的目标对相关企业进行投资并鼓励其发展和转移。

服装产业从北京转移到河北等地是跨区域的直接投资，北京地区的生产企业直接在河北等地投资建厂、生产和销售，直接投资能够使得贫穷地区迅速积累资金，推进本地区其他服装业的成长。

（2）服装产业的优化，产业升级。产业升级在方向调整和环境优化上呈现的良好形式，更利于企业发展。产业转移代表服装产业扩散范围，对周边地区产生影响，加速本区经济发展。在京津冀协同战略下服装产业转移所体现的是生产制造业向外拓展集聚，承接方形成工业园区，成立产业集聚。

（3）服装产业链的布局。服装产业链是由一系列的纺织、加工生产、销售等组成的。由于发生产业转移，产业链的布局也产生相应的变化，由于产业链的各个环节，其技术劳动密集程度不同，所以就决定了产业转移部分，哪些是需要转移的，哪些是需要保留的。

（4）服装产业转移的区域分工及路径。区域分工是指该产业在分工加剧情况下本区的相关密集职能要分离出去，剩下的区域经济化提高效率，形成领域范畴，这也是影响产业转移的重要指标。比如低端的加工环节和资源加工、廉价劳动力参与区域分工，进行部分转移。很多大型企业是直接投资转移，部分中型企业则以合同、技术、外包等形式向某个区域转移，向承接方发出合作意向，那么这种路径也是形成区域转移的重要形式之一，也是在一定阶段经济发展滞后的产业转移的新路径。

3.3.2 服装产业转移的过程控制

如图4-3所示，区域产业转移呈现自上而下的合力作用，以转移物质要素如劳动力、知识、制度、产品为转移内容，在双方各自发展的基础上使得本地区资源重新配置、优化，双方都得到了有力发展。在图中转移的企业通过跨区域直接投资、区域分工合作、战略规划等方式，将北京市的服装生产环节以空间维度的形式转移到河北，这种转移缓解了非首都职能，降低了双方的运营成本，而且提高了双方服装产业综合布局生产能力，从而优化整合了要素资源，使得资源被充分利用。在这个下推的过程中受到阻力时，承接方的企业把迁移过来的企业进行再归类，使得本地产业不受挤压，还能利用其优势扩大自身发展。如此一来，使得服装产业链的转移成为更有战略优势的举动。最终都实现了双方的经济利润，成为河北地区的主导产业，实现了产业优化升级，促进了区域间的合作协调发展，这也就是我们之前提到的对于双方而言实现产业转移具有双向性的特征。

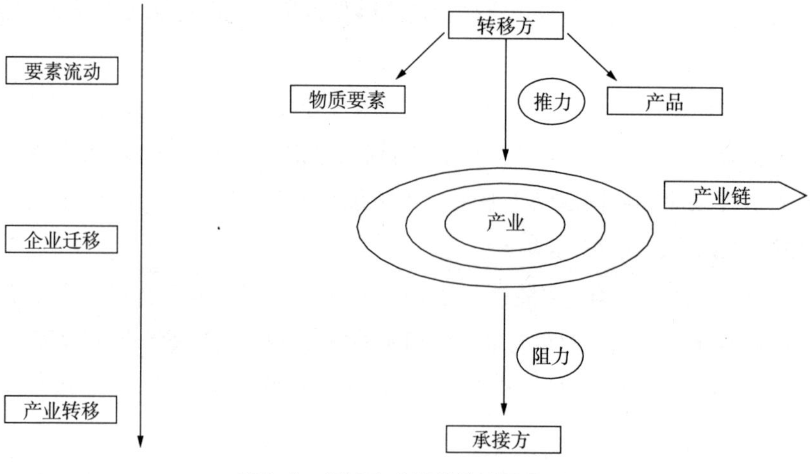

图4-3 区域产业转移的过程实现

3.3.3 服装产业转移的配置优化

服装产业转移的发展优化。某区域产业协调发展是经济发展的必然结果，需在此过程中进行产业整合。产业转移的过程中，产业结构及产业环境之间的协调发展是以第一产业为基础，第二产业为先导，生产加工业为支撑，全力发展第三产业。北京坚持疏解非首都职能，带动周边省市经济发展，坚持生态环境节约发展，实现可持续发展，目的是推进服装产业内制度完善，完成新的构造布局，并促进三大产业的健康协调快速发展。

服装产业转移创新配置。产业转移目标是为了实现产业经济的协调发展，在产业转移的基础条件下、空间结构上开始重新整合，那么本质就是发生了创新。服装产业转移的创新功能也得以实现，主要体现在以下几个方面：管理创新（Management Innovation），服装产业是从北京转移到二三线城市的，那么其管理方法、新的管理思想也就被引进了河北等地，并实现了企业更快更好地成长；知识技能创新，随着互联网经济的发展，信息技术的变革，企业对于自然资源和生产设备的依赖程度有所降低，而对市场信息的便捷性和可靠性的要求提升，因此知识技术创新也成了产业转移的融合剂；文化创新，当先进地区的生产设备转移至此地时，随之而来的也有文化制度上的变革，文化转移对于产业转移有着较大的改善协调作用，是将新的文化转移到欠发达地区；竞争市场创新，是指以产品销售为基础的产业链环节的重新整合，如配套的设施、交通和服务体系建设；独立创新主要是指通过产业转移对新进的企业进行吸收消化，并创造独立的适合自身发展的市场参与方式，逐渐构成在整个服装产业链中特有的竞争态势。

3.4 小结

本章从服装产业区域转移的概念内容及联系方面界定了产业转移的内在。从国家战略政策、产业集群、产业转移升级、吸收消化、协同发展等方面全面分析服装产业转移的一般规律，从跨区域直接投资、政府投资、产业链布局、转移路径各个方面分析了服装产业转移的具体路径。从输出地的外力和输入地的阻力过程中分析得出服装产业转移资源优化配置，从而构建服装产业转移的基本理论分析框架。

第 4 章　京津冀服装产业转移调查现状及路径研究

4.1　京津冀服装产业转移现状

4.1.1　北京市服装产业转移实况调研

近年来，北京面对复杂严峻的国际国内形势，在保持整体经济平稳快速发展的同时，也面临着各种复杂困难的问题，亟需解决。京津冀城市群以北京为中心，是我国的经济、技术，决策和管理中心。北京有着最为重要的政治经济文化地位。其综合实力排列全国城市前茅。2011~2015年，北京服装行业产业总产值保持了持续增长的趋势，本行业的增长速度，远超GDP，但有着逐渐减缓势头。本行业在国内GDP中占比在2.50%~2.76%波动，较为稳定。2011年服装行业的工业总产值所占比重达到了2.76%，2012年降到最低点，2012~2015年该比重呈现逐年回升的趋势。2011年北京市抓住中原经济建设的重大战略时机，全面推行经济结构优化和产业升级。预计2016年，由于国家经济政策对贸易影响的消退，服装行业工业总产值将继续增长，占国内生产总值比重将稳定在2.6%以上。

经济总量的不断提高进一步扩大促进了北京地区各行业的发展，使得北京各产业的发展空间呈满溢状态，以至于生产加工制造业不得已转移出去，那么就为北京的空间发展提供了很大的机会。2011年北京市累计完成服装出口290亿美元，比上一年增长了18.22%，在服装产业中对外贸易的总量达到新高。伴随着2015年国家京津冀协同战略的逐步实施，北京各个区域的产业转移遇到了很大的契机，如大兴、通州等地，这些地区产业转移的速度在不断加快，招商引资的效果也不断显现。2015年，北京服装产业经济指数为

96.678，同比上一年降低0.6。北京市服装产业指数为85.5。从基本层面上看，总体零售环境没有明显回暖趋势，但是较上一年略有改善。据海关总署统计，在出口方面，2015年上半年服装产业对外出口贸易金额下降2.7%，其中普通类服装出口额同比下降4.3%，纺织品出口贸易同比下降2.5%，整体生产加工业表现一般，但大型规模企业表现良好，根据棉花价格的平稳，估计棉纺织占比较大的企业在新年到来的时候销售额度会有所增长。在内需方面，55家重点大型批发企业服装类的商品销售额同时增加5.0%。研究分析得出服装产业中服装类所有的批发销售还是不具有明显的上升趋势，最重要有两个方面的因素：一是客户群体组织结构产生变化，节假日的销售类别跨越到了旅游、KTV等娱乐性的消费方面；另一个是整体客户质量提升，消费需求的不断合理化，性价比成为比较关键的商品选取方式之一。

虽然服装产业的外在形式发展平稳，也有很多大型企业的业绩继续保持良好甚至优秀状态，产业的销售额度有着明显的散化性，特别是男性服装、娱乐休闲服装和家纺家饰部分。在销售的男性服装方面，很多数目的品牌男装处在自行调节的位置，销售额度有所下降，海澜之家作为普通老百姓穿得起的男性服装，目前来说是男性服装品牌里的黑马，表现最好，另外劲霸和九牧王销售额表现良好。在休闲服行业，发展规模比较大的森马、美特斯邦威等已经在产业发展方向上重新构建，估计在今年这些休闲服饰品牌将会有不一样的表现，在线上互联网的投资逐渐增大。家纺家饰行业在近年来的发展势头凶猛，各行业的大型企业开始结构升级优化，发展的目标转向了智能家居。纺织制造行业因为国家政策战略的影响，产生产业转移的现象，目前来说还不能确切地说纺织加工制造业的表现，有待进一步的考察和调研。尽管这样，还是有很多大型生产技术企业的成绩还是比较好的。流行的高级私人定制行业在北京的发展势头强大，很多人为了追求个性舒适和不一样，而选择私人定制，所以在大城市高级私人定制行业的发展是比较看好的。如表4-1所示为2010~2014年北京地区服装产业工业总产值。

表4-1 2010~2014年北京地区服装产业工业总产值

年份	GDP（亿元）	增长率（%）	服装行业工业总产值（亿元）	增长率（%）	工业产值比重（%）
2010	183654	10.9	4123.53	26.56	2.53
2011	210456	11.5	5329.99	22.45	2.56

续表

年份	GDP（亿元）	增长率（%）	服装行业工业总产值（亿元）	增长率（%）	工业产值比重（%）
2012	257098	13.7	6831.03	22.33	2.58
2013	300321	9.5	7936.84	18.22	2.59
2014	335869	8.6	8604.26	14.17	2.61

数据来源：国家统计局。

在问卷设计方面，考虑了相关的影响因素并以选择题为主，以问卷网、微信、微博的网络形式，以及到大红门、竞园等地实际散发问卷的形式为主，共发放125张问卷，实效回收121张，可用率达98.37%。调查样本对象主要有服装企业、私人定制的员工、销售人员、工人、管理者，时间为2016年4月~6月。样本详情如表4-2所示。

表4-2　调查样本的部分情况

序号	调查对象	年龄	所属企业
1	张先生	36	北京威克多制衣中心
2	刘女士	28	盈珂服饰有限公司
3	王先生	40	北京格格旗袍有限公司
4	李先生	29	大红门服装批发市场
5	谭女士	30	凡布有限公司
6	成先生	42	艾菲婚纱有限公司
7	关先生	38	北京法莎莉服装定制

调查情况如图4-4~图4-6、表4-3所示。

北京服装产业转移从划分的范围来看可以分为企业搬迁和批发市场的搬迁，由图4-4可以看出关于北京服装批发市场搬迁的意愿比重。赞同搬迁的人数占整体的50%以上，当然也有不赞同的人数，很多人都知道动物园批发市场在北京占有比较大的面积，严重影响了北京的市场环境，造成环境脏乱、秩序不稳定。大部分的访者都有此印象，把动物园批发市场搬迁至河北廊坊，疏解了北京市区内的交通，缓解了人口流动的压力，以动物园批发市场为代表的京津冀产业转移是疏解非首都职能的重要标志。

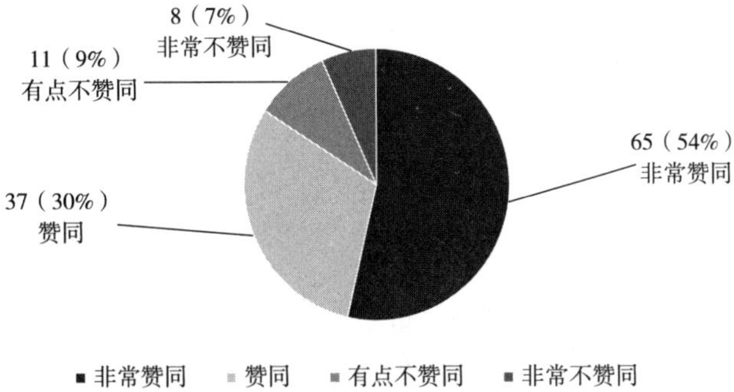

图4-4 北京服装批发市场的搬迁意愿

位于北京西城区的动物园批发城是在20世纪80年代中期形成的。2014年前，动物园批发城是北京三大服装批发城之一，这里集聚了来自各省市的批发商户，很多明星也在此淘货。从互联网兴起、电子商务支付的时代到来，很多商户的利润开始下降。图4-5中体现出超过50%的商户觉得批发市场的动迁对其影响较大，是因为多年来很多采购商和批发商们都有自己特定的拿货和发货点，一些商户也和很多厂家有着紧密的合作关系，很多商户认为此次搬迁对于自己的生意会造成不小的影响，只有一小部分的人认为影响不大。

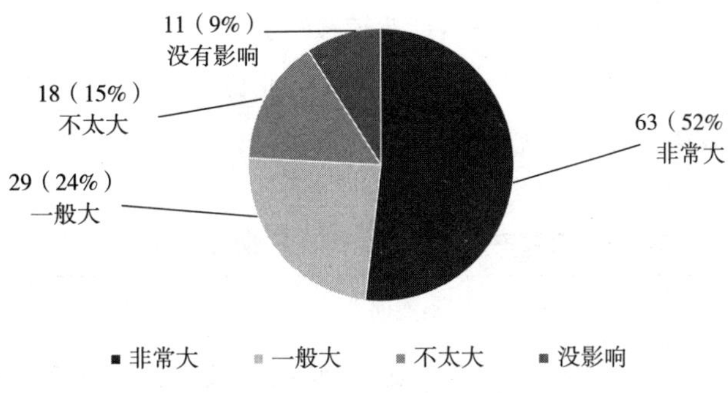

图4-5 北京服装批发市场的动迁对批发商户的影响

北京作为首都，以其特殊的优势推动了服装批发市场的发展。以动物园为首的批发城具备了强大的市场辐射能力。顾名思义，批发城由于价格便宜，货品种类齐全，吸引了众多的批发商，很多的大商场都是从此处批发货物，尤其是网上商品的销售，一般以批发城作为批发点。如图4-6可以看出，由于其环境的相对劣势，40%以上的人认为北京服装批发市场的状况一般，对于中低消费水平的人群来说，对服装批发城的评价还是比较良好的，有待进一步改造提升。

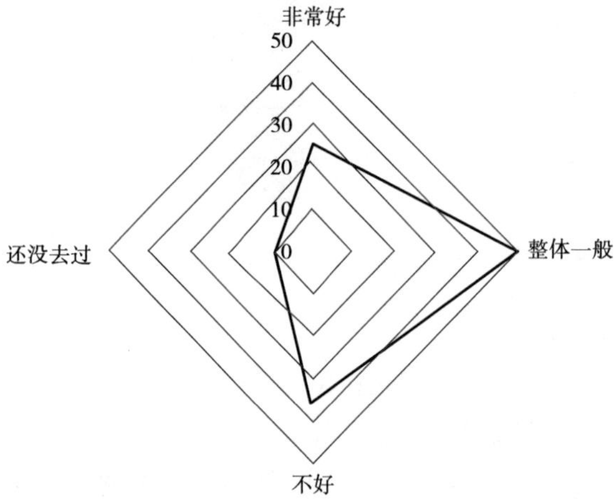

图4-6 对北京服装批发市场的评价

从表4-3中的数据可以知道，96.5%的人认为服装产业转移对京津冀产业转移的推动作用较大，并且意识到其功能性的问题。北京的服装产业转移是积极响应国家战略政策的反映，产业升级的推动效应也较为理想。确定可以回答服装产业转移影响力的人数比例达到69.42%，这就证明他们对于服装产业转移的了解程度。就目前而言，对于现有的推动机制，从产业整合升级的角度分析，因服装产业转移的专业化运作，并且通过产业的升级，增强了产业集聚的竞争优势。

表4-3 服装产业转移对京津冀产业的推动效应的调查

调查问项	调查内容	不能回答		不确定能否回答		能回答	
		人数	比例（%）	人数	比例（%）	人数	比例（%）
1	京津冀产业转移的状况如何?	25	20.7	32	26.4	64	52.9
2	服装产业转移的状况如何?	24	19.8	20	16.5	77	63.4

续表

调查问项	调查内容	不能回答		不确定能否回答		能回答	
		人数	比例（%）	人数	比例（%）	人数	比例（%）
3	服装产业转移的影响力如何？	16	13.5	21	17.4	84	69.4
4	服装产业转移对京津冀产业转移的推动效应如何？	31	25.6	20	16.5	70	57.9

围绕服装产业转移升级，从各方面分析，从而开辟出更大更广的产业发展空间，为招商引资创造出更好的发展平台，从多方面促进产业集聚的层次提升，对未来的产业布局提供了很重要的参考价值。

4.1.2 河北省服装产业承接现状调研

随着国家政策战略的实施，面对新的国际形势，河北省的经济保持了平稳而快速的发展，河北省的各项经济发展指标都在快速发展，综合实力也在明显加强。河北省是我国服装产业规模比较大的省份，但相比江浙一带的服装产业要弱些，在国家战略未实施以前，河北的服装产业建设相对滞后，很多品牌都得不到大的推广，人才也相对匮乏，而目前在政府的引导下，服装产业经济回升迅猛。例如河北的永清县有了第一家搬迁的服装企业，是北京的盈科服饰公司。此服装企业在河北永清的工厂基地，比北京的生产基地规模扩展了将近三倍左右，在调研中还发现，该企业的销售量同比上一年增长了近五倍左右。自从国家颁布京津冀协同战略以来，很多企业都纷纷往河北搬迁。根据本次调研发现北京动物园大型批发集散地和大红门商贸商城中的店家和客商大批迁移至河北的永清，白沟、衡水的商家超出了近2500多户，在河北永清等地，大批的商贸集散基地正在形成，成为了北方服装集散区域。北京和河北省政府的相关机构都在积极配合京津冀协同发展战略的规划和发展，产业转移的秩序有条不紊，而紧挨着北京南部的区域刚好可以成为北京服装产业转移的园区基地。

在2015年时，河北的永清县和北京的大红门批发市场签订合同。到现在为止，永清的大型国际商城已经和北京准备外迁的700多家企业签订合同。永清国际商贸中心在永清县修建的园区使用面积高达3000多亩，与此同时使用面积为45平方公里的永清国际服装城正在紧张地进行建设中。而我们所知道的白沟新城也是国际箱包的批发集散地。在调研中发现，河北地区的很多市民来到北京投资做生意，往往是临近批发城的位置，这些位置租金昂贵，虽然在批发城人流量大，但是对于普通的小摊位来说压力负担极重。而享受了国家京津冀产业的优惠政策后，从北京市搬往河北衡水、白沟等地，减轻了在北京生存的压力，更加扩大了市场，发展的方向也更加多样化。据不完全统计，白沟的商贸城已经和1700多家商户签订合同，当中65%是属于北京大红门批发市场，在2015年销售交易额突破了1000亿元。表4-4和表4-5为2014~2015年河北省主要经济增幅状况和2010年以来河北省国内外投资状况。

表4-4　2014~2015年河北省主要经济增幅状况

指标	单位	2014年		2015年	
		绝对数	比上年增长	绝对数	比上年增长
地区生产总值	亿元	25094.33	19.54%	28658.09	17.62%
人均生产总值	元	23456	18.64%	29866	16.67%
社会消费品零售总额	亿元	8456.45	17.27%	9875.98	17.11%
进出口总额	万美元	189913	34.55%	335478	86.77%
旅游外汇收入	百万美元	487.87	18.36%	568.98	11.09%
农民人均纯收入	元	5528.23	15.97%	6798.87	19.56%
城镇居民人均可支配收入	元	15349.34	10.23%	19786.78	14.99%

数据来源：2014和2015年《河北省统计年鉴》。

表4-5　2010年以来河北省国内外投资状况　　单位：万美元

年份	签约外资		实际达成金额	
	签约数	外资	外资	比上年增长
2010	387	587564	654768	18.67%
2011	356	787543	879678	28.87%
2012	409	876590	986532	30.19%

续表

年份	签约外资		实际达成金额	
	签约数	外资	外资	比上年增长
2013	451	897366	1098654	64.23%
2014	580	1088765	1267865	87.56%
2015	800	1565438	1709546	93.23%

数据来源：历年《河北省统计年鉴》。

4.2 服装产业转移具体因子分析

Bogie DJ（1969）提出了人口转移“推—拉”理论，是在Raven stein EG（1959）的“人口转移法则”基础上，系统地提出来的。唐纳德博格从物理学的角度来解释两种相互的力如何影响人口发生转移的现象。Lee ES（1966）在人口转移的理论中最新引入了转出地和转入地这两个区域因素，并且指出这两种力都有推力和阻力两个因素。第二次世界大战之后，很多著名学者从经济的另外一个角度来解释人口转移，重点突出了人口转移中的经济成分在其中的作用。本文研究的产业转移也是基于经济因素的人口转移理论框架来分析的，但是有一个很大的不同点是本次的产业转移还有很大的政治因素，故本文也会根据政治因素来分析研究。

产业转移和人口转移在字面上看没有很大的差别，而且具有共同点，就是转移。一个是产业转移，一个是人口转移，两者一样都存在着不同方面的作用力。其中一种是对人口和产业转移产生推动的促进作用，而另外一种是对产业和人口转移产生负面的阻碍作用。衍生出这些成因都是由于该区域经济发展水平、产业内文化、创新技术等多方面的因素，在这里很重要的是经济方面的因素。在前人的研究中，我们发现比较优势理论、空间配置、产业集聚中对产业发生空间位置变换的影响因子有很多，但是随着全球化的发展，以及互联网信息技术的快速发展，影响产业转移的因素也越来越多，各类因素都有不断增强的趋势。2015年国家正式发布京津冀协同战略以来，生态环境保护、制度技术、信息传递的因素对产业转移都开始产生重要的影响。

所有的因素可以独立分为输出地、承接地、阻碍因素、其他因素。输出地和转入地因素关系图如图4-7所示，在产业转移的过程中两个区域之间都存在某些推动因素和阻力因素。

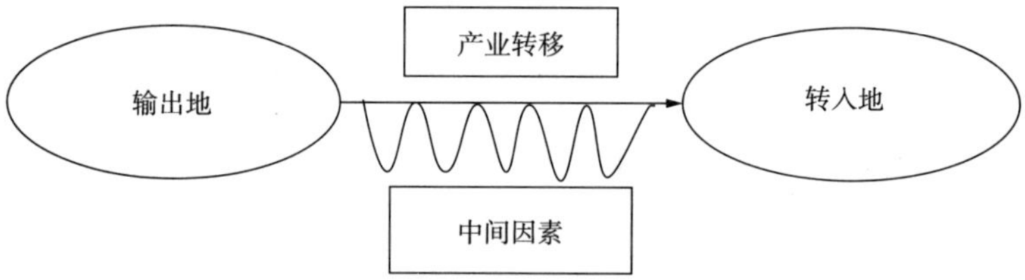

图4-7　影响产业转移的因素

除此之外，服装产业转移还受到两个区域之间多方面的影响，比如交通、运输成本、环境位置等，通过这些因素合力的作用产生了产业转移。其中促进力量可以是两个区域各自的推力和阻力，北京服装产业原材料加工、纺织加工生产等属于推出去的模块，在北京地区失去了产业优势，加上服装产业集聚的不经济性和不合理性，再加上国家政策战略的大力推动，使得产业升级的步伐加快。拉力大部分指的是转入地的地域广阔，劳动力丰富，生产成本要素低，以及国家的优惠政策等。而消极的成分包含输出地的障碍和承接区的外挤，输出地的障碍是指服装产业集群的园区优势，不愿意再花费更多的成本，在北京这些加工制造商有更多的机会创造更大的利润，并且北京人口密度大，他们的货物就更有机会销售出去，所以很多加工企业不愿意离开北京。转入地的排斥力是指，把北京的这部分企业转移到河北等地，对当地的这类加工制造业也产生了威胁，转入之后，本地的生产劳动力效率低，基础设施条件也比较简陋，对产业转移的发展产生了一定的阻力。对于产业转移的企业（厂家）还有一些比较细微的影响因素，比如转入某区域之后对该区域的熟悉程度，以及对输出区的市场结构分析，还有当地政府部门之间的关系等都会影响是否发生产业转移。从整个产业链的环节上来说，细微的成因对产业转移的作用相对来说影响较小。

4.2.1　物质要素与北京服装产业转移

（1）劳动力要素比较。通常来说，劳动力要素在所有的产业和企业中不管是生产还是销售、售后等阶段都是很重要的物质要素。人口数量、劳动力的质量以及劳动力的发展环境这三个主要的要素是决定劳动力要素禀赋的条件。北京的劳动力资源都是从全国各地而来的，以河南、河北、山西、山东等地居多，劳动力资源十分丰富，这意味着劳动力在北京供给充足。北京作为首都，劳动力的质量决定了劳动力要素的核心点，同时也影响着区域之间综合竞争力。北京的交通便利，经济发达，生活环境相对其他城市来说是比较有优势的，所以人口发展环境的好坏决定着劳动力数量能否直接转为劳动力优质质量的关键因素。这也是国家在京津冀协同战略中强烈呼吁的由北京为中心，带动周边城市经济发展，为周边省市提供优秀的人力资源。

劳动力要素禀赋最基础性的指标是人口数量。以人口总量为起点，人口质量作为衡量劳动力要素的核心指标，基于当地文化水平的人口比重，以每10万人中拥有大专以上学历的人口数量和科技类人员的总数来衡量。劳动力的发展环境对于开发新资源、吸引外部优秀人才有很重要的实际意义，下表4-6所示的是京津冀劳动力素质的基本情况。

表4-6　2014年京津冀劳动力质量状况

地区	人口总量（万人）	基本文化水平（%）	每10万拥有大专以上学历人数（人）	科学技术类人员（人）	城市化率（%）
北京	2115	85.78	18659	563876	86.71%
天津	1007	76.53	11089	517548	63.89%
河北	7383	68.66	8768	193659	43.77%

数据来源：《2014年北京市统计年鉴》《2014年天津市统计年鉴》《2014年河北省统计年鉴》。

由表4-6分析得到北京、天津、河北三个地区的劳动力呈明显的阶梯状分布，在基本文化水平上，北京为85%以上，而天津是75%以上，河北明显比这两市要低很多，处在68%的水平；对于每十万人中拥有大专以上学历的人口数目，北京处于15000人以上的水平，天津则处于15000以下的水平，河北更低；对于科学技术类人才三者存在较大的差异，北京和天津都在50万~55万之间，河北则处于20万以下的水平；城市化率上显然北京最高，在80%以上，天津也超过了60% 的水平，而河北省的城市化率水平尚不及45%的全国平均水平。

北京、河北、天津的劳动力要素在产业转移方面有很大的互补性，河北省的劳动力数目庞大，但是劳动人口的质量稍低，由于国家政策的推行，河北的劳动力发展环境相对来说是有优势的；北京和天津则正好相反，所以三个区域的劳动数量与质量在产业专一的基础上有很大的互补性，因此服装产业的转移将加快人口流动，有利于加快其他产业转移的步伐，和实现产业内升级，重新配置。

（2）资本要素的比较。资本要素在区域经济的成长模式中有着不容忽视的位置。若要实现某区域的经济起飞需要有一个先决条件就是区域资本累计率在10%以上。“二战”结束后，亚洲的新加坡、日本、韩国等新兴工业化国家开始崛起，也充分证实了资本要素的重要性。资本数量和资本增值能力是衡量资本要素的重要指标，首先资本数量是衡量地区资本充足的基本指标，也是促进该区域经济发展的重要支柱；资本的反复利用率则体现在资本的增值能力上，对于资本积累和区域经济发展有可持续和稳定性的作用。京津冀的资本要素情况如表4–7所示。

表4–7 2014年京津冀资本要素状况 单位：亿元

地区	城乡居民储蓄存款	全社会固定资产投资	财政收入	财政支出	工业增值率
北京	23747.6	6869.5	9192098	10583114	4.74%
天津	7695.8	8404.1	3318507	4421207	46.2%
河北	23421.5	12678.78	5157017	9791635	38.78%

数据来源：《2014年北京统计年鉴》《2014年天津统计年鉴》《2014河北统计年鉴》。

从整体的数据来看，河北的资本要素比其他两市要高，资本的增值能力处于高于北京而低于天津的水平；北京市的城乡居民储蓄是最高的，固定资产投资最低，仅为6869.5亿元。综上所述研究得出，各资本要素各具特色，有很强的互补性。

在现阶段，北京已经在后工业化时代，天津和河北是由传统经济向知识经济过渡的阶段，这三个区域分别位于不同的时期，所以资本要素的作用和地位也同样具有很大的差异性。河北的经济发展水平相比北京和天津来说是比较弱势的，资本要素在经济发展中起着关键性的作用。从地域和人口密集程度来讲北京的资本密集程度已经很高，由于正处于产业经济变革时期，产业化升级转移，北京还未进入成熟阶段，受到传统工业产业的资本要素边际收益递减的规律影响，北京的资本增值能力偏低，而天津市属于现代化加工生产业和高新产业快速增长的区域，使得资本的增值能力变高。

（3）技术要素的对比。技术要素在产业转移方面表现在两个方面：一是信息技术要素的投入水平，技术借助互联网的背景，它体现的是一个区域的科学技术发展能力，并且直接影响科研成果的产出；另一个是信息技术的产出和转化吸收能力，它体现了一个区域在接受外来技术后所重新展现的科研能力，以及在此过程中，信息技术的使用状况。表4-8是2015年京津冀信息技术创新要素的比较。

表4-8 2015年京津冀技术与创新能力对比

地区	综合评价	技术创新	技术获取	企业创新	环境优化	绩效创新
北京	71.21	84.78	48.43	65.23	56.58	65.45
天津	54.77	50.12	57.56	48.98	33.94	51.67
河北	37.44	28.11	40.13	42.32	30.15	46.27

数据来源：《2015年中国区域创新能力报告》。

北京市在京津冀范围内技术创新居首位。在2013~2014年，北京市的技术创新能力居于全国第三的位置，其中技术创新、绩效创新、环境优化在全国位列第一，因地理位置的关系，技术获取和企业创新分别居全国第五和第六位。自从2015年国家发布京津冀协同战略以来，北京从多方位构建了创新科技和政策支持体系，基本上覆盖了大范围的科学技术领域，形成了新的科技生态圈，为京津冀区域的科技创新创造了条件。为了加快北京各企业的科技创新，在2010年12月北京市就成立了中关村科技创新园和产业孵化中心，2015年北京服装学院的文化创意中心也落户河北容城，为创意产业带来了更大的平台。除此之外北京市在“十二五”科技规划中将新兴产业列为发展的重中之重，借助科技发展的成果对新兴产业进行更好的培育和发展。

本文主要是从服装产业转移来讲物质要素的影响，河北省属于华中地区，河北的科技创新能力在全国居于中下游水平，在京津冀范围内也是最低的。在2014年，河北的各项综合能力在全国排名第17位，技术获取指标在全国排名靠前，其他的环境优化、绩效创新、技术创新等都处于中下游的水平。据统计，河北的科技创新技术偏低主要是由于以下几个因素：在企业发展过程中，科研投资资金不足，没有足够的经费做科研项目；河北处于华中，地理位置决定经济不是外向型；在省内的民营企业也发展劲头不足；在科技市场交易不灵活，一些企业缺乏创新意识，等等。导致河北省的综合竞争力低于其他省市。经过国家京津冀协同战略的引导，产业结构开始整合优化，产业升级，逐步形成科学合理的产业创新体系。这不仅仅需要国家政策的多方面支持，还需要京津冀产业之间的相互配合与合作，这样才能提升自身的市场竞争力，提高创新制度。

总而言之，京津冀的经济发展要素有自己的特色，具有明显的互补性，面对国内与国际强烈的竞争压力，京津冀区域除了跟随国家政策之外，还要提升自身的科技创新能力，面对产业转移做好承接工作，北京服装产业转移推动区域间的经济合作，形成新的京津冀产业经济模式，继而吸引其他相关产业转移。

4.2.2 产业升级与北京服装产业转移

近年来，北京正处于经济和产业转型阶段，北京纺织服装业的劳动力密集型加工业的边际成本在不断递增，若继续保持则会造成产业的机会成本持续加大，经过市场经济环境的变革，纺织服装业的产业优化升级效果不是很显著，导致整个服装行业的结构调整速度放缓，产业转移势在必行，产业转移对产业优化升级有着显著的影响。

北京工业分布调整根据《北京市城市总体规划（2004—2020年）》的产业方向口号是“做大三产、做强二产、优化一产”，服装行业的生产属于第二产业，应坚持走创新性工业化道路，着力发展科技含量高的产业，以构建优化升级的传统优势产业为基础，在纺织加工业以高科技为支持，大力发展改革传统生产加工业。服装行业的零售等模式属于第三产业，应重点发展现代服务业和互联网技术相融合的创新经济，积极构建优化信息服务，零售门店系统管理，线上服装商城的优化服务，服装销售售后的技术支持，根据北京新政策的划定，以及首都职能的重新定位，结合国家政策战略发展的阶段。

根据行业区位和产值比重分析，产业的资本与劳动力投入情况通过比较北京历年服装产业的资本与劳动比，很明显地看出资本的投入情况和劳动力的使用情况。根据经济学原理，资本与劳动比值高证明在行业内资本的集聚高，反之比值低证明产业中劳动力集聚高。

本文是从资本与劳动比、固定资产净值与劳动力平均数来考量。为了使数据的准确性提高，去除价格的考量因素，固定总产值以1995~2015年为基础数据，如图4-8所示。

从图中可以看出，北京市服装产业在1995年至2015年间，服装链方面的资本密集程度缓慢提高，而化纤则迅猛增长，2015年纺织、服装、化纤的值分别是6.13、2.71、

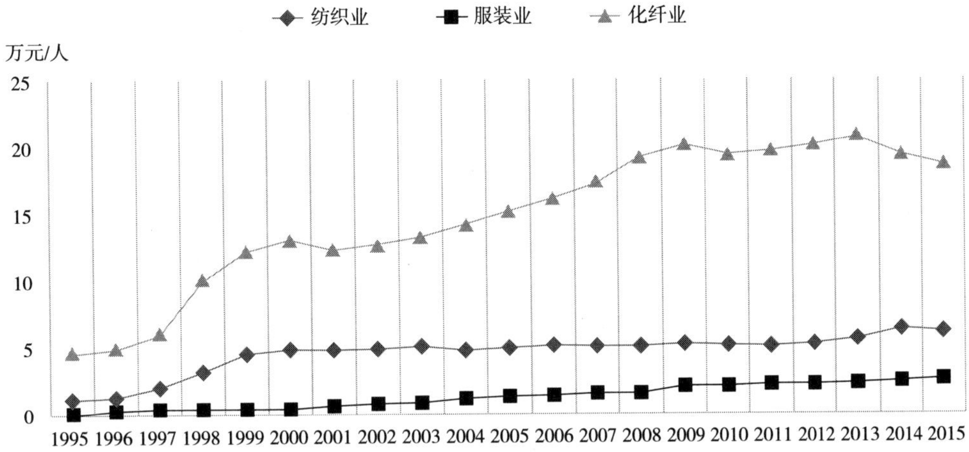

图4-8　1995~2015年北京服装产业资本劳动比

数据来源：根据历年《北京统计年鉴》整理。

18.73，化纤是纺织和服装的3.35倍、8.29倍，由此看来北京服装产业除了化纤产业，均资本密集程度较低，劳动力密集，故服装产业要进行产业转移。除此之外，北京的纺织服装业有很大一部分是处在加工制造的服装产业链环节，产品附加值较低。北上广深的服装产业附加值率对比如表4-9所示。

表4-9　2008~2015年北京、上海、广州、深圳纺织服装的附加值率

城市＼年份	2008	2009	2010	2011	2012	2013	2014	2015
北京	0.31	0.33	0.34	0.37	0.41	0.47	0.53	0.58
上海	0.35	0.37	0.35	0.38	0.42	0.46	0.56	0.59
广州	0.28	0.34	0.32	0.35	0.37	0.43	0.52	0.56
深圳	0.21	0.33	0.31	0.33	0.38	0.41	0.51	0.53

数据来源：根据历年《中国纺织工业发展报告》整理。

从表4-9中可以看出北京近年来的服装产业附加值率在慢慢攀升，总体看来是循序渐

进的，20世纪七八十年代，日本、美国、欧洲的一些国家在纺织服装业上的附加值基本在50%的水平徘徊，在2008年次贷危机过后，各个产业开始复苏但增长幅度并没有太大，北京相比较其他几个城市来说产业升级并不理想。垂直来看附加值率越低表明该区域的垂直分工越高，从表中可以看出，北京的垂直分工程度要比上海广州等地区要高，北京有着巨大的批发集散地。由于北京的产业分工多样化，很多公司可能只负担产业链中的一部分，与其他零散的区域相对比，效益就会低很多，在表中也可以看出，产业集群虽然可以提高产业生产效率，但是对于专业化的生产并不具备优势，再由于国家宏观政策影响，产业转移对于路径形成依赖，所以也面临着一定的风险，也就是服装产业转移存在企业技术创新的固有化，以及服装产业链低端转移的位置锁定。北京的纺织服装出口贸易和专业化，有很强的可塑性，在产品销售时比较轻松地就能将低端产品销售出去，故而企业的创新能力就会偏弱。

由于国家京津冀协同战略全面推行，对于服装产业转移是否能促进产业升级，而产业升级又是否能反过来推进产业转移，我们选取格兰杰因果关系来验证服装产业结构优化升级与服装产业转移的关系。我们选取了资本与劳动力的比值，再加上附加值率来表示产业升级状况。因此服装产业转移的固定资产投资这个指标发生变量，进而带动了固定资产的存量也发生转变。因此文章选取固定资产投资额来说明服装产业转移。样本数据从1995年至2015年。

对残差项序列单位根进行检验，从表4-10、表4-11中可以看出，ADF和PP检验的t值小于临界值，因此原假设拒绝，这个函数不存在单位根，序列是稳定的。可见资本与劳动力、附加值率、固定资产投资有着相互密切的协整关系。

表4-10　水平值和一阶差分检验

水平值	ADF		PP	
变量	统计量	概率	统计量	概率
lnIVFA	−0.3	0.928	−0.346	0.968
lnVAI	−6.32	0.876	−9.654	0.653
lnWL	−1.67	0.688	−0.867	0.897

续表

一阶差分	ADF		PP	
变量	统计量	概率	统计量	概率
InIVFA	-5.367	0.004	-4.793	0.005
InVAI	-4.006	0.006	-3.399	0.007
InWL	-3.954	0.008	-3.908	0.008

注：检验模型不含趋势项。

由表中的InIVFA关于Invar和InWL的协整回归得到下列关系式：

InVAI=-0.0006InIVFA +0.0648InWL-0.482AR（1）-0.305AR（2）+0.656

R^2=0.925，F=34.542，DW=1.685。

表4-11 残差序列单位根检验

ADF和PP	t值	p值
检验临界值	-5.102	0.003
	1%临界值	-4.133
	6%临界值	-3.135
	9%临界值	-2.756

最开始先用InIVFA、InVAI和InWL实行格兰杰因果关系验证。如表4-12所示，检验结果表明附加值率与资产投资额不存在格兰杰因果关系，说明无论附加值率怎么变，都不会引起固定资产投资额的变化，反之也不会产生变化，二者是相互的。

从上面的分析得出北京服装产业的附加值近年来有所提升，对产业转移的影响也是比较大的，从格兰杰因果关系看二者有着长久的互相联系，而且呈正相关，所以北京服装产业转移到河北，资本集聚可能有所下滑。

表4-12 格兰杰因果关系验证

滞后时间	零假设	样本数	*F*值	*P*值	检验结果
滞后 1	IVFA不是WL的格兰杰原因	20	0.327	0.54	不拒绝
	WL不是IVFA的格兰杰原因		2.678	0.116	不拒绝
	IVFA不是VAI的格兰杰原因	15	0.015	0.915	不拒绝
	VAI不是IVFA的格兰杰原因		0.061	0.835	不拒绝
滞后 2	IVFA不是WL的格兰杰原因	20	6.452	0.01	拒绝
	WL不是IVFA的格兰杰原因		1.721	0.217	不拒绝
	IVFA不是VAI的格兰杰原因	15	1.384	0.209	不拒绝
	VAI不是IVFA的格兰杰原因		0.171	0.876	不拒绝
滞后 3	IVFA不是WL的格兰杰原因	20	3.495	0.061	拒绝
	WL不是IVFA的格兰杰原因		3.649	0.054	拒绝
	IVFA不是VAI的格兰杰原因	15	0.183	0.721	不拒绝
	VAI不是IVFA的格兰杰原因		2.343	0.136	不拒绝
滞后 4	IVFA不是WL的格兰杰原因	20	2.478	0.137	不拒绝
	WL不是IVFA的格兰杰原因		4.765	0.092	拒绝
	IVFA不是VAI的格兰杰原因	15	4.143	0.173	不拒绝
	VAI不是IVFA的格兰杰原因		1.917	0.131	不拒绝

注：*P*值在10%以下拒绝零假设。

整体分析来看，北京服装产业在劳动密集型中过渡，资本的密集程度稍低，在产业链的低端环节。随着京津冀协同战略的推进，北京服装产业的规模将跨区域合作，实现更大规模的产业链，产业的内容没有发生实质性变化，只是把加工制作劳动密集型的模块进行空间挪动，因此从这个角度来说产业升级能够推动产业转移的证据不足，而产业转移在影响产业升级方面影响较小。

4.2.3 政策环境与北京服装产业转移

北京服装产业转移受国家宏观政策战略的影响，更是一种产业经济现象，所以既是国家政府的行为，也是一种市场作用的表现。经过市场经济的发展，市场能够自发地推进服装产业转移，在产业转移的过程中需要大量的政府支持，北京服装产业转移经过产业制度革新，生态环境的完善，劳动力密集的服装生产加工产业发展起来，形成了在一定区域集聚的产业特征。发生产业集聚的现象，表明很多企业的规模不大，需要借助产业集聚的优势，发展自身的特色，企业本身无法有效地将经济效益内部化，因此政府的角色就相当重要了，政府帮助企业进行产业转移，帮助企业拓展市场，为服装产业创造经济利润的环境，在现阶段，市场环境是人口密集型生产加工业的重要因素。

北京由于其独特的地理位置与政治环境，相对于京津冀其他两省市来说，北京的开放程度，投资和税收等方面都要更有优势，所以北京的生产加工制造业需要转移至天津和河北地区，把北京的良好的生产制作环境也转移到河北等地，带动该区域的经济文化发展。河北劳动力相当充足，相对来说北京的优势较小，但劳动力仍有很多集中在北京，可见北京的制度环境给很多纺织服装业带来很多便利，适合服装产业的生存和发展。在北京各项产业集聚已经市场饱和的情况下，迫切需要进行产业转移来留出更多的空间资源，履行北京的首都职能，所以北京服装产业进行产业转移的速度率先带领了其他产业的转移。

服装产业的生产加工环节是能耗和水耗的大户之一，对北京的环境冲击较大，加上北京近年来日益严重的雾霾情况，以纺织加工为例，2009年人均附加值率为每人每年7.35万元，比北京整个工业水平低29.46%，但是纺织加工业的工业废水排放量是65.77吨/万元，是整个北京市工业平均水平3.25倍。因此在节能减排响应国家政策的背景下，纺织加工业不免受到了政策约束。北京的土地寸金寸土，2015年颁发的协同战略通过土地使用权利的相关政策限制劳动密集型产业，比如威克多制衣中心，原地理位置在大兴，现已经把生产加工制作中心全部搬迁至河北衡水，在衡水构建新的生产基地，打造全新的京津冀发展格局。政府在河北建立新的工业园区，在一定程度上缓解了上述问题，但是作为传统的生产加工制造业，纺织服装业还是必须要施行大量的生产技术改革，提升生产效率。河北作为北京服装产业转移的承接地，通过大量的招商引资，改善本地的生态及软环境，为工业园区建立更好的环境，加快本地的制度创新，更新本地的制度环境，并且国家政策给予搬迁企业新的鼓励政策等。在上述产业输出和转入地之间有一个推和拉的作用形成新的产业环境，那么北京服装产业转移必然顺利实施。

从北京的经济市场看服装产业的发展，随着首都职能的强化，节能减排等约束性条件纳入到国家发展的长期战略中，公司的营运成本提高，服装行业内的困难也逐步加深，这样也会加快服装产业转移的步伐。从北京服装产业转移的调研现状来分析，北京服装产业转移受到物质要素、产业升级、政策环境等方面的影响，处在正在进行产业转移阶段，京津冀三区域互补性的关系因素，使服装产业转移具有在劳动力数量和素质上的优势，转移带来了交流，改善了经济模式及发展方向。

4.3 本章小结

根据本章对北京服装产业转移的目前状况进行调研，得出北京服装产业转移与物质要素、产业升级和环境等方面有关，现实中这些影响成分是经过内在和外在来决定的，服装产业转移产生的效应也是积极的。

第 5 章　服装产业转移效用模型设定及计量分析

本章以科布—道格拉斯生产函数为基础，在产业转移中技术进步和时间因素对生产的不可阻力成分因子之外，对丁伯根的生产函数进行论证，我们分析的是北京服装产业转移的生产函数，继而从生产函数推导出在进行产业的空间挪动后，北京和河北两地的效用函数，生产函数的推导使用库恩—塔克条件，使得效用最大。对北京、天津、河北的纺织服装产业的信息数据进行整理，使用提到的函数模型，对我国服装产业的空间挪动实行函数模型的计量梳理。

5.1　模型设定

在经济学中经常运用到的模型是对某个经济现象的抽象化高度概括，比文字性的描述更具有说服力，这种数学公式的表达方式让我们对经济学中的现象有着更科学有效的研究。

所谓生产函数是来描述加工投入与产品产量之间的联系，在经济学中我们学到的大多数各种各样的理论也有不容置疑的作用，生产理论分析的是怎样得到最大利益，在现有的技术环境中，首先提出生产函数模型的数学家科布和经济学家道格拉斯在*The Theory of Wages*中，生产函数的应用形式也取得了很大的进展，随着科学技术的发展，我们在实际生活中应运最广的是C-D生产函数，它的形式是：

$$Y=f(L,K)=AL^{\alpha}K^{\beta} \tag{4-1}$$

在最基础的C-D 生产函数中，Y表示的是产量，L和K则表示的是劳动人口的输入和资本量的输入，在式中A，α，β代表常数。虽然生产函数是最简单的，但也是很有实际意义的，由于它是线性函数，对判定生产函数规模收益提供了方便。常数α，β表示的是劳动力弹性和资本的弹性。

因为C-D函数没有考虑到随着时代的变化，生产技术也随之进步，便提升了生产效率，C-D函数没有考虑先进生产力的要素，随后1942年丁伯根对此函数进行了改善。

$A=A_0$（$1+\lambda$），当λ极小时，公式为：

$$\lim_{\lambda\to 0}(1+\lambda)=\lim_{\lambda\to 0}\left[(1+\lambda)^{\frac{1}{\lambda}}\right]=\lim_{\lambda\to 0}e^{\lambda\cdot t} \tag{4-2}$$

也就是（$1+\lambda$）$=e^{\lambda\cdot t}$

最终得出：

$$Y=A_0e^{\lambda\cdot t}K^{\alpha}L^{\beta} \tag{4-3}$$

在此公式中，A_0代表的是初期的技术水平；λ表示的是技术进步系数；t表示的是在此基础上的时间变量，本文运用的是张晓峰的区域转移数学模型，那么本篇的生产函数设定为：

$$Y_i=A_ie^{\lambda\cdot t}B_iK_i^{\alpha}L_i^{\beta}，i=（1，2） \tag{4-4}$$

Y_i表示服装业产品的产值；λ表示技术进步系数；α、β则代表生产劳动力和资本的输出。它呈现的是该区域的环境因素包含自然环境、政治环境、技术环境、法律环境等对产量的影响；β是资金效率系数，它包含某区域的原材料加工、人口分布、自然资源等因素对其的影响。例如某区的原材料加工便宜、劳动力丰富、自然资源充沛，结果是它的值就越大；反之，它的的值就越小。

在前面对生产函数分析的前提下，区域1为输入地，区域2为输出方；双方区域效应的值相同，所以服装产业输出地与承接地地的总效用函数为：

$$U=Y_1^{\frac{1}{2}}\ Y_2^{\frac{1}{2}} \tag{4-5}$$

根据上述总结得出服装产业在没有转移的时候的北京和河北区域的生产函数模型是：

$$\left.\begin{array}{l} U_{\max}=Y_1^{\frac{1}{2}}Y_2^{\frac{1}{2}} \\ Y_i=A_ie^{\lambda\cdot t}B_iK_i^{\alpha}L_i^{\beta} \\ K_1+K_2\leqslant K \\ L_1+L_2\leqslant L \end{array}\right\} \tag{4-6}$$

在此函数中，有不等式的约束前提，要求效用最大化，本文统一用库恩—塔克条件实行计算，因为北京和河北地区的服装产业规模和发展方式不一样，所以产生的规模报酬可能是不变的，因此推导出北京服装产业转移前北京和河北两地的效用最大化解是：

$$K_1 = K_2 = \frac{K}{2}, \quad L_1 = L_2 = \frac{L}{2}$$

总效用函数为：

$$U = \left(\frac{1}{2}\right)^{\alpha+\beta} A_1^{\frac{1}{2}} A_2^{\frac{1}{2}} B_1^{\frac{1}{2}} B_2^{\frac{1}{2}} e^{\frac{1}{2}(\lambda_1+\lambda_2)} K^{\alpha} L^{\beta} \tag{4-7}$$

只有当$A_1B_1e^{\lambda \cdot t}>A_2B_2e^{\lambda \cdot t}$时，服装产业转移的效用才会最大化，若是在别的条件情况下，由于时间和技术的不确定，服装产业转移也有不完整性。

5.2　服装产业转移效用的计量模型

关于现有的生产函数在实行计量分析时，首先必须对生产函数的模式进行更深层次的调节，方便我们使用计量软件对搜集到的数据统一归纳总结。

对于公式（4–4）两边同时对数得到：

$$\ln Y_i = \ln A_i + \lambda_i t + \alpha \ln K_i + \ln B_i + \beta \ln L_i \tag{4-8}$$

对此进行再整理简化，方程可写为：

$$\ln Y_i = \ln A_i B_i + \alpha \ln K_i \beta \ln L_i + \lambda_i t \tag{4-9}$$

在方程（4–9）中令$A_iB_i=E$，$\lambda_i=F$，

$$\ln Y_i = E + \alpha \ln K_i + \beta \ln L_i + F \cdot t \tag{4-10}$$

所以取得全国各省市各年度的Y、K、L值，就可以使用计量方法对函数模型进行计量分析。

5.3　计量分析

计量经济学为我们提供了数据的具体分析方法，利用经济学、统计学、数学为数据进行结构分析预估和实证分析。

5.3.1　数据说明

服装产业按照我国统计局的经济分类（GB/T 4754—2002）划分为C类，属于制造业，

下面又分为十八类包括服装、鞋帽、配饰等，以及三千六百多小类包含服装的专用设备。本章在进行分析北京服装产业转移时，针对数据的搜集选取了十七大类服装业。数据来源是2006年至2016年《中国统计年鉴》和《中国工业经济年鉴》，搜集整理2005年至2015年十年的服装产业发展的一些统计数据，且经过中国纺织工业协会、中经网研究数据网来收集更新的服装产业的信息，力争实际精确地反映出京津冀协同战略产业转移的真实情况。

本文对于北京服装产业计量统计分析，根据要素量化做如下定位：（1）生产函数的Y值用该年的价钱算出服装产业的总产值为基础数据，并且用2005~2015年的消费指数去除，得到了实际的工业总产值作为衡量Y值的指标；（2）劳动力投入以十年间各地区服装产业全部人员平均数为指标；（3）资本投入资金K的基础数据以服装产业固定资产净值的均额，搜集到的计算值减去各年度各区域的服装产业的牢固资产投资额，最后得到稳定资产投入现实的净值。

数据样本的选取是对京津冀的服装产业十年间的相关数据进行计量经济分析，京津冀区域的数据都是比较完整的。在2008年经济危机爆发以后，服装产业的发展是比较迅速的，产业发展的规模也在逐渐扩大，所以2008年以后纺织服装业有了一个新的发展历程，2015年的京津冀协同战略对服装产业又是一种机遇和挑战。

5.3.2 回归分析

通过对这些区域的纺织服装产业的数据进行计量经济分析以后，生产函数模型的结果通过F检验，相关R^2系数和调节之后的系数均在0.8之上，这就表明样本数据与我们之前评估的回归模型相吻合。这个模型也反映的是资本、人口以及技术环境投入对服装产业总产值的作用。经过使用E views的分析，可以得出的E值和F值，如表4-13所示。

表4-13 京津冀E值与F值得回归结果

省份	E	F
北京	–3.6101	0.0015
天津	–3.2167	0.0159
河北	–4.2101	0.1015

从上表的模型的回归结果中得到E值均为负数，说明这个E值对生产的产量作用并不显著，在此模型中，E值代表的是决策、法规、技术环境等相关联的综合因素，这与现如今的京津冀协同战略是契合的。在现实生活当中，以上的因子间接地对产量产生本质性的影响，可是这些政策、法律技术环境对区域生产加工业的公司的生存来说，作用力还是很大的。

由上述计算结果分析，我们得出$A_1B_1e^{\lambda \cdot t}>A_2B_2e^{\lambda \cdot t}$，服装产业转移是在转移之后两个地方的总效用同时增长，简单来说，北京服装产业转移至河北等地是能有效施行的。通过上述结论我们可以看出，京津冀协同战略中加工制造业进行产业转移是正确的选择，而承接地也会为转移而来的服装产业做好准备，这大大的缓解了北京首都职能、环境、人口等压力，也给京津冀服装产业的深层次发展给出了有效路径。

5.4 本章小结

综上所述，正如本文研究的初始想法一样，计量经济的实证分析结果再次证明了京津冀区域实行产业转移会给京津冀区域带来更大的经济利益。计量模型的结果只是为京津冀服装产业的转移路径给出了理论方面的建议，但是对于北京的更多企业来说还是要从自身实际情况出发，考虑企业的长远发展，慎重做出选择。

第 6 章　主要结论与对策建议

6.1　主要结论

本文第二章是在前人研究的基础上重新梳理的文献综述，对产业转移的作用成分借用的是人口迁移的理论框架，将服装产业转移的作用因子归纳为三个大方面：物质要素、产业升级、环境影响。第三章在文献综述梳理的情况下，对服装产业链的理论进行归纳总结，第四章在理论分析的基础上从影响因素的角度，根据因子分析和多元回归等多样的研究技术对北京服装产业转移的效应进行研究分析，认为北京服装产业转移主要是由物质要素、产业升级以及环境因素综合作用的。第五章利用了产业转移的生产函数模型，进行F检验，并做了回归结果分析，对北京服装产业转移的路径进行了实证分析，从上述五章中，主要得出以下结论：

第一，从长远看，北京的劳动力成本在产业转移中有着重要的作用，目前京津冀产业转移还是成本导向型的产业转移，劳动生产率对产业转移在一定程度上有阻碍作用，北京的土地占用、土地使用的约束条件、原材料的上涨给服装产业低成本低价格的企业带来了很大的压力，这些外在的因素有力地促进了北京服装产业转移。

第二，京津冀这三个区域的经济是相互影响的，他们之间是互补性的。区位方面，大型商贸市场及外贸方面可能阻碍了服装产业转移，北京服装产业由于其独特的地理位置，对产业生产制造急剧的影响呈弱的正效应，表明服装产业转移效应出现，但是并不是很明显，处于一个比较稳定的时期。

第三，产业升级是在国家政策战略的推动下进行的产业升级，所以不可能是服装产业转移的自身举动。结合现实环境来看，推动对服装产业转移的作用力对产业升级没有很大的影响，物质要素和环境要素的作用力度要远远大于产业升级。北京的市场化程度比河北天津都高，各方面的市场要素也发达，这无疑是加速了企业的规模发展，使生产成本迅速降低，所以服装类企业转移的现象加快。

第四，环境的作用力是影响产业转移的关键性因子，京津冀三个地方的交通便利，三者是互补性的，对服装产业空间挪动有很大的利处，服装产业转移增加了区域的产业均衡规模，快速推动了服装产业转移的脚步。

总体来说北京服装产业处于产业转移阶段，对产业转移起作用的重要方面就是人口分布和劳动生产率，把北京发达的技术水平向河北天津传递，带动周边城市经济发展，从长远看，劳动力的成本对产业转移影响较大，这也证明了人口成本要素是北京服装产业转移的重中之重。土地、原材料价格、资本流动都是服装产业转移不可或缺的因素。京津冀产业的转移，带来了更为专业化的市场，地理空间资源合理分配利用，优势提升。目前北京的服装市场环境规模会扩大，跨区域的合作给服装产业的发展带来了双赢，各方面的因素共同作用下，北京的服装产业转移后的效应是显著的，随着环境和优惠政策的推进，服装产业的转移也会加快。

6.2 对策建议

现阶段，北京的服装产业发展规模相当大，有很多著名品牌，是北京消费的支柱产业之一，其产业转移对于区域的经济影响远大于其他产业。经过上述研究，能够得出，北京服装产业面对劳动力成本提升、空间资源矛盾激烈的问题，受国家政策战略引导，依据本文的分析思路对北京服装产业转移给出以下对策建议。

6.2.1 市场环境优化

京津冀区域的基础设施已经趋于完善，但是由于北京人口过于密集，城市用地紧缺，城市车辆增多，造成北京交通拥堵，而河北的基础设施远不如北京完善，所以河北的基础设施需要在整体上进行改进，以方便更好地承接来自北京区域的产业。三地在基础设施方面有待进一步的加强合作，未来将会正式开通京津冀一卡通，在北京河北天津等城市均可只用一张卡乘坐公共交通工具，京张高速公路也完善改进，解决了进京的交通不便问题，在此基础上三地应该加强基础设施的共享，不仅仅是交通卡，还可以共享更多的基础设备，快速提升该地区的基础设备的重复使用率。

北京已经领先河北、天津进入后工业化时代，北京市以第三产业的发展为主，环境设施相比之下已经完善，北京实行产业转移主要是改善内部环境，而制度环境又是重中之重，细分来说，主要有以下几方面：一是政府办公的职能要提升，降低外资企业的投资交易成本；二是创新机制，优化竞争市场，为市场营造积极的竞争新环境。对于河北来说，虽然也是处在工业化时代，但是河北的投资环境与基础设施都比较薄弱，必须加大力量改善基础设施，不断创造改革性的优化环境，进一步改善投资的内部环境，实现承接区域的市场环境良好，以便能够适应承接北京服装产业的转移。

6.2.2 园区建设创新

产业转移是大规模的转移，形成新的产业基地园区，产业集聚的成长要适度，不能盲目发展产业基地园区，要适度地发展，必须以各地的基础设施、成长周期为基础，有目的性地进行产业集聚的园区建设，才能更高效地实现产业转移的效用最大化。对于已经产业转移的公司要围绕公司的焦点主要业务，重视公司的核心技术能力的提升，增强企业的焦点竞争力，产业转移至河北地区的是公司的生产加工链环节，这个环节要与企业的其他环节保持脚步协同，共同发挥产业集群的效应；由于是各企业自发地进行产业转移，所以大部分是中小型的民营企业机构，所以政府要监管好融资系统，为中小企业的健康发展提供坚实的金融支持；另外北京服装学院作为唯一一个北京的服装院校，要共同建立创新型的技术研发中心，为中小企业的发展提供技术创新方面的支持。

园区的建设需要各方面的支持，通过引入科研方面的高科技人才，提升增强本区域的教育水平，深度优化园区建设的教育和技术环境，加大对园区基地及周围区域的环境整治，不停地优化园区的自然环境；加深园区基础设备的修建，使基地园区有一个相当好的外在引入环境；在园区内要鼓励低碳环保的企业入园，限制高碳污染的企业进入，让园区的建设更加生态文明化；京津冀各区域的发展都有自己的特色，三者之间又是极具互补性的，因此各区域在完善园区环境方面要适度，对不同区域进行不同的整治方案，以及优惠政策的实施。比如，在张家口一带要改善自然环境，而衡水等地则要以创新环境为目标，优化区域内的技术环境，在园区内创造良好的竞争机制和创新氛围。

发挥政府的能动作用，促进创新园区与高校的联合。在新的园区基地建设之前，政府部门要精心规划园区范畴，使得园区基地有一个良好的开端，在园区建设后期，政府要给予支持，包括政策、资金、物质要素的投入，使得园区的问题能够在第一时间得到解决。目前都是企业与高校联合，他们之间有着密切的联系，因为高校能够为企业带来高新科技人才，还重点培育了劳动力的素质，提升了劳动质量。在融资方面，企业不仅要与政府高校合作，还应积极发展保险公司、公共基金等非银行机构的投资。

6.2.3 产业转移和产业升级的融合

河北区域主要承接来自北京的产业转移，应该根据自身产业的结构和产业链分布情况的要求，加强对资金投资的引导，重点处理好以下方面的关系：

（1）河北承接劳动人口密集型产业要与技术密集型产业紧密联系，服装产业的生产加工环节属于人口密集型产业，可以扩大劳动就业，而技术密集型会加强企业的技术改革，增强劳动生产率，提高收益。北京有着强大的科技优势，天津则制造业的优势较为显著，而河北明显劳动力丰富，相比之下，天津的产业承接对各自的产业发展有很大帮助，能够改善本区域的整个产业链条，促进产业结构优化。例如北京大兴的威克多制衣中心，有着自己核心生产技术部门，有着国外的先进技术，现在把生产研发中心搬到衡水，一方面提升了河北衡水的服装产业的高科技创水平，另一方面对河北的商贸、物流等服务业的发展提供了支持，加快了河北衡水的现代服务业的发展。河北本身具有丰富的劳动力，结合自身优势，引入外来高新技术，同时为了完成产业升级，提高了自身在全国的服装产业竞争力。

（2）大力促进生产性企业是整个京津冀地区的共同成长需求，也是三个地区的共同技术需求。北京的第三产业属于绝对主导地位，由于首都职能的限制，生产制造部分的限制发展，影响了北京第三产业的结构优化，在一定程度上影响了高新技术的发展。目前对于北京的生产性企业进行大规模外迁，企业的生产资金链结构也引起了巨大的变化，对此北京服装产业要结合自身的产业结构，专业化地进行产业转移，承接地要加快适应转移产业的转入，区域的产业承接和服装产业的发展相融合，提升转移的规模和质量，做到有效而又快速。

（3）新兴产业和服装产业转移的联合。新兴产业指的是高新技术与生态环保的企业集群体，也是所有产业的发展方向，而且对于提升园区竞争有着强大的引导作用。京津冀三区域的新兴产业都各具特色，形成了自身的产业空间配置，因此，服装产业转移应该要与新兴产业相融合，把新兴产业的发展作为突破口，开展产业之间的合作与交流，实现双方的共同发展。

总之，京津冀区域的产业转移直接促进了区域的城市圈规划和相关政策法规的完善，在一定程度上促进了产业升级，实现了服装产业转移的优化发展和竞争机制，并且改善了区域内的生态发展环境，提供了产业转移的最佳路径，优化了服装产业转移体系和产业升级的结构，快速提升了服装产业的速率。

6.3 小结

本文对于京津冀服装产业转移的现状和基础设施条件进行了定性分析，基于对北京服装产业转移路径的计量定量的分析和定量与定性两者相结合的分析，提出北京服装产业转移的路径选择和协同效应，对园区建设和增长产业链的合作机制提供了合理的对策和建议。

参考文献

[1] 阿瑟·刘易斯．国际经济秩序的演变[M]．北京：商务印书馆，1984：50–97.

[2] 大卫·李嘉图．政治经济学及赋税原理[M]．北京：光明日报出版社，2009.

[3] 韦伯．工业区位论[M]．北京：商务印书馆，1997：40–46.

[4] 刘易斯·威尔斯．第三世界跨国企业[M]．上海：上海翻译出版公司，1986.

[5] 埃德加·M. 胡佛．区域经济学导论[M]．北京：商务印书馆，1990：25–29.

[6] 杨小凯，黄有光．专业化与经济组织——一种新兴古典微观经济学框架[M]．张玉纲，译．北京：经济科学出版社，2000：56.

[7] 陈建军．区域产业转移与东扩西进战略：理论和实证分析[M]．北京：中华书局，2002：33.

[8] 张可云．区域大战与区域经济发展关系[M]．北京：民主与建设出版社，2001：60.

[9] 张文彤．SPSS统计分析高级教程[M]．北京：高等教育出版社，2004：36–42.

[10] 汪先永，刘冬，贺灿飞，胡雪峰．北京产业链与产业结构调整研究[J]．北京工商大学学报：社会科学版，2006(2)：16–21.

[11] 蔡安宁，张华，庄立，梁进社．世界城市目标下的北京产业链演变研究[J]．经济地理，2015,35(2)：100–106.

[12] 刑珊．京津冀区域经济差异及影响因素研究[D]．秦皇岛，燕山大学，2013.

[13] 薄文飞、陈飞．京津冀协同发展：挑战与困境[J]．南开学报：哲学社会科学版，2015(1)：110–118.

[14] 孙久文，原倩．京津冀协同发展战略的比较和演进重点[J]．经济社会体制比较，2014(5)：1–11.

[15] 陈红霞，李国平．京津冀区域空间格局及其优化整合分析[J]．城市发展研究，2011，18(11)：74–79.

[16] 宁俊．服装产业链理论分析[J]．纺织学报，2008(7)：122–127.

[17] 吴伟霞，朱友干．北京服装产业链的整合探索[J]．北京服装学院学报，2006(2).

[18] 陈桂玲．北京服装产业定位及其依据[J]．北京：纺织学报，2006(4)：117–120.

[19] 陈珠．服装产业园运营模式与效益评估[D]．上海：东华大学，2008.

[20] 杨金玲．我国纺织品服装产业国际竞争力的实证分析[J]．国际贸易问题，2008(9)：88–95+120.

[21] 吴爱芝，孙铁山．中国纺织服装产业的空间集聚与区域转移[J]．地理学报，2013，68(6)：775–790.

[22] 张风涛．中国纺织产业集群竞争力研究[D]．长春：东北师范大学，2012.

[23] 董睿娇．基于梯度转移的服装加工也国际竞争力评价研究[D]．上海：东华大学，2013.

[24] 陈国亮，陈建军．产业关联、空间地理与二三产业共同集聚——来自中国212个城市的经验考察[J]．管理世界，2012（4）：82–100.

[25] 刘红光，刘卫东，刘志高．区域间产业转移定量测度研究——基于区域间投入产出表分析[J]．中国工业经济，2011(6)：79–88.

[26] 陈建军．中国现阶段产业区域转移的实证研究——结合浙江105家企业的问卷调查报告的分析[J]．管理世界，2002(6)：64–74.

[27] 杨文静．多地同食一杯羹[J]．纺织科学研究，2015(2)：88–89.

[28] 王海峰．2009年我国纺织服装产业进入战略调整期[J]．国际贸易，2009(2)：9–12.

[29] 何龙斌．“西三角”中心城市对周边地区辐射力的比较与启示——以陕南为例[J]．开发研究，2012(1).

[30] WELLS L T. Third World Multinational——The Rise of Foreign Direct Investment from Developing Countries[M]. Cambridge: MIT Press, 1983.

[31] ASHCROFT B, TAYLOR J. The movement of manufacturing industry and the effect of regional policy[J]. Oxford Economic Papers, 1977,29(1).

[32] ZHANG K H. Why does so much FDI from Hong Kong and Taiwan go to Mainland China?[J]. China Economic Review, 2005,16(3).

（作于2017年2月）

第五篇　废旧纺织品静脉产业链模型构建及运行机制研究

作者：刘雅星　　导师：郝淑丽

摘　要：　废旧纺织品回收再利用既能节约资源、减少污染，同时又能降低我国纺织纤维原料的对外依赖程度，有巨大的经济效益、环境效益和社会效益。目前我国废旧纺织品年综合利用率仅为15%，废旧纺织品静脉产业还处于发展的起步阶段。为探索废旧纺织品静脉产业链的运行模式，推动产业整体发展，提高全行业的经济效益和效率，并达到更佳的社会效益和环境效益；本文运用了模型研究、案例研究和实地调研等方法，分析了模型的要素，构建了废旧纺织品静脉产业链“5+4+2”模型，结合实际提出两条构建路径，并分析了其运行机制和利益协调问题。“5+4+2”模型对废旧纺织品静脉产业进行了统筹规划，为上下游企业探索了更为有效的合作模式，能发掘静脉产业链上的价值增值和经济效益，促进废旧纺织品回收再利用产业的高效率和高效益发展，在全纺织服装行业实现最优消耗、最适消费和最少废弃。

关键词：　废旧纺织品；静脉产业链；“5+4+2”模型；路径研究；运行机制；利益协调

第1章　绪论

1.1　研究背景

我国每年纤维加工总量约5000万吨，除桑蚕丝外，由于自身资源结构的原因，每年要进口大量的棉花、羊毛及其他合成纤维所需的原料，是名副其实的纺织品原料进口大国。与之相对比，我国年产生超过2000万吨废旧纺织品，废旧纺织品年综合利用量约为300万吨，综合利用率仅为15%。根据废旧纺织品综合利用产业技术创新战略联盟数据推算：废旧纺织品综合利用率每提高一个百分点，约可节约化学纤维15万吨，天然纤维7万吨，每年节约原油25万吨，耕地20万亩（133.3平方千米），既能节约资源同时又能降低我国纺织纤维原料的对外依赖程度，有巨大的经济效益、环境效益和社会效益。

但是，目前在我国大部分地区，大量家庭消费的纺织品混置于一般垃圾中被焚烧或者填埋，得不到分离、回收及再利用。一方面是由于这部分废旧纺织品分散于各家各户，回收体系的不完备、居民的回收意识水平参差不齐等因素导致回收难。另一方面是由于废旧纺织品回收再利用行业本身发展的局限性导致回收上来的废旧纺织品处理不当甚至没有处理渠道。作为一种资源回收再利用的静脉产业部门，除了废旧纺织品回收再利用过程本身所产生的环境效益，废旧纺织品的处理还通常与公益还有着密不可分的联系，具有很强的外部效应，需要政府部门的支持与规制。而废旧纺织品作为一种放错位置的资源，只有通过市场化的手段才能达到资源优化配置的目的。因此，废旧纺织品回收再利用产业的发展要在给予循环经济企业政策引导、规制和适当优惠政策的同时，注意培育循环经济企业的自生能力，充分发挥静脉产业的潜能。

随着废旧纺织品回收再利用的效益逐渐突出，越来越多市场参与者的进入推动了废旧纺织品回收再利用静脉产业的形成。从产业角度来看，废旧纺织品的回收和处理分别是回收再利用产业的上下游部门，和其他产业一样，废旧纺织品回收再利用包含原料、生产、销售等多个环节。回收环节为该产业提供原材料，再加工是该产业的生产部门，二手产品、再生产品的销售是该产业的销售部门。通过全行业各部门的协同发展，废旧纺织品作为原材料，经过加工或再造，转化为二手产品或再生产品投入市场。回收、分拣、再加工、再制造、销售等产业链上任何一个环节缺失或出现问题，都将影响废旧纺织品回收再利用产业的发展，而如果静脉产业链上下游可以形成某种合作模式，便能提高系统抗风险能力，提高系统生产效率，达到经济效益和社会效益的最优，因此本文从产业链系统角度对废旧纺织品回收再利用进行了分析。

1.2 研究目的和意义

1.2.1 研究目的

本文的写作目的在于构建废旧纺织品回收再利用的产业链模型，为废旧纺织品回收再利用上下游企业探索更为有效的合作模式，对废旧纺织品静脉产业进行统筹规划，为废旧纺织品静脉产业链的运行提供可能的模式选择，并发掘静脉产业链上的价值增值和经济效益，最终提高全行业的经济效益和效率，促进废旧纺织品回收再利用产业的高效发展，在全纺织服装行业实现最优消耗、最适消费和最少废弃。

1.2.2 研究意义

（1）理论意义。提出以纺织原料的减量化、再利用和再循环为基础的废旧纺织品回收再利用静脉产业链及其“5+4+2”模型，形成纺织服装行业废弃物到原料或产品的回路。从纺织行业“原料——产品——原料”循环的角度丰富了循环经济学、静脉产业经济学的含义，搭建了逆向的纺织服装产业链，并全程模拟了纺织服装静脉产业链的逆向运行过程，使纺织服装产业链的内涵更为完整。

（2）现实意义。废旧纺织品静脉产业链模型的构建，有利于改变废旧纺织品回收的粗放式现状，加强产业整合，降低社会成本，大大提高废旧纺织品的综合利用率，提高产业链的整体经济效益，同时取得更佳的社会效益和环境效益，节约资源、减少污染，具有重大的现实意义。

有利于改变废旧纺织品回收的粗放式现状。目前我国废旧纺织品回收整体上还属于粗放式回收，回收单位基本是由成百上千的个体回收者构成的，而正规的回收企业和单位出于自身目的也在互相争夺渠道资源，处于一种无序竞争的状态，效率低下。废旧纺织品静脉产业模型的构建有利于统筹废旧纺织品回收事业，减少盲目铺设回收设备造成的浪费和不良竞争。

有利于加强产业整合，提高产业链整体经济效益。通过市场作用或政府调节引导产业链成员单位的合作方向，对废旧纺织品回收再利用企业和单位进行细化的社会分工，加强产业整合，针对不同档次的废旧纺织品开展阶梯利用和深加工，提高废旧纺织品的综合利用率，避免高质量原料用于次等用途所造成的优质资源的损失，增加产品附加值，提高产业链整体的经济效益。

有利于资源循环利用、减少环境污染。废旧纺织品综合利用率的提高每年可节约大量的天然纤维和化学纤维原料以及生产过程中的其他资源消耗。一方面，纺织服装生产过程会产生环境污染，如棉花种植所需的农药、化肥对环境的污染，以及印染工艺产生的含有化学品、铬等重金属和大量废水造成的水污染等；另一方面，大量废旧纺织品的填埋不易降解，焚烧会产生有害气体，对土壤和空气造成污染。提高资源循环利用率，可同时减少生产与最终处理两个环节的环境污染。

1.3 研究的主要内容和创新点

1.3.1 主要内容

本文主要研究废旧纺织品静脉产业链相关内容，具体可分为以下几个部分。

（1）理论研究。基于循环经济学理论，结合静脉产业经济学原理与产业链相关概念，提出了废旧纺织品静脉产业链的概念，并分析了静脉产业链的形成机理。

（2）废旧纺织品静脉产业链分析。分析了构成废旧纺织品静脉产业链模型的三大要素，即产业链的环节、主体和组织运行模式。废旧纺织品静脉产业链有5大环节：回收，分拣，物流和仓储，再利用以及无害化处理；4大主体：企业，政府，社会组织以及消费者；2种组织运行模式：纺织服装企业逆向组织运行模式和社会网络组织运行模式。

（3）废旧纺织品静脉产业链“5+4+2”模型。在废旧纺织品静脉产业链模型三大要素分析的基础上，根据系统耦合原理提出了废旧纺织品静脉产业链的“5+4+2”模型，并分析了模型构建路径、形成机制和利益协调等问题。

1.3.2 创新点

（1）根据废旧纺织品静脉产业的发展规律，提出废旧纺织品静脉产业链的两种组织运行模式：纺织服装企业逆向组织运行模式和社会网络组织运行模式，并对两种组织运行模式的结构、物质流方向、运行过程等进行了图示说明。

（2）在对废旧纺织品静脉产业三大要素——环节、主体及组织运行模式分析的基础上，结合静脉产业理论和产业链理论，根据产业链的组织结构、物质流方向、运行过程，对5大环节、4大主体及2种组织运行模式进行耦合，构建了废旧纺织品静脉产业链“5+4+2”模型。

（3）结合上海、北京废旧纺织品静脉产业发展的不同情况，分别为上海、北京两个大都市构建废旧纺织品静脉产业链模型提出了符合自身情况的路径：在经济活跃、企业众多的南方提出以上海为中心的企业主导路径；在北方提出以我国政治中心北京的行政资源为主的政府主导路径。

1.4 技术路线和研究方法

1.4.1 技术路线

本文的研究思路如下：首先，基于循环经济学，根据静脉产业经济学和产业链理论研究静脉产业链的理论基础；其次，根据以上理论具体分析废旧纺织品静脉产业链模型的各要素；然后，将模型要素耦合，构建“5+4+2”模型，并分析其构建路径、运行机制和利益协调关系；最后，得到结论并有针对性地提出政策建议。本文的技术路线如图5–1。

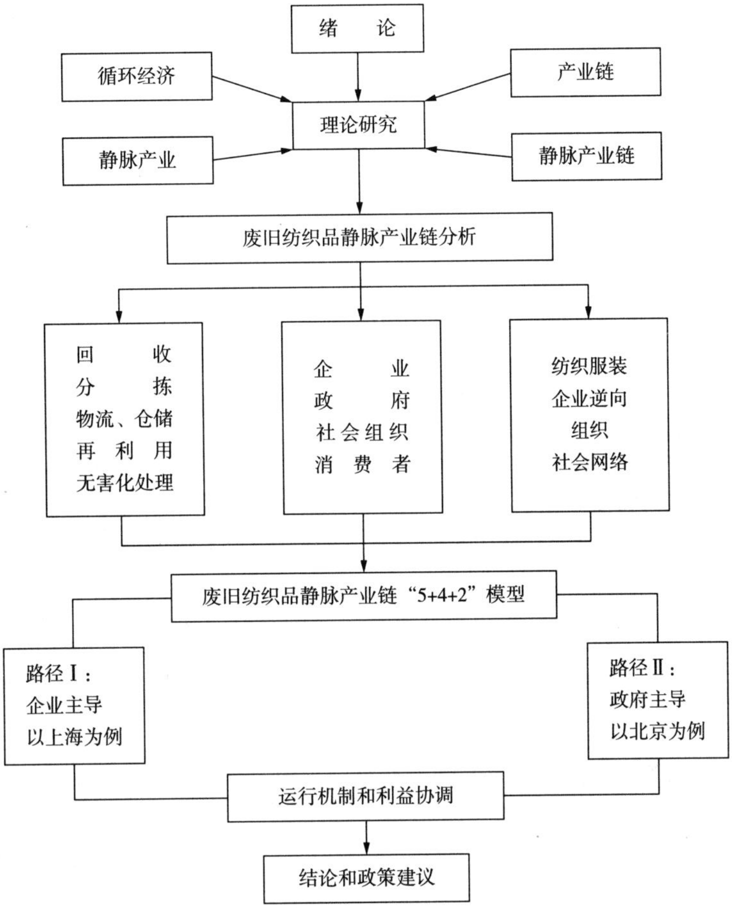

图5-1 技术路线图

1.4.2 研究方法

（1）文献研究。通过对循环经济学、静脉产业经济学、产业链相关理论文献进行研究，得到静脉产业链的理论模型，并根据相关文献对静脉产业链的形成机制、结构及组织运行模式等问题进行总结提炼，为本文构建废旧纺织品静脉产业链的“5+4+2”模型提供理论基础。

（2）模型研究。本文构建了废旧纺织品静脉产业链两种组织运行模式的不同模型，并耦合出废旧纺织品静脉产业链的“5+4+2”模型，即产业链组织运行关系的理论模型。

（3）案例分析。以上海、北京两个大都市为例，针对上海、北京废旧纺织品静脉产业发展的不同特点，分别对两个大都市的废旧纺织品静脉产业链模型构建路径进行了案例分析。

（4）实地调研。对北京和上海周边的一些废旧纺织品静脉企业或单位进行实地调研，例如：上海缘源实业有限公司、北京市城市再生资源服务中心以及“地球站”公益创业工程等，了解两个地区废旧纺织品回收再利用产业发展现状。

第 2 章　理论基础

2.1　循环经济理论

“循环经济”一词是美国经济学家波尔丁于 20 世纪 60 年代在宇宙飞船理论——《地球像一艘宇宙飞船》（*Earth as a space ship*）中提出的，是指在人、自然资源和科学技术的大系统内，在资源投入、企业生产、产品消费及其废弃的全过程中，把传统的依赖资源消耗的线性增长的经济，转变为依靠生态型资源循环来发展的经济。循环经济是物质闭环流动型经济，它要求把经济活动组织变为“自然资源——产品和用品——再生资源”的闭环式流程[1]。它以“最优消耗、最适消费和最少废弃”为目标，以“3R”为原则，即“减量化（Reduce）、再利用（Reuse）、再循环（Recycle）”。

广义的循环经济是指围绕资源高效利用和环境友好所进行的社会生产和再生活动。循环经济主要包括资源节约和综合利用、废弃物资回收利用、环境保护等产业形态，技术方法有清洁生产、物质流分析、环境管理等，目的是以尽可能少的资源环境代价获得最大的经济效益和社会效益。狭义的循环经济是指通过废物的再利用、再循环等社会生产和再生产活动来发展经济，相当于“垃圾经济”和“废物经济”[2]。也就是说广义的循环经济包括动脉经济系统和静脉经济系统，而狭义的循环经济就是静脉经济系统。根据广义循环经济和狭义循环经济的范畴，实现循环经济系统的目标和原则有两种途径：第一种是在全产业（包括动脉产业和静脉产业）过程中注重低消耗、高效率，第二种是在静脉产业中开展对废弃物的回收再利用，其中第二种途径是重点。

循环经济在我国有着深厚的基础，我国古代“天人合一”的思想即强调人与自然的和谐[3]。20世纪50年代以来，国家提倡废旧物品回收再利用，开始建立废旧物资回收系统，20世纪70年代初国家开始环境保护工作，多年来我国在节约综合利用、推进清洁生产、提高资源利用效率和无害化处理方面取得了积极的进展。

2.2 静脉产业理论

随着研究越来越深入，循环经济学的一个分支——以废弃物回收再利用为主的静脉产业经济学逐渐演化出来。20世纪七八十年代，日本学者吉野敏在《资源型社会的经济学》一书中首次提出静脉产业的概念：以资源和能源开采为起点，到生产、流通、最终消费的整个过程称为动脉过程；以生产或消费产生的废弃物为起点，到废弃物的收集运输、分类、分解、资源化或最终处理的过程称为静脉过程[4]。仿照生物体内血液循环的概念，动脉过程所涉及的产业被称为动脉产业，静脉过程所涉及的产业被称为静脉产业；动脉产业与静脉产业共同构成与人体血液循环系统类似的产业循环闭环系统。

产业是具有某种同一属性的企业的集合，其特征是以向社会提供产品和服务来获取一定收益，静脉产业除具有产业的一般属性外，还有一些自己的特征：① 静脉产业对环境的影响具有外部性：若废旧物资再资源化，减少了环境压力，则产生正外部性；若处理不当或处理过程中产生二次污染，则产生负外部性。② 原料获取对静脉产业发展的影响重大。一方面，静脉产业的形成在一定程度上取决于再生资源的存量，而静脉产业的原料主要是生产生活的废旧物资，因此资源存量与经济发展水平和生活质量密切相关；另一方面，静脉产业原料的供应具有分散性，考虑到成本因素，回收企业的形成在种类和地域方面是有选择性的。③ 静脉产业的发展受到动脉产业发展水平的影响，废旧纺织品静脉产业与纺织服装业的发展水平密切相关，纺织服装产业发展水平不同的地区，废旧纺织品回收再利用水平也有所不同。④ 静脉产业属于微利产业，并且静脉产业的衡量不能仅用单一的经济指标，还要统筹兼顾环境效益和社会效益。

在我国，静脉产业最早是由王朝君于1987年在其翻译的日本山田一的《自动化技术》一书提到的。2006年6月，国家环境保护总局在其发布的《静脉产业类生态工业园区标准（试行）》中提出静脉产业的明确定义：静脉产业（资源再利用产业）是以保障环境安全为前提，以节约资源、保护环境为目的，运用先进的技术，将生产和消费过程中产生的废物转化为可重新利用的资源和产品，实现各类废物的再利用和资源化的产业，包括废物转化为再生资源及将再生资源加工为产品的两个过程[5]。静脉产业包括的领域十分广泛，如废旧电池、废旧包装物、废旧电子产品、废旧汽车以及废旧金属、玻璃、橡胶、纸类、纺织品等。虽然我国废旧纺织品静脉产业相较于其他废旧物资回收再利用产业发展起步晚，但是已经引起了行业、社会和群众的高度关注。

2.3 产业链相关理论

2.3.1 产业链

产业链理论最早是1958年由美国经济学家艾伯特·O. 赫希曼在《经济发展战略》一书中提出的，他指出在初级产品和中间产品产业未能充分发展的情况下，从国外进口原件加工制造最终产品，可以对其他关联产业产生诱发作用，也就是说最终产品的加工制造业可带动上游产业的发展，他研究的是具有某种内在联系的、分工不同的企业群落间的关联关系。后来西方的研究重点转向微观领域的供应链和价值链，对产业链的研究逐渐弱化，就目前而言，可以说产业链理论是中国特色的理论。

产业链是指在一种最终产品的生产过程中——从最初的矿产资源或原材料一直到最终产品到达消费者手中——所包含的各个不同质的产业，按照生产逻辑构成的一个完整链条。从不同的角度出发，不同学者对产业链的内涵有不同的理解：陈朝隆、陈烈、金丹华将产业链等同于产业价值链；刘刚强调相关产业或企业之间的分工合作关系，认为产业链是分工的组织形式，产业链是基于分工经济的一种产业组织形式，这种分工合作关系表现为企业间的供需关系；蒋国俊从企业间关系角度，把产业链视为企业间的战略联盟关系；卢明华、李国平、杨小兵认为产业链是具有内在联系的产业集合[6]。

2.3.2 价值链、供应链

虽然学者在产业链的内涵上有不同理解，但是产业链概念的在微观层面上包含价值链和供应链这一点是公认的，不论是战略联盟关系还是产业集合、集群关系最终都要具化到微观企业之间的价格关系和供应关系上。因此本文对废旧纺织品静脉产业链的考察也是从产业链上下游企业间的价值增值关系和供应关系入手的。

价值链是企业自身价值的生成机制，是将企业的生产、营销、财务、人力等方方面面有机整合，将企业的业务过程描绘成一个价值增值的过程[6]。供应链是一个管理学概念，从产品供应角度向前后延伸。向前延伸是对生产活动的有机组成部分加以控制和协调，向后延伸是指将生产活动延伸至产品的销售和服务阶段。价值链是针对企业经营状况的价值分析，主要针对一个企业而言，其目的是弄清企业的价值生成机制，剖析企业价值链条的构成并进行优化，促进企业竞争优势的形成[7]。供应链往往是多个企业之间的关系，最初供应链管理一般是指跨企业的物流管理，现在企业间的连接已不仅仅局限在物流层面，同时也是战略联盟的结果，企业实施供应链管理是为了降低成本、提高反应速度，核心是为了增强企业的竞争力。再生资源产业链的运行实质上是再生资源的物流过程，再生资源物流运动的过程是通过一系列交易完成的，形成所谓的价值链，价值链引导着物质的流动，包括其流动的方向和强度，同时也是一种供应关系。研究产业链的相关问题，主要是研究产业链各环节企业的价值增值情况和产业链上下游的供应关系。

随着经济发展，逐渐演化出闭环供应链和闭环价值链的概念，闭环供应链和闭环价值链包括正反两个方向，正向供应链即传统供应链，它是正向物流流动过程中通过物流、资金流和信息流的控制，将供应商、制造商、物流商、销售商和最终消费者连成一个整体的网络结构[8]，正向价值链即企业在传统生产经营活动中的价值增值情况。逆向供应链是为了从客户手中回收已使用过的产品所必需的一系列活动，其目的是为了对回收品进行处置，或者再利用[8]，闭环价值链即是这一逆向供应过程中企业的价值增值情况。废旧纺织品回收再利用即是一种逆向供应和价值增值关系，是为了获取废旧纺织品的使用价值、正确处理纺织服装生产过程中产生的废弃物，由销售终端向原产业链上游进行逆向物质的供应和价值的转移。

2.4 静脉产业链理论

2.4.1 概念

静脉产业链是依据循环经济学原理，结合静脉产业理论和产业链理论提出的一个概念，是以提高资源利用率、环境友好为目标的一种二手商品或再生产品的生产过程——从最初的废弃物经加工、再造一直到最终产品再次到达消费者手中——所包含的各个不同质的产业，按照生产逻辑构成的一个完整链条，是废旧纺织品由销售终端向原产业链上游进行逆向物质供应和价值转移的过程。我国学者很早就提出要发展静脉产业、构建好城市静脉产业链[9]（薛智韵，2007）；指出构建适应于中国国情的城市静脉产业链模式，需要政府政策引导、法律支持和市场调节相结合[10]（窦永乐等，2009），但并没有明确给出静脉产业链的定义。2012年，吴迪在《静脉产业链形成及运作机理分析》一文中，参考静脉产业和产业链的定义，给出了静脉产业链的概念：静脉产业链是指以恢复和扩大自然资源存量为宗旨，以提高资源基本生产率和满足社会需要为主题，对两种以上产业的链接进行设计（或改造），并开创为一种新型产业系统的系统创新活动，主要通过产品体系规划、元素集成以及数学优化方法，构建材料、产品、副产品及废物利用的工业生产链，实现物质的最优循环和利用[11]。

2.4.2 形成机理——蛛网模型

静脉产业产生的初期，由于经济规模小，产业各环节工作由一个企业便可完成，随着产业发展，开始出现专门从事某一环节的企业，继而社会分工不断细化，生产过程被划分为一系列有关联的生产环节，分工与交易的复杂化使得各环节在分工和交易中通过什么样的方式进行链接成为突出问题，静脉产业链形成的动因就在于寻找一种企业链接和组织的方式，节约交易成本，创造产业价值最大化。静脉产业链形成的内在要求是：生产效率≥内部企业生产效率之和；同时，交易成本≤内部企业间的交易成本之和[12]，其本质是“1+1＞2”的价值增值效应，否则各企业间不会形成合作关系。反之，单个的企业越来越难应付复杂的分工和交易，产业关联成为其必需的选择，最终形成静脉产业链。因此静脉产业链是实现静脉产业价值增值的根本途径。

静脉产业链的形成在本质上和产业链的形成原理是一致的。根据产业链形成的蛛网模型，可得到静脉产业链形成的蛛网模型。如图5-2所示，原点O是初始状态，x轴表示市场交易程度，y轴表示静脉产业链发展程度，z轴表示社会分工程度，点离坐标轴原点的位置越远表示程度越深，处于原点时既无社会分工也无市场交易，自然不会形成静脉产业链，从C_1开始，随着社会分工的发展，市场交易不断加深达到A_1，在A_1作用下产生B_1，在B_1点开始连结成某种静脉产业链形式与A_1对接，B_1这种静脉产业链的形成进一步促进了社会分工发展，社会分工就从C_1演化到C_2。如上述过程，C_2促进市场交易程度从A_1演化到A_2，在A_2的作用下，形成B_2这种静脉产业链形式。按照同样的原理，B_2促使C_2发展到C_3，

C_3又促使A_2发展到A_3，A_3又促使静脉产业链从B_2发展到B_3……周而复始形成螺旋上升的发展趋势，最终构成一幅蛛网状的发展路径图。蛛网图演示了静脉产业链形成发展的过程，说明社会分工引起静脉产业链的形成，并且在市场交易中，静脉产业链组织不断深化，静脉产业链条不断延伸，静脉产业链的形式日益复杂化。

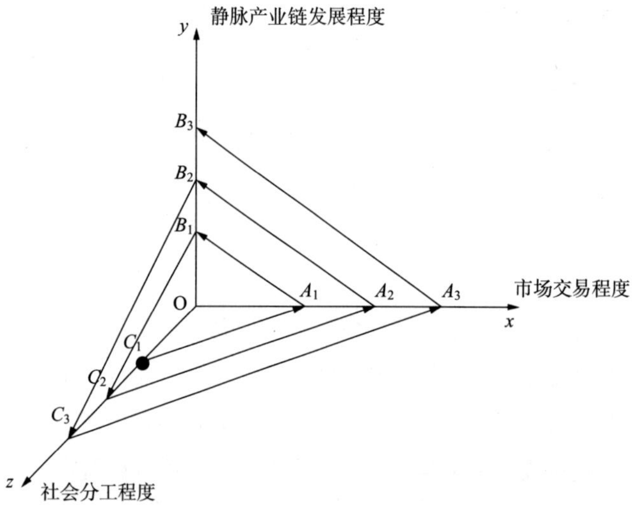

图5-2　静脉产业链形成的蛛网模型

第 3 章　废旧纺织品静脉产业链分析

在社会分工和市场交易的促进下，产业链形成并日益深化，纺织服装全产业链包括动脉产业链和静脉产业链，在纺织服装动脉产业链中，从纤维到面料，再到纺织品、服装，最终形成废旧纺织品，是动脉产业链生产、消费的全过程，废旧纺织品最终被当作垃圾丢弃，产业链终止。在纺织服装静脉产业链中，动脉产业链产生的废弃物恰好是静脉产业链的原料，因此静脉产业链存在的意义在于回收动脉产业链所产生的废旧纺织品，根据其情况进行二次交易或再生利用，使整个纺织服装产业链形成一个闭环（图5-3），使原本作为垃圾处理的废旧纺织品或其面料、纤维得以再利用，节约资源，减少污染。从闭环中可以分析出废旧纺织品静脉产业链闭环的环节、参与主体和组织运行模式等要素。

3.1　废旧纺织品静脉产业链的环节

如图5-3，图中实线和虚线是物质流的方向，实线是纺织服装动脉产业过程，由生产、加工、销售、消费等几个环节构成。虚线a、b、c、d是纺织服装静脉产业过程，是通过二手交易或再制造将废旧纺织品转变为服装商品、产业用纺织品、再生纤维或再生面料以及最终处理的过程，使纺织服装动脉产业所产生的废弃物有了处理的回路，再次成为纺织服装动脉产业中的原料、产品或中间产品，实现产业内部原料与产品间的物质循环。除此之外，一部分再生纤维将直接用于其他行业。由上述过程可以分析得到废旧纺织品静脉产业链的几个环节：回收，分拣，物流、仓储，再利用以及无害化处理。

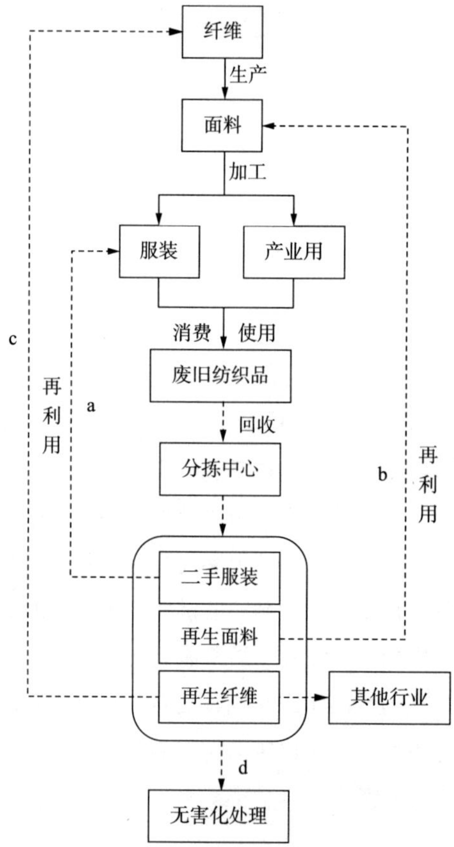

图5-3　废旧纺织品静脉产业链闭环

3.1.1　回收

（1）废旧纺织品的来源。废旧纺织品主要有三个来源：第一种是生产过程中产生的边角废料，第二种是特定的行业服装，第三种是家庭消费的服装纺织品。

①生产过程中产生的边角废料是指纺织品服装生产过程中产生的残余物，由于产生于生产过程中，易于收集和分类，不存在使用损耗问题，已被广泛再利用。例如：服装制造的边角料可用来制作抹布、絮状物或毡子，也可拉开重纺。地毯制造产生的废纤维用于制作汽车的隔音毡料。纺织行业固体废弃物的利用率在“十一五”时期就已达到90%以上，纺织企业的边角余料通过各种方式综合利用于各个领域。

②特定行业服装如军服、警服、校服、工服等，其特点是面料、款式统一，颜色固定，回收分拣相对简单。每年我国各行各业会产生大量的此类废旧服装，如果能与专业机构合作，进行回收再利用，既能节约资源，还能解决此类废旧纺织品处理的难题。例如浙江富源集团与中国解放军总后勤部军需装备研究所在诸暨建立的废旧纺织品回收利用基地就是主要研究废旧军服再利用的中心，通过突破真空开棉、脱气熔融、半醇解、涤棉分离、再聚合等一系列技术、工艺和设备上的难题，将废旧军服制成可再生纤维，用于制造箱包、服装和毛毯等产品。

③家庭消费的服装纺织品包括服装、鞋帽、床上用品、窗帘等，这类纺织品款式多样、颜色复杂，随着社会经济的发展，家用纺织品服装的淘汰速度越来越快，此类废旧纺织品的存量会越来越大，而其分布具有分散性，回收相对更为复杂和困难，因此成为目前废旧纺织品回收再利用研究的重点。

（2）废旧纺织品的回收方式。根据废旧纺织品的三种来源，边角废料和行业服装有集中性的特点，易于开展集中回收，回收方式较为简单。家庭消费的废旧纺织品较为分散，通常有三种回收方式：①服装企业自主回收，指服装企业依托原有的销售渠道对废旧纺织品进行回收和再处置的行为。②回收网点，即通过分布在城市大街小巷的再生资源回收网点进行回收；目前我国的回收网点多为无照经营的个体户，以走街串巷的形式从居民手中回收废旧纺织品，再销售给大型的回收站或再生资源开发公司。③社区回收，指直接深入居民社区的回收方式；如专业的回收企业或者社会公益组织经相关部门许可后可在社区开展活动或放置回收箱来回收废旧纺织品。

3.1.2　分拣

分拣是以分拣厂或分拣中心为载体的，根据废旧纺织品的新旧程度、成分、颜色等指标对废旧纺织品进行分类的环节。分类越细致越有利于下一产业环节根据废旧纺织品的不同性质进行再利用。我国对再生资源分拣中心有明确的建设管理规范，但是由于我国废旧纺织品的回收还处于起步探索阶段，还未建成废旧纺织品分拣中心，因此目前我国废旧纺织品的分拣都是由回收企业完成的。在欧洲，产业分工完备，已形成了专业的分拣中心，并且一些大型分拣中心还开发了全程吊挂的分拣设备，虽然仍需要人眼识别、鉴定废旧纺织品的归类，但是已大大提高了分拣效率和准确性，每天可集中分拣400吨左右的废旧纺织品，最终可分成350个类别。

3.1.3 物流、仓储

废旧纺织品静脉产业任何一个环节都离不开物流运输，并且静脉产业中包含正向和逆向两种物流模式。废旧纺织品从消费者手中重新回到企业的物流过程是一种逆向物流。逆向物流有两种内涵：一是退换商品形成的物流运动，二是对废旧产品的回收和处置形成的物流运动[13]。本文采用的是逆向物流的第二层含义，即为了获取废旧纺织品的使用价值或对其进行正确处置，将废旧产品沿供应链从终点（消费者）向供应链上游（包括销售公司和生产企业）运输的过程。当废旧纺织品回到再生企业后，被加工成再生纤维，流向纺织企业再到服装制造企业最终到服装销售公司，这一经过是与纺织服装动脉产业相同的正向物流过程。由于物流和仓储需要设备的前期投入，投资回报周期长，因此可引入市场化运作机制将这部分业务外包。

3.1.4 再利用

资源化再利用是废旧纺织品静脉产业链中最为复杂的环节，因为废旧纺织品本身具有复杂性。首先服装的基本属性较为复杂，服装面料、款式、工艺、颜色、辅料和配饰均会影响废旧纺织品的回收利用价值和方式，例如纺织品的面料直接影响废旧纺织品的回收再利用价值，而款式、工艺、辅料和配饰影响拆解的难易程度。目前回收再生产技术比较成熟的主要是针对棉、毛、涤纶三种材料，因此这三类面料的纺织品是主要回收对象。除了基本属性外，不同的使用环境也可以决定纺织品服装不同的回收再利用价值，例如废旧纺织品的用途和磨损程度等。废旧纺织品资源化再利用的途径主要是根据其回收再利用的使用价值划分的，废旧纺织品的使用价值如图5–4所示。

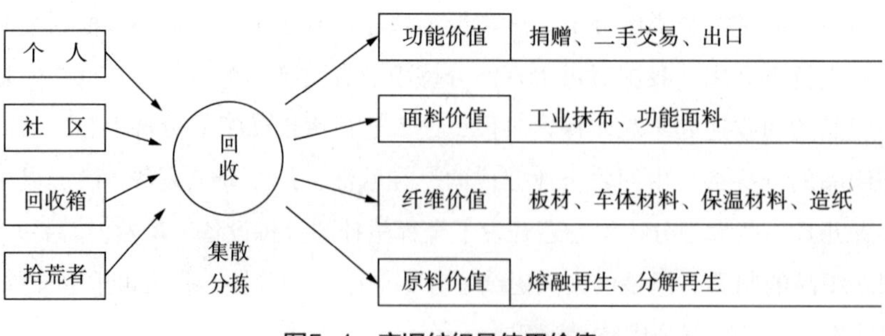

图5–4　废旧纺织品使用价值

根据不同的使用价值，废旧纺织品有四种不同的再利用途径：捐赠、出售，机械回收，物理回收和化学回收。其中，可穿着的废旧衣物用于捐赠或出售，其余部分可通过机械回收、物理回收和化学回收的方式对其面料、纤维和原料加以利用。

（1）捐赠、出售。成色较新、可再次穿着的衣物用于捐赠、二手交易或出口，直接转化为动脉产业中的二手服装产品，利用的是废旧纺织品的功能价值。我国禁止废旧纺织品二手交易，因此捐赠、出口是八九成新衣物的主要出路，其中保暖性较好的秋冬季服装捐赠到我国中西部贫困地区，夏季服装主要出口到非洲。

（2）机械回收。机械回收是将废旧纺织品进行简单的机械加工，例如将吸收性能较好的边角布料或废旧纺织品裁剪用于工业抹布，利用的是废旧纺织品的面料价值；开松、破碎加工成再生纤维用于纺纱、绝缘、隔热、隔音等用途，制造成空调隔音件、汽车内饰件、墙体保温板、毛绒玩具填充物，或用于造纸、石油等行业，利用的是废旧纺织品的纤维价值[14]。

（3）物理回收。物理回收是不破坏高聚物的化学结构，经过干燥、熔融提取出再生纤维，再由纺丝、牵伸、成布等工序，制成非织造布、泡沫、土工材料、编织袋等，利用的是废旧纺织品的原料价值；此外还有在原有面料的基础上配合抗菌、阻燃、高压缩等技术，通过添加涂层等方式制成再生功能面料，利用的是废旧纺织品的面料价值[15]。

（4）化学回收。化学回收是通过水解、醇解、碱解、氨解、热解等多种化学方法将纤维中的高分子聚合物解聚分解成化学单体或低聚物，再制成再生化学纤维，这种方法对工艺技术要求较高，多用于价值较高的高分子材料，利用的是废旧纺织品的原料价值[16]。

3.1.5 无害化处理

废旧纺织品的无害化处理方式主要是焚烧、土地填埋和堆肥[17]。焚烧是对废旧纺织品进行高温燃烧，并对燃烧余热加以利用的方式，焚烧可以使有机物碳化，减少90%的体积和70%的质量，还能杀死病原体，是安全性较高的处理方式。填埋是将废旧纺织品在合适的场所进行填埋封固处理，其最大的优势是处理简单。堆肥是将天然纤维中的有机物通过微生物的代谢作用转化为腐殖质的方式，只有以可降解的天然纤维为原料的废旧纺织品能适用于堆肥的处理方式。

3.2 废旧纺织品静脉产业链的主体

废旧纺织品静脉产业链有4大主体：企业、政府、社会组织和消费者。企业是产业链生产活动的主要承担者；政府是静脉产业链系统的管理者；社会组织包括各类公益组织、行业组织以及科研机构、院校等，是静脉产业链的重要参与者，为产业链提供各种服务；消费者是产品包括二手产品、再生产品消耗的基础单位也是废旧纺织品的主要排放者，即静脉产业原料的主要提供者，因此是静脉产业链形成的基础。

3.2.1 企业——主要承担者

参与废旧纺织品回收再利用事业的企业有两大类：纺织服装企业和静脉产业企业。纺织服装企业是指在动脉产业中从事纺织服装生产和销售的企业；静脉产业企业是静脉产业的经营主体，是专业从事废旧纺织品回收、分拣、再利用及无害化处理等经营活动的企业。

（1）纺织服装企业。纺织服装企业的主营业务虽然在动脉产业领域，但也可成为废旧纺织品静脉产业链的企业主体之一。纺织服装企业细分可包括纺织企业，服装生产企业，服装分销、零售等销售商等。例如瑞典的H&M和日本的UNIQLO（优衣库）两家快时尚服装企业，分别于2011、2013年开始在本土开展旧衣回收活动，继而在全球范围内的店面展开。2014年，在政府部门和行业协会的主导下，我国开启了第一轮企业旧衣回收的活动——“旧衣零抛弃”，共有波司登、溢达纺织集团、鲁泰纺织等8家服装企业在各自的品牌门店开展了旧衣回收活动。

上述活动的共同点是依托原有的销售渠道，有利于快速推开和节约渠道成本，同时方便顾客识别和锁定投放点。不同点是再利用的着重点不同，UNIQLO和“旧衣零抛弃”以慈善捐赠为主，H&M则旨在再生产，H&M将回收的旧衣运回瑞典，由I：Collect公司（其母公司SOEX是目前世界上规模最大、对废旧纺织品及鞋类进行回收并再循环使用的专业企业）进行再利用[18]。纺织服装企业是纤维消耗的主体单位，回收废旧纺织品进行再利用不仅仅是企业承担社会责任的一种表现，也是构建闭环的销售及回收再利用系统、最小化资源消耗和浪费的有效途径。

（2）静脉产业企业。废旧纺织品静脉产业企业是静脉产业的经营主体，是指专业从事废旧纺织品回收、分拣、再利用及无害化处理等经营活动的企业，是静脉产业发展的承担者与实施者。在我国大部分城市废旧纺织品是与其他城市再生资源一并回收后再分拣的，并没有专业的废旧纺织品回收企业；目前国内专业废旧纺织品回收的主导企业是上海缘源实业有限公司，该公司自成立以来运行良好，已成功实现扭亏为盈，并逐渐以上海缘源实业有限公司为主导在江浙一带开始形成集聚趋势。再利用方面，我国已诞生一批具有竞争力的再生龙头企业，例如，宁波大发化纤有限公司主营废旧聚酯再生，浙江佳人新材料有限公司主营废旧聚酯高值化利用，温州天成纺织有限公司以各种服装边角废料为主要原料生产再生棉纱，山东愉悦家纺有限公司利用废弃纤维生产节能新型墙体保温板，安徽广德天运新技术股份有限公司利用废旧纺织品生产功能性板材等。

3.2.2 政府——管理者

废弃物排放具有外部性，如果废弃物得到有效处理，则可使他人和社会收益，社会边际效益大于私人边际效益，产生正外部性；如果随意排放污染生活环境活或在废弃物的处理过程中产生二次污染，则会使他人或社会受损，社会边际成本大于私人边际成本，产生负外部性[19]。从产品属性来看，废弃物处理具有受益的非排他性和消费的非竞争性，属于公共产品，应由政府来提供，但政府行为并不总是有效的。从经济角度来看，废旧纺织品回收再利用虽然前期投入大，但发展前景和未来的盈利能力被看好，是企业可选的投资方向之一。因此，政府在废旧纺织品静脉产业体系中可充当管理者的角色，引导符合条件的企业进入废旧纺织品回收再利用产业中，通过税收减免、行政补贴等优惠政策，颁发行政许可、罚款等行政规制和相关法律法规的引导，对企业行为进行激励与约束。

可以说废旧纺织品静脉产业链的建设离不开政府的主导作用。首先，政府可以通过政府购买的方式实现对废弃物的管理，如北京市城市再生资源服务中心对市内众多的回收网点进行服务与管理。其次，循环经济法律、国家发展规划以及标准体系等法律制度建设对废旧纺织品回收处理起到引导和规范作用。最后，废旧纺织品回收工作的推进离不开政府的支持与宣传，比如上海缘源实业有限公司的崛起，“地球站”公益项目、“旧衣零抛弃”活动的开展都离不开政府的支持。

3.2.3 社会组织——重要参与者

参与废旧纺织品回收再利用事业的社会组织主要有公益组织和行业协会等。除此之外，科研机构和各大高校一直在为各行业提供科学研究支持，在废旧纺织品回收再利用技术和管理科学的推进中也做出了突出贡献。

（1）公益组织。从国内外的实践经验来看，除二手交易外，捐赠是可再次穿着旧衣最主要的利用途径，捐赠离不开与公益组织的合作。如北京的兰花草艺术基金是中国青少年发展基金会下属的专项基金，其下设的西部温暖计划每年在中东部地区城市募集衣物等资源捐赠到西部地区；民政部支持的“地球站”公益创业项目在北京周边等地开设了6家爱心超市，受益对象确定为城镇低收入人群。

（2）行业组织。行业协会、商会等各类行业组织是政府与企业沟通的桥梁和纽带，是政府管理职能的重要补充，在行业解读、传达政府政策、传递行业前沿科技与信息、引导行业发展方向等方面发挥着重要作用。在废旧纺织品回收再利用体系建设过程中，中国循环经济协会、中国纺织工业联合会环境保护与资源节约促进委员会、中国生态文明研究与促进会等协会通过主办行业论坛、行业会议、为企业搭建联系平台等方式起到了很大的推动作用。

3.2.4 消费者——基础

消费者是各类产品消耗的基础单位也是废旧纺织品的主要排放者，是静脉产业原料来源与市场的连接点。消费者的环保意识一方面会影响到废旧纺织品的回收，另一方面会影响到二手商品和再生产品的市场认可度，密切影响废旧纺织品静脉产业的原料和市场一头一尾两个关键环节，因此说消费者是废旧纺织品静脉产业得以顺利发展的基础。根据“旧衣零抛弃”活动开展期间针对北京市民的一项调查问卷显示：约83%的被调查者家中闲置衣服数量在10件以上，可见仅北京市的旧衣存量就十分可观；约84%的被调查者认为旧衣是一种可利用的资源，对二次穿着和再生纤维的认可度分别约为64%和57%[20]，随着经济和教育的发展，消费者的意识水平还会有所提高。但是，据调查问卷显示，消费者对废旧纺织品回收还存在一定的担忧，主要集中在卫生情况和去向不明两个问题上。

3.3 废旧纺织品静脉产业链的组织运行模式

废旧纺织品静脉产业链有两种组织运行模式，一种是纺织服装企业逆向组织运行模式，即以纺织服装企业为主导，由服装销售商回收废旧纺织品并交由上游企业或其他机构处理；另一种是社会网络组织运行模式，主要是从社区回收废旧纺织品，再由各种机构联合开展再利用。

3.3.1 纺织服装企业逆向组织运行模式

纺织服装企业逆向组织运行模式是指纺织服装企业依托原有渠道对废旧纺织品进行回收和再处置的行为。纺织服装企业逆向组织模式的组织过程如图5-5所示。

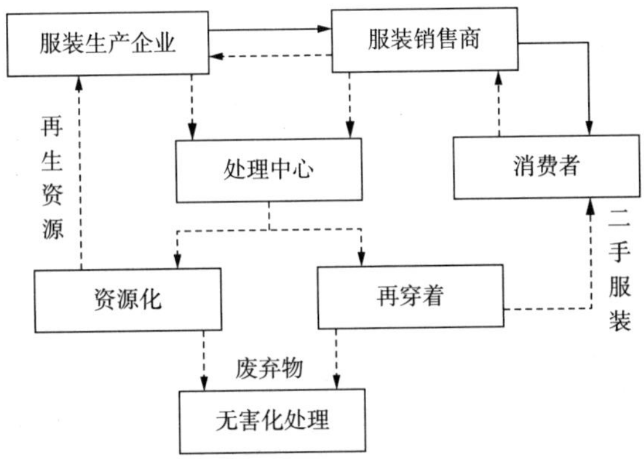

图5-5 纺织服装企业逆向组织模式

纺织服装生产企业通过服装销售商或自有商店将服装产品销售给消费者，即图5中的实线过程。消费者决定废弃商品时将消费后的旧衣返还到服装商店，再由零售商到分销商再到商品生产企业，沿原有销售渠道逆向运输直到返回处理中心进行处置，即图中的虚线过程。服装销售商和生产企业可将回收的旧衣交由遍及销售市场区域的回收中心集中处理，也可以直接由生产企业进行处理，一部分可再穿着的服装经由公益组织或二手商店再销售给消费者，一部分可进行资源化利用的旧衣送到再生企业加工成再生纤维用于纺织服装企业或其他用途，剩余状况不好的旧衣进行无害化处理。

纺织服装企业逆向组织运行模式有很多优点：①服装销售网点分布广泛且贴近消费者，具有普遍性和便利性。②逆向物流与正向物流的路径重合，可以对正向物流的资源加以整合利用。③纺织服装企业回收废旧纺织品的同时可以向消费者提供折扣券、小礼品等优惠条件，一方面可以提高消费者环保意识，另一方面也能对企业的销售起到促进作用。④废旧纺织品回收的过程同时也伴随着信息流，有利于企业了解消费者对于服装面料、颜色、款式等方面的需求。⑤如果企业自营回收是自己品牌的服装，则企业对产品的面料、款式等设计较为熟悉，方便企业合理安排运输、分类和在企业内部开展再利用等活动，提高回收再利用的效率，特别是一些特殊的材料和面料比如皮草等。

同时，纺织服装企业逆向组织模式也存在一些缺点，比如逆向经营占用企业资源，造成企业的资金和人员分散，可能会削弱企业的核心竞争力；且逆向经营投资成本很高，但由于目前技术开发等方面的限制，相对服装企业的主营业务而言收益尚不明显，中小规模企业没有能力和激情从事此项事业。

3.3.2 社会网络组织运行模式

社会网络组织运行模式是指由专业回收机构、专业分拣中心和专业再生利用企业进行废旧纺织品的回收、再利用和资源化的组织运行模式[21]。图5-6是社会网络组织运行模式的概况。

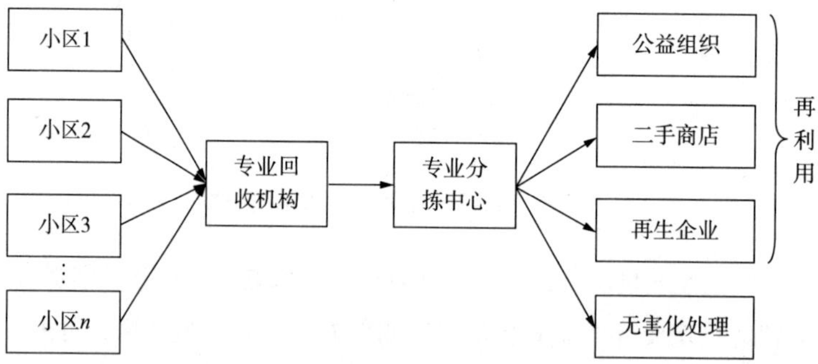

图5-6 社会网络组织运行模式

在社会网络组织运行模式中，消费者、回收机构、分拣中心、再利用机构等都是整个回收、再利用网络体系的一个模块。专业回收机构一般通过放置回收箱的方式深入到各个居民社区收集废旧纺织品，通过自有物流系统或外包物流系统运至专业分拣中心，根据废旧纺织品的使用情况分拣后分别交由公益组织进行捐赠、二手商店再销售或由再生企业加工成再生资源，剩余不可再利用的废旧纺织品进行无害化处理。专业回收机构和专业分拣中心将消费者与再利用机构有机联系起来，实现了废旧纺织品资源的流通。

在废旧纺织品回收再利用兴起的阶段，各回收主体间联络较少，各种单位和组织出于自身事业发展的需要会独立开展废旧纺织品的回收，因此可能出现同一小区内有多个旧衣回收箱的状况，既对群众选择造成扰乱又是一种资源的浪费；随着废旧纺织品静脉产业的发展和扩大，产业不断整合，出现专业的回收机构和分拣中心，可以统一配置资源、规划更为科学合理的运营路线，降低单个企业独立建立回收、分拣系统的成本，发挥专业优势，实现规模经济。这种组织模式需要专业机构与公益组织、下游企业等单位的有效沟通和相互信任，在分工上达成合作的共识，共同形成一个覆盖面广、上下游产业链齐全而联系紧密、供应链畅通的网络体系，因此被称为社会网络组织运行模式。通常这种模式可依靠专业机构的影响力，获得政府和社会各界的支持而自发形成；也可直接由政府相关部门或行业领导者组织发起。

3.4 本章小结

本章分析了构建废旧纺织品静脉产业链模型所需的三大要素——产业链的5个环节、4大主体和2种组织运行模式。产业链内部诸环节是共生的[22]，回收、分拣、物流、再生与最终处理各环节上下游之间要进行合理的分工合作和有效沟通，产业链的运行效率和价值增值能力需要产业链上各个环节相互协调才能有所提高。废旧纺织品的处理涉及经济、环境、文化和意识等诸多方面，需要政府、企业、组织和个人等全社会的合力才能实现最优消耗、最适消费和最少废弃的目标，实现废旧纺织品回收再利用经济效益、环境效益以及社会效益的最大化。

第 4 章　废旧纺织品静脉产业链“5+4+2”模型

上一章对废旧纺织品静脉产业链的环节、主体、组织运行模式进行了具体分析。在产业链5个环节（回收、分拣、物流和仓储、再利用、无害化处理）共生和4大主体（企业、政府、社会组织、消费者）协作的基础上，根据系统耦合理论，综合考虑废旧纺织品静脉产业链的2种组织运行模式，本文首次提出了废旧纺织品静脉产业链的“5+4+2”模型。

4.1　“5+4+2”模型构建及解释

4.1.1　模型构建

废旧纺织品静脉产业链“5+4+2”模型的两种组织运行模式并非完全并列，而是存在着耦合关系。耦合指两个或两个以上性质相近的系统互相作用，彼此影响和融合，进而形成新的更高一级结构；通过系统耦合结合而成的、新的、成分更为复杂、结构更为合理、更高级的功能体就是耦合系统[23]。系统耦合最早起源于物理学，后逐渐运用到生命科学、地球科学等领域，成为研究综合、复杂生态问题的重要手段[24]。静脉产业经济学与生态经济学存在相同的研究目的。生态产业链是指依据生态学的原理，以恢复和扩大自然资源存量为宗旨，为提高资源基本生产率和社会主体需求，对2种或2种以上的产业链接进行设计或改造，并开创为一种新的产业系统的活动[25]。静脉产业链的建设同样要实现消耗最优、废弃最少，扩大自然资源的存量、减轻对环境的污染，同时还要实现经济效益和社会效益的最大化，是一个贯穿产业各环节、涉及社会各个层面的庞大的经济系统、生态环境系统和社会系统的耦合体。废旧纺织品静脉产业链“5+4+2”模型如图5-7。

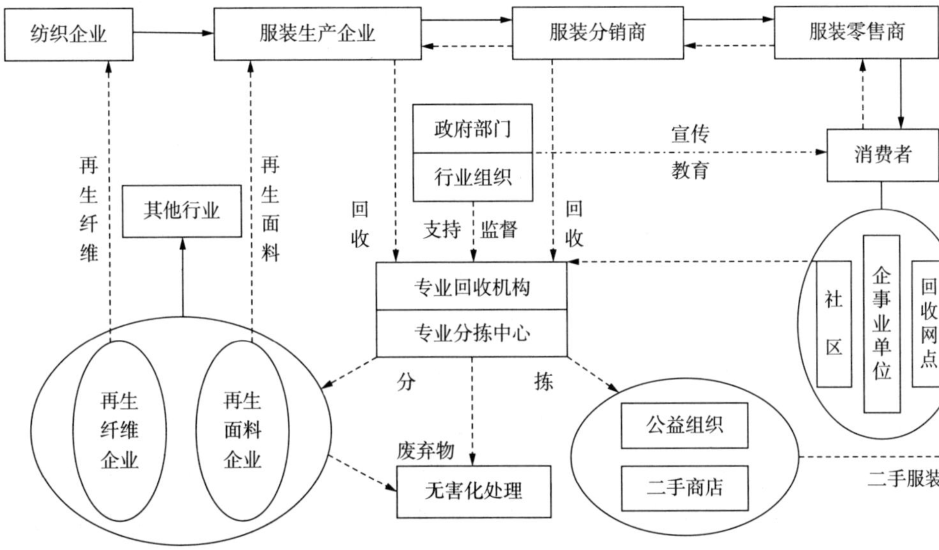

图5-7　废旧纺织品静脉产业链“5+4+2”模型

4.1.2　对模型的解释

相关环节的改进：

（1）回收环节。原来独立进行废旧纺织品回收、分拣的各类企业和社会组织在“5+4+2”模型中只作为专业回收企业的辅助单位，将各自回收的废旧纺织品运至专业分拣中心，并直接从分拣中心获取适合自身使用的部分废旧纺织品。这一改进的优势有：第一，有利于各企业或组织专注于本职工作，增强核心业务能力；第二，回收主体统一，可对回收网络进行统一规划、合理布局，达到节约物流、人力、资源建设等成本的目的，获得规模经济效应；第三，由于专业回收、分拣机构影响力大，易于和下游再利用渠道如公益组织和再生企业建立联系和合作关系，避免各类主体由于找不到下游合作机构导致的分拣利用后剩余废旧纺织品处理难的问题。

（2）分拣环节——模型的核心。“5+4+2”模型的核心是一个拥有超大处理量的专业分拣中心，它是动脉产业和静脉产业的连接点，是产业链各主体联系的纽带，它改变了各主体独立回收分拣导致的资源重复、技术落后、效率低下的现状，依靠高科技设备和高专业水准，以强大的处理能力集中各种渠道的废旧纺织品一并进行分拣，统一分配，大大提高分拣效率以及分拣的专业性、准确性和细致性，分类越细致越有利于产业下游进行多途径和多层次的充分利用，提高附加值，减少资源浪费。并且，市场上各种规模的回收分拣中转市场混杂，特别是回收个体户灵活性、流动性大，管理起来十分不易，而分拣市场更易于控制，避免废旧纺织品流向“黑作坊”。

（3）再利用环节。在“5+4+2”模型中，回收单位、分拣中心以及再利用企业形成稳定的上下游供应关系，再利用企业的原料有了保证，不必担心由于各种社会原因导致的废旧纺织品供应不足，利于其专心从事废旧纺织品再生科技的研究与应用，有利于取得技术进步，进一步降低再生材料的获取成本，提高废旧纺织品回收再利用的价值增值。纺织服装企业进入这一体系，也易于其享受社会科技进步的成果，以部分廉价再生材料取代原生材料，既能节约原料成本，也是企业承担社会责任的体现。特别是一些大型的集团公司在原料种植或养殖、纺织、服装生产、销售等全动脉产业链各部门都有下属的分公司或子公司，已经实现了动脉产业链从原料供应、生产、物流到销售的闭环经营，此类企业出于节约成本的激励及原料研发的优势，更愿意参与到废旧纺织品再利用事业中。

相关主体行为：在各环节改进的分析中，主要探讨了废旧纺织品回收、分拣和再利用相关企业和组织的行为，接下来分析一下相关主体的行为和作用。

（1）消费者。消费者是回收的起始环节和消费的最终环节，一方面，该模型的建设与运行本身同时伴随着对回收意识、环保意识的宣传，会对消费者产生一定的正面教育意义，进而影响到废旧纺织品的回收。另一方面，消费者在这一体系中通过服装销售商、社区、单位及回收网点等多种渠道与专业回收机构建立联系，虽然渠道众多，但最终都集中到统一的回收、分拣中心，便于消费者了解废旧纺织品的去向以及对卫生和使用问题进行监督，进而可以更放心地购买二手商品和再生产品。

（2）核心机构。政府部门和行业组织是这一体系的核心机构，对消费者有宣传、教育和引导的责任，对各类企业和组织有支持和监督的责任。特别要注意政府部门和行业组织在该模型初期形成阶段的重要作用，由于专业回收机构和分拣中心的建设存在外部效应且投资大，往往是在政府部门的主导下建立的；且该模型涉及面广，包括各类企业、慈善基金、多个管理部门等，要在原本松散的各类单位之间达成理解与共识、建立上下游合作关系，只有依靠政府或行业组织的力量才可能协调各方关系，进行顶层设计。

两大组织运行模式的耦合："5+4+2"模型通过纺织服装企业逆向组织运行模式与社会网络组织运行模式的耦合，将纺织服装企业自营回收途径和社会网络回收途径统一于一个专业的回收分拣中心，纺织服装企业与社会单位负责各自在静脉产业链分工中应承担的工作，并通过专业回收和分拣中心连接起来。纺织服装企业成为社会回收网络的一部分，不再独立承担分拣和再利用工作，回收机构可支付一部分企业从零售商到分销商或生产厂商集中过程的物流费用作为一般回收成本的抵扣，纺织服装企业自营回收和社会网络回收的耦合可以充分发挥服装企业原有的渠道优势和专业回收分拣中心的资源优势、专业优势和规模优势。

4.2 "5+4+2"模型构建路径研究

"5+4+2"模型为废旧纺织品静脉产业链的发展模式提供了一种思路，在实际发展过程中，静脉产业的发展受到再生资源的存量和动脉产业发展水平的影响，废旧纺织品回收再利用产业的发展与城市废旧纺织品存量和纺织服装业的发展水平密切相关，根据中国纺织工业联合会2011年的统计数据，我国重点城市及周边地区废旧纺织品收储量、主要废旧纺织品交易市场情况如表5-1和表5-2所示。

表5-1 2011年我国重点城市及周边地区废旧纺织品收储量

	北京（天津）周边地区	上海周边地区	浙江周边地区	广东福建	进口	其他	合计
收储量（万吨）	100	50	80	40	30	50	350

数据来源：中国纺织工业联合会2011年的统计数据。

表5-2 2011年我国主要废旧纺织品交易市场

	苍南/宜山	江阴	粤东	普宁	河北	山东	福建	合计
交易量（万吨）	200	15	42	12	12	40	24	345
产品类别	棉/涤	毛	涤	涤	开花料 氨/涤/腈	开花料	涤纶 开花料	—

续表

	苍南/宜山	江阴	粤东	普宁	河北	山东	福建	合计
企业户数	2000	200	—	—	—	—	—	—
年产值（亿元）	180	—	—	—	—	—	—	—

数据来源：中国纺织工业联合会2011年的统计数据。

以上两表数据来源于中国纺织工业联合会2011年的行业调查数据，由于数据采集有相当的难度，因此上表的数据并不完整。由以上两表可知，北京、上海、广东、深圳以及江浙一带地区人口密集、经济发达、城市居民消费能力强、纺织品服装淘汰速度快，废旧纺织品存量很大；且江苏、浙江、广东、山东、福建是我国纺织服装工业五大省，总产值占全行业比重达70%以上，纺织服装产业集群众多、技术先进，为这些地区发展废旧纺织品回收再利用产业提供了原材料以及经济基础和支持技术。因此我国废旧纺织品回收再利用企业布局集中在纺织服装生产、消费大省。这些地区废旧纺织品收储量大，回收再利用产业萌发较早，再利用先进技术，废旧纺织品产业发展迅速，业已形成规模较大的交易市场，甚至是集回收、出口、再生制造于一体的产业体系。因此本文在对我国废旧纺织品回收再利用产业布局及发展现状的研究基础上提出了构建“5+4+2”模型的两条路径：一是以上海为代表的企业主导路径，二是以北京为代表的政府主导路径。

4.2.1 路径Ⅰ：企业主导——以上海为例

长三角、珠三角一带分布着众多大大小小的废旧纺织品回收再利用企业，各企业间相互合作并形成了大型的废旧纺织品交易市场，因此我国南方的静脉产业体系应该是由企业为主导的，由一个回收分拣主导企业和众多补链企业构成。企业主导的核心思想是首先确定一家主导企业作为产业链的主要环节，然后根据企业业务范围、区域位置等，选取几家上下游关联密切、地缘接近的相关企业及单位对产业链进行补充，称为补链，以主导企业的废旧纺织品、中间产品或最终产品为链接的有形纽带、以相关技术和供应关系为链接的无形纽带[26]，通过市场和政府一只无形的手和一只有形的手，使主导企业与上下游相关企业及单位相链接逐渐构建成一个完整的静脉产业链体系。

（1）路径选择。以上海缘源实业有限公司（以下简称缘源）为主导企业，在缘源原有的回收分拣设备和规模的基础上，进一步扩大回收范围，引进全自动吊挂分拣流水线，再引入安徽广德天运新技术股份有限公司、温州天成纺织有限公司、鼎缘（杭州）纺织品科技有限公司、宁波大发化纤有限公司、浙江佳人新材料有限公司及纺织服装生产销售企业、泥浆助剂生产企业、钢铁厂和发电厂和相关公益组织如市慈善物资管理中心、妇联等单位，集中分配处理我国南方大部分地区的废旧纺织品资源。

（2）主导企业概况。缘源于2008年初注册，2012年成为中国废旧纺织品技术创新战略联盟理事单位，2013年7月开始扭亏为盈，是国内废旧纺织品产业的标杆企业[27]。缘源主要从事经批准的废旧衣物回收、分类、整理及后调剂业务，回收来源主要是社区，根据社区居民户数确定回收箱的投放数量：500~600户的社区投放一个箱体，1000户以上的社区投放2个箱体，居民较少的则几个社区共同使用一个箱体[28]。其在上海地区放置回收箱的数量从2010年的32只增长到2014年的1925只；年回收总量已从12吨增长到1255吨，可见其事业发展十分迅速。目前缘源除了在社区放置回收箱外，还逐渐将回收箱的放置范围扩展到政府部门、企业单位、大中小学等场所。

缘源现有三辆收运专车，每辆车由一名司机和一名搬运工人负责收集装运，根据废旧纺织品产生量划定重点、次重点和非重点区域，分别以每周、每半月和每个月一次的频率收运衣服。回收的废旧纺织品运到厂区后，先由工人进行分拣处理，缘源引进了半自动化分拣流水线，相较于完全的人工分拣，效率大大提高。然后与慈善机构、社区、再生企业以及纺织企业合作进行妥善处置，其中捐赠、公益用途约占5%，出口约占13%，再利用约占70%，剩余不可再利用部分进行无害化处理。

（3）补链企业概况。表5-3列举了一些补链企业及其基本情况，表中列举的只是个别代表性的企业，其实在某些地区众多业务范围相同的企业不断集聚，已经形成了以优势行业为主导的小型产业集群，例如浙江苍南是我国知名的再生棉纺织基地。产业集群的形成便于产业链上下游企业自由选择合作伙伴以防止产业链断裂给上下游部门带来的严重损失，同一部门不同企业间的竞争还能促进企业降低价格、改进生产技术、提高生产效率。

表5-3　补链企业基本情况

序号	地区	代表企业名称	资源类型	企业类型
1	安徽合肥	广德天运新技术股份有限公司	棉（纤维素纤维）	纤维再生企业
2	浙江苍南	温州天成纺织有限公司	棉（纤维素纤维）	纤维再生企业
3	浙江杭州	鼎缘纺织品科技有限公司	羊毛（蛋白质纤维）	纤维再生企业
4	浙江宁波	大发化纤有限公司	涤纶（化学纤维）	纤维再生企业
5	浙江绍兴	佳人新材料有限公司	涤纶（化学纤维）	纤维再生企业
6	内陆基地	华鼎集团控股有限公司	再生纤维	纺织服装企业
7	上海杨浦区	微谱化工技术服务有限公司	腈纶（化学纤维）	泥浆助剂厂
8	上海周边	大唐国际发电股份有限公司、宝钢集团	废弃物	钢铁厂、发电厂

如表5-3，序号1~5的企业是再生企业，根据再利用废旧纺织品的不同材质分为三类，广德天运和温州天成是再生棉企业，鼎缘专门对蛋白质纤维（羊毛）进行高效回收再利用；浙江大发和佳人，利用废旧聚酯类纺织品生产涤纶短纤维，可将回收的涤纶制品恢复到对苯二甲酸二甲酯（即DMT，涤纶原料）。序号6的企业是纺织服装企业——华鼎集团，其总部设在香港，是以服装产业为主体，集纺织、印染、家纺等为一体的综合性大型外资企业集团，在中国浙江、江苏及深圳等地拥有众多生产基地。序号7的企业是泥浆助剂厂，主要是把废旧纺织品中的腈纶通过高温高压水解生产增黏和降黏降滤失剂系列产品。序号8的企业是钢铁厂和发电厂，对可焚烧部分废旧纺织品加以利用并进行无害化处理。

（4）最终模型。该路径形成的最终模型见图5-8，模型系统在政府部门的协调与支持下，依靠企业间的上下游联系主导产业发展。模型运行模式如下：缘源向慈善中心提供可捐赠的冬季服装，夏季服装主要可用于出口，向广德天运、温州天成供应纯棉废旧服装，向鼎缘供应蛋白质纤维服装，向宁波大发、浙江佳人供应涤纶废旧服装，向微谱化工供应腈纶废旧服装。广德天运、温州天成、鼎缘、宁波大发和浙江佳人生产的再生纤维可提供给纺织服装企业华鼎集团作为纺织原料，制成再生服装产品，或者用于其他领

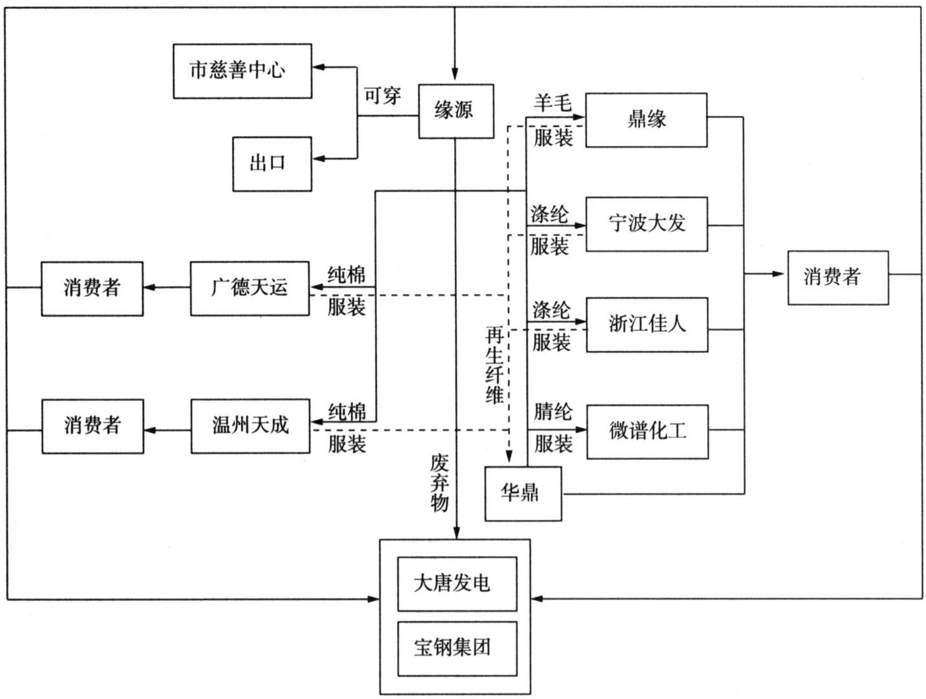

图5-8 以上海为例的企业主导路径

域为消费者服务，最终消费后的服装和其他产品由消费者返回到缘源，生产消费过程中产生的不可再利用的废弃物由钢铁厂和电厂进行焚烧处置。目前，缘源已经同上述一些企业开展了合作，为逐步构建完整的产业体系做出了有益探索。

4.2.2 路径Ⅱ：政府主导——以北京为例

北京地区的废旧纺织品回收业已形成一种特定的模式，与上海的情况不同：北京有多个机构同时在进行回收、分拣和处理工作，且这些机构多为政府部门或基金支持的社会组织。因此在北京建设废旧纺织品静脉产业体系是要注重发挥这些机构组织的合力，将独立分散的各部门团结成一个有机整体，更好地发挥各部分的功能和效用。

（1）路径选择。在政府主导下，现有的回收部门和企业开展合作：由北京市城市再生资源服务中心筹建分拣中心，京环城市矿产资源开发有限公司、天马河物资回收责任有限公司和服装销售商负责废旧纺织品的回收，兰花草艺术基金西部温暖计划、“地球站”

公益创业工程以及再生企业负责废旧纺织品的再利用，最终废弃物由发电厂和钢铁厂进行无害化处理。

（2）北京废旧纺织品回收再利用机构和项目。

①北京市城市再生资源服务中心及其废旧衣物回收捐助行动项目。北京市城市再生资源服务中心是在北京市委、市政府、市社会工委、市民政局等领导的支持下，经北京市民政局登记注册，由市社会建设工作办公室直接管理、重点孵化扶持的市级社会组织。2015年，中心承担了市民政局政府购买服务项目“废旧衣物回收捐助行动服务项目”，在丰台、西城、海淀等区多个街道开展试点回收废旧衣物，目前有2辆回收车，安置回收箱20个，预计2016年将一次性安置4000个智能回收机。

为配合落实承办项目，经市社会办、市民政局同意，市工商局批准，由中心出资成立了北京市金砖再生资源有限公司，是北京市第一家社会企业[29]。金砖再生资源有限公司在政府支持下已通过融资等方式在北京东五环以外建成了占地120亩的再生资源分拣中心，还未投入运营，因此在这个总分拣中心的运营规划中可专门划出一片区域，购进废旧纺织品专业自动分拣设备，建设成废旧纺织品专业大型分拣中心。

②回收企业。

A．京环城市矿产资源开发有限公司废旧纺织品回收及综合利用项目

京环城市矿产资源开发有限公司是北京环卫集团下属的全资子公司。北京环卫集团主要承担着北京市区和部分郊区的生活废弃物收集、运输、无害化处理以及道路机械化清扫等环卫服务，年无害化处理生活垃圾占全市的48%左右，是首都环卫系统规模与综合实力领先的国有独资企业[30]。废旧纺织品回收及其综合利用项目是由京环资源公司提出，联合中国纺织科学研究院和北京化工大学等科研院校共同打造的，该项目将通过并购回收企业、自建回收点等方式，在北京建立2000个左右的回收点。京环公司的优势在于集团已有的垃圾回收系统，只需在原有垃圾分类的基础上单独回收废旧纺织品，随原有物流系统运输即可。

B．天马河物资回收责任有限公司

天马河物资回收责任有限公司是一家主营废旧物资回收的私营回收企业，下辖200多家小型分拣商，公司主要从走街串巷的废品回收者手中收购废旧纺织品，按成分、颜色、穿着季节等分类，可穿服装出口到非洲，这部分占整个分拣量的7%~8%，80%的废旧纺织品卖给中小型再利用企业，作为纺织原料或者用于填充物、石油行业等，余下5%左右

的废旧纺织品只能当作垃圾处理，天马河年回收分拣的废旧纺织品约占北京市产生量的四分之一。小型私营回收企业对市场的反应更为敏感，经营方式也更为灵活，是国有大型再生资源开发企业的有益补充。

C. “旧衣零抛弃”

2014年，在民政部的指导下，由中国纺织工业联合会、中国生态文明研究与促进会主办，中国服装协会、中国青少年发展基金会和北京服装学院等单位协办，北京开启了第一轮企业旧衣回收的活动——“旧衣零抛弃”，共有波司登、溢达纺织集团、鲁泰纺织、北京顺美服装股份有限公司，依文服饰股份有限公司、北京嘉曼服饰有限公司等8家服装企业分别在31个品牌门店开展了旧衣回收活动，活动期间共回收5014件旧衣，是我国知名服装企业开展自主回收活动的有益探索。

③公益组织。

A. 兰花草艺术基金西部温暖计划

西部温暖计划始于2006年，该计划旨在通过组织青年志愿者，鼓励中东部城市居民向青海、西藏、甘肃等西部欠发达地区输送棉衣及开展助学等公益服务，呼吁社会对西部欠发达地区人们尤其是青少年群体的关心和关注。该项目以北京为主要活动阵地，同时在天津，石家庄、大连等数十个大中型城市发动志愿者资源开展募集活动；其志愿者足迹遍布青海海东、西藏昌都、甘肃会宁、宁夏彭阳等西部9个省区所辖的26个贫困县、87个乡镇、122个村寨，累计参与志愿者人数达52032人次，累计使160余万人直接受益[31]。

B. “地球站”公益创业工程

“地球站”公益创业工程是民政部2013年中央财政支持的社会组织示范项目，是在环保部指导下，由中国环境新闻工作者协会申办，与中国青年志愿者协会、中国少年儿童新闻出版总社联合主办[32]。该项目最初以北京为试点，将可利用的家庭闲置物品收集上来，经消毒、修缮等处理后，捐赠至全国各地的贫困地区；并重点在北京周边的晋冀鲁豫开设爱心超市等公益创业示范点，受益对象为贫困地区和城镇低收入人群，数量预计为50万人。“地球站”的回收方式主要是在北京的机关、学校、社区内安置收集箱，以及热线电话通知志愿者上门服务；分拣后的旧衣物一类直接捐赠至弱势人群，另一类则借鉴西方国家社会企业的经验，通过二手市场运作，将盈利扣除运作成本后，全部用于公益事业。目前，“地球站”在京复制地球站点40个，在晋冀鲁豫地区开设6家爱心超市示范点。

④再利用企业。根据不同材质和使用情况，以及废旧纺织品的不同利用途径，可引入再生棉制造企业山东愉悦家纺有限公司，再生涤纶制造企业北京中丽制机工程技术公司，石家庄华信泥浆助剂有限公司，溢达纺织集团、鲁泰纺织股份有限公司等纺织服装企业，以及华能国际电力股份有限公司和首钢集团等钢铁厂及发电厂。

（3）最终模型。可以看到，目前北京市城市再生资源服务中心、各种性质的回收企业和多个公益组织都在紧锣密鼓地铺置回收箱，有的小区已入驻了不止一家回收机构，而有的小区则没有被任何一家机构覆盖，这种资源铺设是低效率的。本文构建产业体系模型的目的即在于借助政府这只有形的手对北京现从事废旧纺织品回收再利用的企业和单位进行细化的社会分工，加强产业整合，减少盲目铺设资源造成的浪费和不良竞争。以北京为例的政府主导路径如图5-9所示。

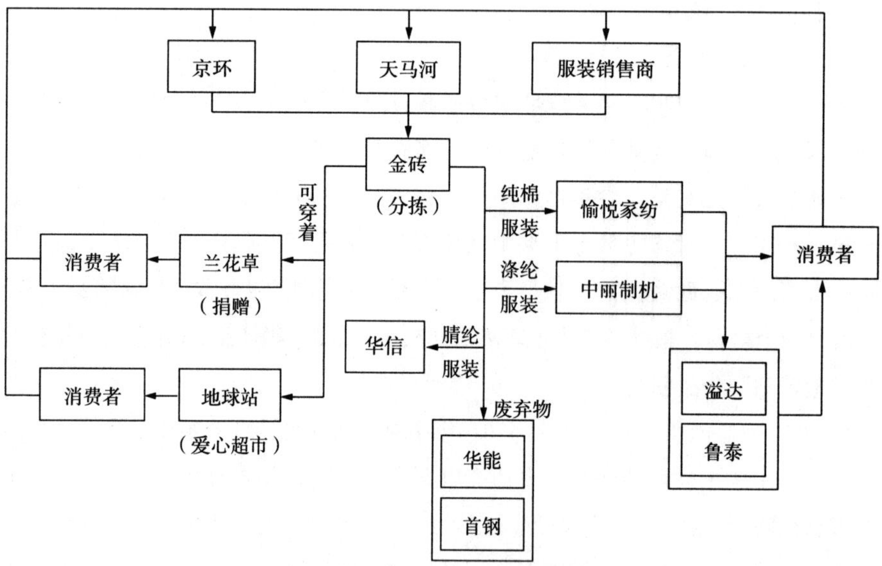

图5-9　以北京为例的政府主导路径

该体系形成后，废旧纺织品通过京环、天马河等回收企业以及服装销售企业的由消费者手中集中到金砖再生资源有限公司的分拣中心；分拣中心将可穿着的旧衣提供给兰花草和地球站两个公益组织，兰花草主要负责召集志愿者向西部捐赠服装，地球站主要负责爱心超市的经营；纯棉类、涤纶类和腈纶类废旧服装分别提供给愉悦家纺、中丽制机和华信水泥助剂厂，其中愉悦家纺和中丽制机生产的再生棉纤维和再生涤纶纤维可提供给纺织服装企业做纺织原料。产业链体系的形成能减少无效率重复建设并且保证废旧纺织品静脉产业下游供应链的衔接。

4.2.3 小结

以上结中提出的“5+4+2”模型为理论指导，以上海、北京两个城市为范例，根据我国不同地区废旧纺织品回收再利用产业发展的不同特点，提出了构建废旧纺织品静脉产业链体系的两条路径：由于南方地区经济活跃、企业众多，因此在南方提出以上海为中心的企业主导路径；北京作为我国政治中心，行政资源十分丰富，因此在北方提出以北京为中心的政府主导路径。并且，我国的废旧纺织品静脉产业主要集中在中东部地区，南北方各自的大型分拣中心建成后，以上海为中心，江苏、浙江、福建、广东等东南沿海一带辐射中国南方地区；以北京为中心，河北、山东等省份辐射我国北方地区，两个产业带几乎可以囊括全国大部分废旧纺织品资源，围绕这两个分拣中心，在周边地区逐渐形成废旧纺织品再利用产业集群，便可发挥产业链体系的整体竞争优势。

4.3 “5+4+2”模型的运行机制和利益协调

4.3.1 运行机制

“5+4+2”模型在形成和运行过程中可能出现一些问题：一是市场参与者的观念问题，一些市场参与者强调短期的经营成果，而忽视了长远利益，不愿参与到产业链中作补链角色，造成社会的短视效应；二是信用问题，产业链上的补链组织绝大多数都是中小企业，补链企业担心被主导企业“套牢”，目标的不一致性导致信用问题；三是政府部门存在的问题，目前政府部门在观念上仍是重引资、重招商、重大项目而在环保事业上重视不够。以上问题可能导致模型的不稳定，因此需要一定的运行机制来调节，如沟通信任机制、合作竞争机制、激励监督机制等。

（1）沟通信任机制。在产业链各环节资金流、物流和信息流的传递过程中，由于信息不对称问题造成上下游供应的不确定性以及合作伙伴的目标不一致性等会造成合作伙伴间的冲突，无益冲突会破坏合作伙伴间的信任关系，导致产业链分裂。沟通的目的就是达成合作以及相互信任。在产业链的组建阶段，各成员单位就目标问题进行协商，在合同中明确规定各自的任务，有了这种目标分解和任务规定，产业链的协调工作就变成了为完成目标任务而采取的组织间的管理措施，即目标管理。对不能或延期完成目标的企业要根据其对产业链整体利益的损害程度给予经济上的处罚[33]。信任是合作的基础，信任包括成员单位间相互开放，信息公开，彼此了解，摒弃各个企业只顾本企业利益的狭隘观念。废旧纺织品回收再利用有良好的经济效益和社会效益，参与者多是具有社会责任感的企业和单位，因此在产业链组建的初期，各成员单位就要达成最终目标上的一致，即实现整体社会效益的最大化。

（2）合作竞争机制。合作是指在上下游成员单位间达成合作，竞争是指同一行业企业间的横向竞争关系。合作可以优化产业链上各成员单位的规模和布局，保证上下游供应链通畅，提高工作效率和整体竞争力；竞争能促进资源合理配置，激励市场主体的进取意识，刺激技术进步，提高生产效率，所以合作竞争是产业链获得竞争优势的重要来源。其实我国众多行业的发展规律都呈现出集群的特征，废旧纺织品回收再利用产业也不例外，在某些地区众多业务范围相同的企业不断集聚，逐渐形成以优势行业为主导的产业集群，这些产业集群的运行模式就是合作竞争统一的体现。

（3）激励监督机制。激励监督机制是政府在产业链形成和发展过程中起到的主要作用，由于废旧纺织品产业具有外部性，且通常投资大、投资回报期长、资金回笼慢，在废旧纺织品回收再利用产业链形成的初期，需要政府部门通过税收等优惠政策激励市场参与者；并且产业链涉及各类企业和部门，不易协调，因此需要政府出面来进行产业规划。而在产业链的形成和运行过程中，可能发生“偷懒”和“搭便车”等各种道德败坏行为，因此需要对产业链上的每一环节都进行监控和激励。

4.3.2 利益协调

废旧纺织品静脉产业链协调合作的一致目标是提高产业链的持续竞争力，实现产业链价值最大化，通过合作降低社会成本，提高全产业链的经济效益。此外必须考虑到产业链中各企业都是独立的经济实体，追求自身利益最大化是企业的根本目标，因此合作后必须保证每个企业所获取的收益大于或等于合作前的收益[34]。依据废旧纺织品产业链的不同环节，本文在产业链各环节选取了代表单位或企业，根据其经营情况，并参考前人的研究成果[35]，对产业链各环节的价值增值和利益分配情况做出了具体分析，如表5-4所示。

表5-4　废旧纺织品回收再利用各环节价值增值　　单位：元/吨

	收入成本	其他成本	总成本	产品价值	增值	利润	利润率
专业回收企业	2300	0	2300	2600	300	300	11.5%
二手交易单位	3900	14700	18600	30000	26100	11400	38%
出口企业	3000	1500	4500	5000	2000	500	10%
再生纤维企业	3000	700	3700	5000	2000	1300	26%
纺织企业	5000	4500	9500	12500	7500	3000	24%

数据来源：企业调研数据。

收入成本主要是指回收废旧纺织品过程中发生的回收箱的制作、维护、运输、仓储和劳动力成本或购进原料的成本。其他成本主要是指废旧纺织品或纤维原料经不同程度的处理加工再次成为商品所发生的费用，不同的再利用形式成本费用不同。二手商品主要包括衣物翻新过程中的清洗、消毒、修补、店铺费用及劳动力成本。出口产品主要包括清洗、消毒、修补、打包、海运及人工成本。再生纤维企业等生产环节主要包括因生产所购置或租赁的厂房、设备、技术，工人工资等费用。纺织企业的成本是指从购入纤维到制成成品过程中所发生的费用。

（1）收入成本差异分析。二手服装交易单位选取了北京地区“地球站”公益创业工程项目的数据，由于该项目启动仅有两年，回收量没有形成规模效益，交通、房租、人员分摊成本高，因此其收入成本为3900元，相对较高。出口和再生纤维企业采取了一般企业自行回收所需的平均成本3000元。规模化经营的专业回收企业，其回收成本是最低的，仅为2300元。

（2）价值增值及利润分析。根据表4数据分析，废旧纺织品回收再利用静脉产业中，二手服装交易的再利用方式其价值增值和利润率都是最高的，并且这部分衣物可直接再次穿着，免去再加工过程的资源损耗和废弃物的产生，是经济效益、社会效益最好的利用方式。出口同样属于二手服装交易范畴，与其他再利用方式相比，其价值增值和利润率均处于较低水平，但其能够避免再加工过程的能量损耗，是国内二手服装市场的重要补充。再生纤维的利用方式虽然加工成本较低，但是成品纤维的价格受纤维种类的影响较大，长纤维、短纤维、纤维灰的价格依次递减，浅色纤维比深色纤维价格高出很多，因此再生纤维制造过程最应注重阶梯开发和利用。使用再生纤维的纺织企业属于对再生纤维的深加工利用，对科技含量和技术要求比较高，虽然收入成本和加工成本均比较高，但是成品的附加值也较高。

结论：回收企业形成一定的规模后，边际成本降低，下游企业从回收企业购入原料往往比自己开展回收工作的成本要低。做好分类分拣工作，针对不同档次的废旧纺织品开展阶梯利用和深加工，避免高质量原料用于次等用途所造成的优质资源的损失，是增加产品附加值、提高经济效益和整体社会效益的根本途径。

第5章　结论和政策建议

5.1　结论

基于循环经济学原理，结合静脉产业经济学理论和产业链理论，本文对废旧纺织品静脉产业链的相关内容做了研究。分析了构成废旧纺织品静脉产业链模型的三大要素：5个环节、4大主体、2种组织运行模式。为探索废旧纺织品静脉产业链的可能的运行模式，推动产业整体发展，本文构建了废旧纺织品静脉产业链“5+4+2”模型，并且理论与实践相结合，通过实地调研与案例分析相结合的方法，研究了模型构建路径、形成机制和利益协调等问题，得到以下结论：

（1）静脉产业的发展受到再生资源的存量和动脉产业发展水平的影响，因此我国废旧纺织品回收再利用企业布局集中在纺织服装生产、消费大省。

（2）根据我国废旧纺织品回收再利用产业分布情况及不同地区的特点，提出构建废旧纺织品静脉产业链“5+4+2”模型的两种路径：南方地区经济活跃、企业众多，在南方提出以上海为中心的企业主导路径；北京作为我国政治中心，行政资源十分丰富，在北方提出政府主导路径。

（3）“5+4+2”模型能够对废旧纺织品静脉产业进行统筹规划，为上下游企业提供更为有效的合作模式，发掘静脉产业链上的价值增值和经济效益。在回收层面，回收企业形成一定的规模后，边际成本降低，下游企业从回收企业购入原料往往比自己开展回收工作的成本要低。在分拣层面，做好分类分拣工作，针对不同档次的废旧纺织品开展阶梯利用和深加工，避免高质量原料用于次等用途所造成的优质资源的损失，是增加产品附加值、提高经济效益和整体社会效益的根本途径。

本文的研究工作存在一定的局限，首先，在对上海和北京模型构建路径的研究上，由于只对当地部分企业和单位进行了走访，可能遗漏了一些更为合适的合作企业。其次，对“5+4+2”模型运行机制的探讨只限于文字叙述，没有运用博弈论等经济学理论，通过数学模型对企业的行为进行实证研究。

对未来工作的意见或建议：

（1）在“5+4+2”模型基础上，以合作企业和单位的优化选择为主要研究目的，对区域内可能存在的合作单位进行详尽的研究和考察，为废旧纺织品静脉产业链体系的合作关系选择提供更具权威的理论和实践的依据。

（2）运用投入产出法、博弈论等经济学理论构建数学模型，跟踪产业链的经济运行情况，对产业链整体的经济效益进行以数学模型为基础的实证研究。

5.2 政策建议

产业链的组织形式科学与否、效率高低对废旧纺织品静脉产业的整体发展起到重大的推动或阻碍作用，但是产业体系的良性运作也离不开国家政策制度、居民环保意识等政策因素、社会因素的支持。废弃物的综合利用率与我国的再生资源政策，居民对资源的使用习惯、观念，回收体系建设等紧密相关。

5.2.1 加强立法建设，逐渐放开二手市场

我国环境保护和循环经济方面的立法有《环境保护法》《循环经济促进法》和《固体废物污染环境防治法》，而关于废旧纺织品回收及再利用，我国尚未进入到立法层面，政府层面也只是在由建设部出台的2004年12月1日起实施的《城市生活垃圾分类及其评价标准》行业标准中将废弃衣服、毛巾、床上用品、桌布、书包、鞋等旧纺织衣物和纺织制品归为可回收物的织物类。目前，对废旧纺织品回收再利用的重视多来源于行业层面，例如：在我国《纺织工业“十二五”科技进步纲要》《工业转型升级规划（2011—2015年）》和《纺织工业“十二五”发展规划》等文件中，从废旧纺织品回收再利用体系建设、技术方面制定了废旧纺织品回收再利用“十二五”发展规划。可见，废旧纺织品静脉产业的发展急需更高层面的政策支持。

另一方面，随着人们生活水平的提高，纺织品服装更新换代速度加快；以及东西部地区经济发展水平差距进一步缩小，西部地区对旧衣捐赠的需求逐渐缩减；构建安全、有序的二手市场将会成为解决大部分旧衣物最为有效的利用方式。“地球站”是公益二手商店模式的有益探索，欲使二手商店可持续运行则需要法律的规范和保护，只有在确保二手市场的合法性和卫生问题的情况下才可能逐渐放开二手市场。

5.2.2 利用“互联网+”扩大回收覆盖面

目前，从实践层面看，回收体系建设仍是我国资源综合利用产业链条中最薄弱的环节，废旧纺织品的回收更加是刚刚步入正轨，亟待加强建设。2015年4月14日，国家发展和改革委员会印发了《2015年循环经济推进计划》明确：完善社会回收体系，推动建立多层次、多渠道、多元化的覆盖城乡的回收体系；探索回收新方式，探索“互联网+回收”的模式及路径，积极支持智能回收、自动回收机等新型回收方式发展。鼓励利用互联网、大数据、物联网、信息管理公共平台等现代信息手段，开展信息采集、数据分析、流向监测，优化网点布局，实现线上回收线下物流的融合，搭建科学高效的逆向物流体系，推动企业自动化、精细化分拣技术装备升级[36]。

关于废旧纺织品的回收，已有一些公司研制并投放了智能旧衣回收机，便于回收网点布局和运输路径等的科学规划，有利于采用大数据的手段对回收情况进行跟踪监测与分析。下一步要更加重视回收终端与消费者的对接，综合利用PC端、移动端等现代网络技术，使更多的消费者能更加快速、方便地了解到回收箱位置、回收单位、回收物品去向等全产业链的信息，便捷消费者投放的同时可以使消费者亲身参与其中，更加认识到废旧物品的循环利用的重大意义。

5.2.3 加强消费者环保意识教育

首先要加强宣传教育，倡导废旧纺织品回收再利用的理念，目前，我国废旧纺织品回收环节相对薄弱，回收覆盖面不大，即使在较发达的东南沿海，由于宣传不到位、回收箱较远、居民意识不足等问题导致很大一部分的废旧纺织品仍未得到回收。因此要促进废旧纺织品回收，需通过各种渠道走进居民生活，扩大宣传，方便居民联系与投放，鼓励居民提高回收意识，才能为废旧纺织品静脉产业链的顺利运行奠定群众基础和原料基础。其次要制定鼓励政策引导消费者开展循环利用，购买再生纤维服装及其他制品，推动再生纤维服装等产品的生产和销售；并在逐渐有保障地放开二手市场后，鼓励居民购买二手商品，只有保证二手产品和再生产品的销售市场，才能保证废旧纺织品静脉产业链的经济效益最终得以实现，有效地推进废旧纺织品回收再利用事业。

参考文献

[1] 白帆．当前中国大力发展循环经济问题研究[J]．经济研究导刊，2012(28)：285–286.

[2] 周宏春，刘燕华．循环经济学[M]．北京：中国发展出版社，2008：17–18.

[3] 康秀娟．“天人合一”和循环经济[J]．商业时代，2005(21)：8–9.

[4] 郝珍珍．基于价值链理论的静脉产业园竞争力研究——以天津子牙循环经济产业区为例[D]．天津：天津理工大学，2010.

[5] 国家环保总局．静脉产业类生态工业园区标准（试行）[M]．北京：中国环境科学出版社，2006：1.

[6] HENRI C Dekker. Value Chain Analysis in Interfirm Relationships: A Field Study[J]. Management Accounting Reaseach, 2003(14): 1–23.

[7] PETER Hines. Value Stream Management[J]. International Journal of Logistics Management, 1998,9(1): 25–42.

[8] 郑飞．闭环供应链环境下纺织服装业组织运作模式[J]．物流技术，2015,34(7)：224–226.

[9] 薛智韵．浅析城市静脉产业链的构建[J]．江西能源，2007(4)：96–98+102.

[10] 窦永乐，邱安然，王伟等．城市静脉产业链构建模式研究[J]．新西部，2009,(6)：22–23.

[11] 吴迪．静脉产业链形成及运作机理分析[J]．科技世界，2012,(7)：20–22.

[12] 吴金明，邵昶．产业链形成机制研究 ——“4+4+4”模型[J]．中国工业经济，2006,(4)：36–43.

[13] 王瑞明，祝锡永，方东．纺织服装业逆向物流运营模式研究[J]．经济论坛，2011,(9)：167–169.

[14] 罗艳辉，蒲宗耀，黄玉华．废旧纺织品回收再利用的现状及其发展趋势[J]．纺织科技进展，2012(3)：9–12.

[15] 史晟，戴晋明，牛梅，蔡智锋，侯文生．废旧纺织品的再利用[J]．纺织学报，2011,32(11)：147–152.

[16] 王来力，吴雄英，丁雪梅．废旧纺织品的回收再利用探讨[J]．纺织导报，2009,27(4)：26–28.

[17] 盛伟．废旧纺织品处理的探讨[J]．国际纺织导报，2011,(12)：71–82.

[18] 姚卫新．基于企业主导的废旧服装回收再利用模式研究——以UNIQLO及H&M为例[J]．国际纺织导报，2014,(3)：78–82.

[19] 吴晓燕．公共经济学基础[M]．北京：科学出版社，2012：40–45.

[20] 中国纺织工业联合会环境保护与资源节约促进委员会，北京服装学院“低碳与废旧纺织品回收再利用”研究团队．旧衣零抛弃——2014/2015我国废旧纺织品回收与再利用研究报告[M]．北京：中国纺织出版社，2015：101–110.

[21] 于文良．城市静脉产业发展模式及其资源效益和环境效益估算方法研究[D]．西安：西北大学，2009.

[22] 张宝兵．我国城市静脉产业体系构建研究——以城市固体废弃物处理产业为例[D]．北京：首都经贸大学，2013.

[23] 罗建勤，郭险峰．基于耦合的城市商圈和商业地产互动关系探讨商业时代[J]．商业时代，2008(25)：17，43.

[24] 张军民，张建龙，马玉香．玛纳斯河流域——绿洲生态耦合的理论方法及机制研究[J]．干旱区资源与环境，2007,21(6)：78–82.

[25] 尹琦，肖正扬．生态产业链的概念与应用[J]．环境科学，2002,23(6)：114–118.

[26] 涂晶晶．废旧纺织品生态产业链的构建及其稳定性研究[D]．大连：大连理工大学，2013.

[27] 上海缘源实业有限公司[EB/OL]．http://www.shyysy.org/index.asp，2015–09–26.

[28] 郝淑丽．上海旧衣回收再利用体系研究[J]．再生资源与循环经济，2015,(5)：22-24.
[29] 北京市城市再生资源服务中心简介[EB/OL]．http://bjszszy.org/about.asp，2015-09-28.
[30] 北京环境卫生工程集团有限公司简介[EB/OL]．http://bjhwjt888.cnues.com/companyinfo.html，2015-09-28.
[31] 西部温暖计划[EB/OL]．http://www.lanhuacaoart.com/index.php?r=project/view&id=122，2015-09-29.
[32] "地球站"公益创业工程项目简介[EB/OL]．http://www.diqiuzhan.net/project/?id=2，2015-09-29.
[33] 胡国平．产业链稳定机制研究[D]．长春：吉林大学，2006.
[34] 刘贵富．产业链基本理论研究[D]．大连：大连理工大学，2013.
[35] 郁婷婷．基于上海生活垃圾分类减量的静脉产业研究——以旧织物为例[D]．上海：复旦大学，2012.
[36] 齐建国．循环经济：每一项工作都落实到相关单位[J]．中国战略新兴产业，2015(11)：24-26

（作于2015年12月）